管理技能与应用

主　编　张海燕　彭林园　蒋文俊
副主编　张　美　田　聪　谢晓明

西南交通大学出版社
·成都·

图书在版编目（CIP）数据

管理技能与应用 / 张海燕，彭林园，蒋文俊主编. —成都：西南交通大学出版社，2018.8（2021.7 重印）
ISBN 978-7-5643-6329-1

Ⅰ. ①管… Ⅱ. ①张… ②彭… ③蒋… Ⅲ. ①管理学－高等职业教育－教材 Ⅳ. ①C93

中国版本图书馆 CIP 数据核字（2018）第 188663 号

管理技能与应用

主编　张海燕　彭林园　蒋文俊

责任编辑	孟秀芝
封面设计	严春艳
出版发行	西南交通大学出版社 （四川省成都市金牛区二环路北一段 111 号 西南交通大学创新大厦 21 楼）
邮政编码	610031
发行部电话	028-87600564　　028-87600533
官网	http://www.xnjdcbs.com
印刷	四川煤田地质制图印刷厂
成品尺寸	185 mm×260 mm
印张	17
字数	425 千
版次	2018 年 8 月第 1 版
印次	2021 年 7 月第 2 次
书号	ISBN 978-7-5643-6329-1
定价	42.00 元

课件咨询电话：028-87600533
图书如有印装质量问题　本社负责退换
版权所有　盗版必究　举报电话：028-87600562

前 言

在企业、部门、团队、学校、家庭等组织中，凡是由两个人以上组成且有一致活动目标的集体或组织都离不开管理活动。自1911年弗雷德里克·温斯洛·泰勒（F. W. Taylor）在《科学管理原理》一书中首次提出科学管理理论开始，人们逐步认识到管理对生产活动的促进作用。随着生产力、科学技术逐步发展，专业化分工越发精细，管理者们逐渐意识到在企业发展过程中，如果不依照管理规律办事，就无法使企业稳步、长久地发展。

本书共讲述了六个模块的内容，分别是管理基础、制订计划、组织设计、人事管理、领导艺术和控制工作。以上全部内容均是围绕企业中如人事助理、生产管理员、营销主管、质量管理员等基层和中层管理人员日常工作必备管理技能提炼得出的。

本书打破了传统教材的编写方式，遵循高职教育的特点，以任务为导向开展教材的编写工作。每个模块包含2~5个任务，以上各项任务来源于企业基、中层管理人员日常工作内容中的典型工作任务。在设计任务的过程中，既注意贯彻先进的高职教育理念，又注意保持学科理论的完整性，旨在让学生既具有必备的管理理论知识，又在职业上具有一定的可持续发展能力。

本书的主要特色简述如下：

首先，本书以任务为导向开展编写工作，全书共分六个模块，每个模块包含2~5个任务。模块中的任务均采用任务书的形式，每份任务书详细描述了任务名称、任务要求、完成任务所需知识点、任务评价标准、完成任务所需参考资料、任务团队成员构成、任务起止时间、任务完成中的过程性记录、教师对任务的点评及任务最终得分。为把控任务完成的进度与质量，教师可根据教学需要，将任务书作为任务完成中的过程性材料，要求学生进行任务书的填写与提交。

其次，本书每个模块按照"发现问题—分析问题—解决问题"的总思路进行结构的设置。模块由"教学总目标""知识导图""案例导入""下达学习分目标""下达任务""核心知识讲解""任务小结""课外拓展"构成。按照学生认知规律进行的以上模块设计，能够加深学生对书中内容的理解与掌握，进而提升学生对管理技能的应用能力。

最后，书中穿插了丰富的与企业管理相关的故事、案例、资料。此类资源在选取上既满足了生动、有趣，也注意到将行业、岗位的新动向融入其中，能够反映岗位实际工作情景，从而有助于学生形成对管理类岗位形象化的认识。另外，将理论知识与实际案例相联系，有助于提高学生的学习兴趣，逐步实现由"要我学"到"我要学"的转变。

本书由张海燕、彭林园、蒋文俊担任主编，张美、田聪、谢晓明担任副主编。具体编写分工如下：张海燕负责编写第一模块、田聪负责编写第二模块、张美负责编写第三模块、彭林园负责编写第四模块、谢晓明负责编写第五模块、蒋文俊负责编写第六模块。全书编写思路的设计及统稿工作均由张海燕完成。

在本书的编写过程中，参考了国内外管理学专家、学者的著作、文献资料，在此特向这些著作和研究成果的作者表示衷心的感谢。此外，由于我们的学识和水平有限，不足之处在所难免，望各位专家和广大读者批评指正。

编　者
2018 年 5 月 22 日

目 录

模块一 管理基础 1
 任务一 认识管理活动 2
 任务二 中外管理思想及理论发展 14

模块二 制订计划 50
 任务一 确定目标 51
 任务二 计划 63
 任务三 决策 71

模块三 组织设计 86
 任务一 初识组织 87
 任务二 组织层级化与管理幅度设计 94
 任务三 权力的配置 103
 任务四 组织结构设计 113
 任务五 组织变革 123

模块四 人事管理 132
 任务一 工作岗位分析 133
 任务二 人员招聘 148
 任务三 绩效考评 163
 任务四 员工培训 178

模块五 领导艺术 192
 任务一 领导理论 193
 任务二 激励理论 205
 任务三 领导艺术 217

模块六 控制工作 232
 任务一 认识控制 233
 任务二 控制的实施过程 246
 任务三 控制方法 253

参考文献 264

模块一　管理基础

【教学总目标】

＊知识目标：

理解管理的含义和特性；掌握管理者的素质和能力；掌握古典管理理论、行为管理理论的基本内容。

＊能力目标：

能够运用管理的基础知识分析一些简单的管理问题；有意识地培养自己的管理素质和管理技能；尝试运用管理理论为企业和组织"诊脉"；初步运用管理理论处理一些简单的管理问题。

＊素质目标：

管理素养和理念的逐步形成。

【知识导图】

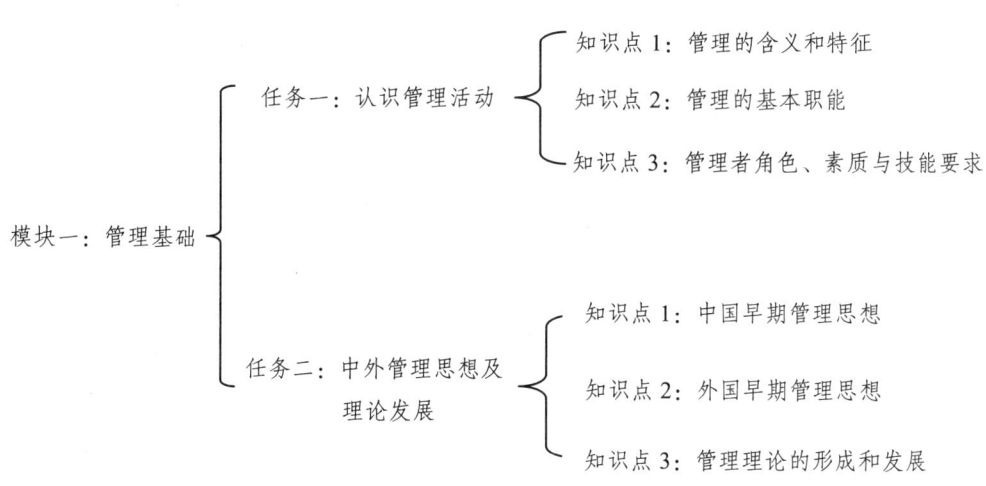

【案例导入】

关于分粥的思考

一年冬天，七个农民一起离家到工地打工，每天早晨共分一桶粥。

开始，他们决定每人每天轮流分粥。每周下来，每个人只有一天是吃饱的，就是自己分粥的那一天。大家心里都不舒服。

后来，他们推选出一个公认的办事公道的人为他们分粥。刚开始这位办事公道的人能够公平公正地给大家分粥。但是时

间一长，由于每一个人都想自己吃饱，便挖空心思地去讨好分粥人，搞得整个小团体乌烟瘴气。大家心里更不舒服。

再后，他们组成三人的分粥委员会和四人的分粥评选委员会，然而大家互相攻击、扯皮，一顿饭久久难以分定，吃到嘴里全是凉的。大家心里还是很不舒服。

案例思考：假设你是七人中的一位，你每天会如何分粥，让每位农民碗里的粥都一样多？

案例启示：案例里的人们都期望自己能够得到更多，每个人都不肯吃亏，于是总是无法满意别人的分配。所以，在此案例中制定一个公平的分配制度是解决问题的关键。一个好的制度往往能够从根本上解决问题。有时候，一个公司，需要处理的问题是穷的，再巧妙的临时处理方法也不如一套科学且一以贯之的管理制度。

任务一　认识管理活动

【学习目标】

1. 知识目标：理解管理的含义和特性；了解管理的基本职能；掌握管理者角色、素质与技能要求。

2. 能力目标：能够运用管理的基础知识分析一些简单的管理问题；有意识地培养自己的管理素质和管理技能。

3. 素质目标：管理素质和理念的逐步形成。

【下达任务】

任务书	
任务名称	《看图识管理》
任务内容	结合管理的含义，谈谈在这幅图中你看到了什么
任务要求	1. 围绕任务，以小组形式开展以上问题的讨论，每组人数4~6人。 2. 讨论过程中及时与老师进行沟通，确保任务能够在规定时间内完成。 3. 讨论结束后，教师以抽查的形式，随机抽取小组成员汇报讨论结果
完成任务所需知识点	知识点1：管理的含义和特性 知识点2：认识管理的基本职能 知识点3：管理者角色、素质与技能要求

	考核项目	考核标准	分值	得分	备注
任务评价标准	语言表达	语言表达流畅，字清晰，声音洪亮	10分		
	整体形象	精神饱满，举止自然得体	10分		
	应变能力	面对压力具有一定的心理承受力	20分		
	分析和处理问题	思路清晰，分析准确；有创新	40分		
	团队协作	成员分工负责、协作配合	20分		

参考资料	书　　名：《管理学》 作　　者：斯蒂芬·P. 罗宾斯 出　版　社：中国人民大学出版社 出版时间：2017年1月
团队构成 （学生填写）	团队组长
	团队成员
时间要求 （学生填写）	任务领取时间
	要求完成时间
任务讨论结果及启示 （团队成员共同填写）	
任课教师反馈	
任务最终得分	＿＿＿＿＿＿分

【核心知识讲解】

1.1 管理的含义和特性

1.1.1 管理的含义

管理自古有之，源远流长，作为一种社会行为，可以说与人类群体俱生，与人类的文明历史一样悠久。而关于管理的含义，国内外许多专家从不同的角度有不同的描述，而不同的描述又体现了不同的出发点和侧重点，目前还没有统一的定义。这表明了管理行为在不断发展，管理思想在不断升华，管理理论在不断丰富。在这里，我们主要介绍以下几种定义。

（1）经济组织决策管理大师、第十届诺贝尔经济学奖获得者赫伯特·西蒙（Herbert Alexander Simon）认为，"管理就是决策"。

（2）小詹姆斯·H. 唐纳利（J. H. Donelly）等人在《管理学基础》一书中提到，"管理就是由一个或者更多的人来协调他人的活动，以便收到个人单独活动所不能收到的效果而进行的活动"。

（3）以弗里蒙特·E. 卡斯特（Fremont E. Kast）为代表的系统管理学派认为，"管理就是计划、组织、控制等活动的过程"。

（4）美国著名的管理学教授，组织行为学权威斯蒂芬·P. 罗宾斯（S. P. Robbins）认为，"管理是指同别人一起，或通过别人使活动完成得更有效的过程"。

（5）我国学者张尚仁在《管理·管理学与管理哲学》一书中提出，"管理就是指由专门机构和人员进行的控制人和组织的行为使之趋向预定目标的技术、科学和活动"。

综上所述，我们从管理的职能和管理的目的出发，给管理下一个定义，即：管理是指一定组织中的管理者，通过实施计划、组织、领导、控制等职能来协调他人的活动，使别人同自己一起实现既定目标的活动过程。

1.1.2　管理的特性

1）管理的二重性

管理的二重性是马克思主义关于管理问题的基本观点，指管理的自然和社会属性。

一方面，管理是许多人在协作劳动的过程中产生的，其由生产社会化引起，是有效地组织共同劳动所必需的，因此它具有同生产力、社会化大生产相联系的自然属性。另一方面，管理又是在一定的生产关系条件下进行的，必然使得管理的环境、管理的目的以及管理的方式等呈现出一定的差异，因此，它具有同生产关系、社会制度相联系的社会属性。

学习和掌握管理的二重性，对于我们学习和理解管理学，认识我国的管理问题，探索管理活动的规律，运用管理原理来指导实践以及建立具有中国特色的管理科学体系，都具有非常重大的现实意义。

2）管理的科学性和艺术性

管理的科学性是指管理作为一个活动过程，其间存在着一系列基本客观规律。说管理是一门科学，是指它以反映管理客观规律的管理理论和方法为指导，有一套分析问题、解决问题的科学的方法论。

管理的艺术性就是强调其实践性，没有实践则无所谓艺术。管理的艺术性，就是强调管理活动除了要掌握一定的理论和方法外，还要有灵活运用这些知识和技巧的技能和诀窍。

从管理的科学与艺术性可知，有效的管理艺术促使人们在重视管理基本理论学习的同时，也更加注意在实践中因地制宜地灵活运用其所学。

1.2　管理的基本职能

管理职能是管理过程中各项行为的内容概括，是人们对管理工作应有的一般过程和基本内容所做的理论概括。其中,管理的基本职能包括计划、组织、领导、协调和控制。

1.2.1 计划职能

计划是管理过程中的首要职能。它的含义可以从两个角度讨论。第一,从名词的角度(静态的)理解,计划是指实现组织目标的行动方案;第二,从动词的角度(动态的)理解,计划是拟订实现组织的行动方案的过程,后者就是管理的计划职能。广义的计划职能是指管理者制订计划、执行计划和检查计划执行情况的全过程;狭义的计划职能是指管理者事先对未来应采取的行动所做的谋划和安排。

计划职能在管理的四大职能中处于首要位置,它是实施管理活动的依据。为实现组织目标,合理配置有限资源,提高效率,首先必须进行科学的筹划和周密安排,而计划则成为管理者进行指挥、实施科学管理的依据。有效的计划可以增强管理的预见性、规避风险、减少企业损失的产生,与此同时,通过计划职能制订出全体员工的共同行动目标与方案,将从思想、行动上使全体员工协调一致,增强凝聚力,发挥集体优势。

1.2.2 组织职能

组织的含义包括两层:一是指为了达成某些目标而设计并建立的具有明确职责、权限和互相关系的管理系统;二是指对管理系统拥有的资源的职责、权限和相互关系进行有序安排的活动过程。

组织职能是指按计划对企业的活动及其生产要素进行的分派和组合,是组织为实现其目标而对自身进行结构的设计与调整、业务活动的分类、管理人员职位的设置、管理职权的分配以及对组织成员的行为予以规范和协调等方面的工作。组织职能对于发挥集体力量、合理配置资源、提高劳动生产率具有重要的作用。

1.2.3 领导职能

领导职能作为管理的基本职能,它贯穿于管理活动的整个过程。领导职能是领导者运用组织赋予的权力,组织、指挥、协调和监督下属人员,完成领导任务的职责,其具体可分解为规划、指导、协调和监督等基本职能。领导作为领导职能的行使者,他运用自身行为和影响力引导和激励组织成员去实现组织目标。领导者可以是组织中拥有职位权力的、对各类管理活动具有决定权的管理人员,也可以是一些没有任何职位的擅长某一工作领域的岗位能手、行业专家或具有人格魅力的"老资格"。

马克思在《资本论》中指出:"一切规模较大的直接社会劳动或共同劳动,都或多或少地需要指挥,以协调个人的活动,并执行生产总体的运动——不同于这一总体的独立器官的运动——所产生的各种一般职能。一个单独的提琴手是自己指挥自己,一个乐队就需要一个乐队指挥。"可见,当人们从事集体活动时,需要有头脑清晰、运筹帷幄的领导者帮助人们。与此同时,随着社会分工的不断细化,对人员协调、配合的要求也越来越高。而员工的工作效率不仅取决于规章制度的约束,还受到自身思想、情绪和态度的影响。因此,通过科学地运用领导职能,能够帮助员工认清所处的环境和形势,指明活动的目标和达到目标的途径。同时,领导职能中协调性与凝聚性作用的发挥,有利于引导下级以饱满的热情,全身心地投入工作之中，最终实现组织既定目标。

1.2.4 协调职能

协调职能是指组织领导者从实现组织的总体目标出发，依据正确的政策、原则和工作计划，运用恰当的方式方法，及时排除各种障碍，理顺各方面关系，促进组织机构正常运转和工作平衡发展的一种管理职能。

在现代管理过程中，由于管理体制不顺，权责划分不清，政出多门，互相扯皮；领导班子不团结，各吹各的号，各唱各的调；干部素质上的差异，导致对问题的认识和看法的不一致；决策失误、计划不周，导致执行的困难；客观情况的重大变化，导致原来的工作计划无法继续实施；单位、部门之间的本位主义和个人感情上的隔阂，导致相互的矛盾和冲突等，使得组织管理过程中充满着各种矛盾和冲突。如果不能及时排除这些矛盾和冲突，理顺各个方面的关系，组织机构的协调运转和计划目标就不可能顺利实现。因此，协调工作十分重要。

1.2.5 控制职能

在管理活动中，控制是一项重要的管理职能，它是促使组织的活动按照计划规定的要求展开的过程。控制职能意味着去主动发现计划实施中出现的（或潜在的）偏差，并加以纠正（或预防）。

控制职能是指由管理人员对当前的实际工作是否符合计划进行测定，并促使组织目标实现的过程。控制主要体现在计划的执行过程中，是一种不断地对照计划来检查现有的作业状况的活动。控制的目的是要保证实际工作与计划一致，管理活动的控制过程也就是管理人员对下属部门或个人的工作进展、实际结果进行统辖，找出偏差并加以纠正的过程。控制源于管理系统存在与发展的需要，它贯穿于其他各项管理职能之中，存在于管理活动的全过程。

计划、组织、领导、控制作为管理的四种职能，是一个互相关联、不可分割的整体。其中任何一个职能的完成度会受到其他职能完成情况的影响。

1.3 管理者角色、素质与技能要求

1.3.1 管理者

管理者在组织中告诉别人该做什么以及怎样去做。他们通过协调其他人的活动达到与别人一起或者通过别人实现组织目标的目的。管理者的工作可能意味着协调一个部门的工作，也可能意味着监督几个单独的个人，还可能包含协调一个团队的活动。

1.3.2 管理者的层次分类

管理者按其在组织中所处层次的不同，可分为基层管理者、中层管理者和高层管理者（如图 1.1 所示）。

俗话说，"基层看才能、中层看德行、高层看胸怀。"高层管理者管理着一个组织，求得组织的生存和发展。他们承担着制定广泛的组织决策、为整个组织制订计划和目标的责任。他们的典型头衔，如董事会主席（Chairman of the Board）、首席执行官（Chief Executive Officer，

CEO)、总裁、首席运营官（Chief Operating Officer，COO）、首席财务官（Chief Finance Officer，CFO）、首席信息官（Chief Information Officer，CIO）、首席人事官（Chief Human Resource Officer，CHO）、首席营销官（Chief Marketing Officer，CMO）等。

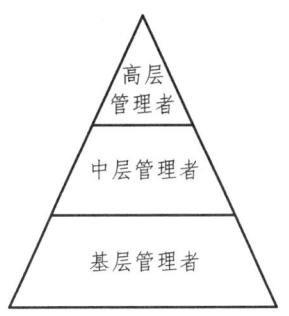

图 1.1　管理者的层次

中层管理者包括处于基层和高层之间的各个管理层次的管理者，是企业的中坚力量，在决策层与执行层间架起沟通的桥梁。中层管理者决定着企业能否健康持续发展。他们的典型头衔，如地区经理、部门经理、项目主管、分部负责人、车间主任等。

基层管理者是企业一线的管理者，他们直接面对一线员工，负责工作任务分配、进度跟进、解答疑问、传达上级指示。基层管理者工作的好坏直接影响组织计划的落实与目标的实现。他们的典型头衔，如组长、生产线线长、工长、领班等。

【知识延伸】

案例：压抑的"夹心饼干们"

人物一：小王　　职位：部门经理

小王在公司拼搏了 10 多年，最近才当上部门经理。从此，他再也没有了往日的悠闲和洒脱，为了工作经常早出晚归。他的几名部下都不擅长文字，可分管领导又恰恰是个咬文嚼字的老文科生。每次上报文字材料，小王都要被上司训斥一番，而下属又常当他的话是耳边风，他只能有苦往肚子里咽。这样的日子才刚刚开始，也不知道何时是个头。

人物二：小杨　　职位：办公室主任

小杨也是省直某事业单位的办公室主任。平时拼命工作，一天到晚操心，既担心与五六个下属的关系，又要考虑部门之间的关系，最难把握的是与上级领导的关系。

人物三：小赵　　职位：项目主管

小赵自从当上了项目主管后，一直有一种生活在夹缝中的感觉，由于自己的办事能力较强，所以在与部下打交道时，总觉得他们办事不力，加上小赵不会控制自己的情绪，动不动就训斥部下，时间一长，他与部下的关系不断恶化。而在与上司及单位其他部门打交道方面，小赵又习惯性地站在部门角度考虑问题，常常"仗义执言"，引发上司和别的部门对他不满。左右为难的他有时真想干脆放弃。可相对单位的其他人来说，毕竟自己升迁了、工资高了、不用做具体的工作了，内心里这点压力只能靠自己慢慢释解。

企业的中层管理者一般是指企业的部门经理或者单位的部门主任，他们是企业的中坚力量，承担着企业决策、战略的执行及基层管理与决策层的管理沟通的责任。现实中，中层管理者的确有着太多的委屈和无奈。有人称之为中"坚"力量，即中层管理人员需要坚强和坚毅；还有人称之为中"间"力量，即上有高层、下有员工，扮演着"夹心饼干"的角色；更有人称之为中"煎"力量，承担着上传下达、沟通协调的责任，必须做到面面俱到，实在备受煎熬；更为残酷的说法，人们称之为中"艰"力量，如履薄冰、艰难生存。

思考：

为何中层管理者会成为"夹心饼干"？怎样才能不做"夹心饼干"？

启示：

一般说来，作为中层管理者，他们正处于事业的上升期，所要承担的除了提高自己本身的业绩表现，还有调动整个团队、协调众人工作的任务，有众多让人挠头的人际关系需要处理，是一刻不能放松的"劳心族"。

企业培训师王俊峰认为，要做好"夹心饼干"应该注意以下三点：

1. 认清自我

中层管理者既是管理者，又是员工，其职场的双重角色决定了其为人做事的两面性。对上司能够保证政令畅通、执行有力。上司评价中层是否称职，看重的是结果，不管客观条件如何，结果的好坏往往就是中层是否称职的第一砝码。与上司恰当沟通与交流，恰当发表个人意见，恰当地让上司接受自己的看法，这都需要技巧。

2. 尊重员工

作为管理者，对下应该宽容、大度，要尊重员工。人与人之间是平等的，始终保持平等的心态，更多强调员工的重要性，强调员工的主体意识和作用。中层管理者以什么样的态度对待员工，员工就会以什么样的态度对待工作，员工的工作态度是积极还是消极，取决于领导的"艺术"水平。工作中出现问题，领导不要一味埋怨员工，推卸责任，而应该尽量安慰、鼓励员工，帮助他们渡过难关。如果一味地指责员工，无形中隔断了领导与员工之间的沟通与交流，听不到基层最真实的声音。中层管理者要多为员工谋福利。企业在为员工谋福利的同时，其实也是在为自己谋福利，员工和企业会更加"心连心"，当公司在最困难的时候，员工才会心甘情愿地与公司共渡难关。

3. 化解心理压力

中层管理者要学会化解心理压力，自我调节。很多时候，面对无奈的现实，面对不讲道理的上司，如果我们不像阿Q那样自我心理安慰，而硬要与之针锋相对，那么不但很多事情办不成，而且自己内心也会变得伤痕累累。与其这样，不如进行自我心理安慰，让自己保持乐观、进取的心态。

1.3.3 管理者的角色

美国著名管理学家彼得·F. 德鲁克（Peter F. Drucker）1955年提出"管理者角色"的概念。德鲁克认为，管理是一种无形的力量，这种力量是通过各级管理者体现出来的。所以，管理者扮演的角色或责任分为三类：

1）管理一个组织

管理者通过对组织的管理，求得组织的生存和发展。在管理的过程中，管理者必须思考一系列问题，如：组织是干什么的？组织的目标是什么？采取何种正确措施实现目标？如何谋取组织效益最大化？如何建立健全组织结构？如何做到"为社会服务"和"创造顾客"？

2）管理管理者

在组织管理层次中，人人都是管理者，同时又都是被管理者。因此管理者除了做到自我控制和管理，还必须尽到培养下属的责任，做到确保下级的设想、意愿、努力能朝着共同的目标前进，培养集体合作精神。

3）管理员工和工作

管理者必须认识到两个假设前提：一是关于工作，其性质是不断急剧变动的，既有体力劳动又有脑力劳动，而且脑力劳动的比例会越来越大；二是关于人，要正确认识到处理各类各级人员相互关系的重要性。因此，管理者第三个角色或责任是激励组织成员发挥其创造的热情，求得组织的最佳效果。

【知识延伸】

彼得·德鲁克

彼得·德鲁克（Peter F. Drucker，1909—2005），现代管理学之父，其著作影响了数代追求创新以及最佳管理实践的学者和企业家，各类商业管理课程也都深受彼得·德鲁克思想的影响。

作为第一个提出"管理学"概念的人，当今世界，很难找到一个比德鲁克更能引领时代的思考者：20世纪50年代初，他指出计算机终将彻底改变商业；1961年，提醒美国应关注日本工业的崛起；20年后，又是他首先警告这个东亚国家可能陷入经济滞胀；20世纪90年代，率先对"知识经济"进行了阐释。

德鲁克先生已出版超过30本书籍，被翻译成30多种文字，传播及130多个国家。其中最受推崇的是他的原则概念及发明，包括："将管理学开创成为一门学科、目标管理与自我控制是管理哲学、组织的目的是为了创造和满足顾客、企业的基本功能是行销与创新、高层管理者在企业策略中的角色、成效比效率更重要、分权化、民营化、知识工作者的兴起、以知识和资讯为基础的社会。"甚至2004年，德鲁克先生还有新书问世。

无论是英特尔公司创始人安迪·格鲁夫，微软董事长比尔·盖茨，还是通用电气公司前首席执行官杰克·韦尔奇，他们在管理思想和管理实践方面都受到了彼得·德鲁克的启发和影响。

企业家们对德鲁克管理思想的评论：
在所有的管理学书籍中，德鲁克的著作对我影响最深。

——微软创始人，比尔·盖茨

假如世界上果真有所谓大师中的大师，那个人的名字，必定是彼得·德鲁克。

——著名财经杂志《经济学人》

德鲁克的理念对我的启发很大。归纳起来，我觉得他的主要理念可以分为三类：第一类是创造顾客，为顾客创造价值；第二类是给员工提供创新的机遇和平台；第三类是挑战自我。

——海尔集团首席执行官，张瑞敏

全世界的管理者都应该感谢这个人，因为他贡献了毕生的精力，来理清我们社会中人的角色和组织机构的角色。我认为彼得·德鲁克比任何其他人都更有效地做到了这一点。

——通用电气前首席执行官，杰克·韦尔奇

1974年，经理角色学派的主要代表人物亨利·明茨伯格（Henry Mintzberg）研究发现，管理者扮演着十种角色，这十种角色可归纳为三大类：人际角色、信息角色和决策角色（见表1.1）。

表1.1 管理者的角色

类别	角色	工作内容
人际关系类	代表人	执行仪式或象征性的工作
	领导者	指挥、协调群体工作
	联络者	建立内部和外部的信息网络
信息类	监督者	搜寻、接受、筛选信息
	传播者	传递信息给他人
	发言人	通过演讲、报告等向外提供信息
决策类	企业家	制定计划、建立秩序
	干扰对付者	解决员工或部门的冲突、问题
	资源分配者	决定资源分配对象和数量
	谈判者	在谈判中代表部门或公司

1）人际角色

人际角色是指所有的管理者都要履行礼仪性和象征性的义务。这方面具体承担了3种角色：

（1）代表人：象征性的首脑，必须履行许多法律性的或社会性的例行义务。

（2）领导者：激励和动员下属，人员配备、培训和交往的职责。

（3）联络者：维护自行发展起来的外部接触和联系网络，向人们提供恩惠和信息。

2）信息角色

信息角色是指所有的管理者在某种程度上，都需要从外部的组织或机构接受和收集信息。这方面具体承担了3种角色：

（1）监督者：寻求和获取各种特定的信息，以便透彻地了解组织与环境；组织内外的神经中枢。

（2）传播者：将从外部人员和下级那里获得的信息传递给组织的其他成员——有些是关于事实的信息，有些是解释和综合组织的有影响的人物的各种价值观点。

（3）发言人：向外界发布有关组织的计划、政策、行动、结果等信息；作为组织所在产业方面的专家。

3）决策角色

决策角色指围绕日常工作中的决策制定所担任的角色，具体承担了4种角色：

（1）企业家：寻求组织和环境中的机会，制订"改进方案"以发起变革，监督某些方案的策划。

（2）干扰对付者：当组织面临重大的、意外的动乱时，负责采取补救行动。

（3）资源分配者：负责分配组织的各种资源——事实上是批准所有重要的组织决策。

（4）谈判者：在主要的谈判中作为组织的代表。

1.3.4 管理者的素质

管理者的素质是管理者必须具备的多种条件的综合。素质是一个整体、综合性的概念，在素质中，各种不同的条件形成了不同的结构。我们在这里主要讨论管理者的基本素质和专业素质。

1）基本素质

俗话说，根深才能叶茂。基本素质不是对管理者的特有要求，但基本素质的高低决定了管理者整体素质的高低，影响着企业管理者其他素质的发展和提升。管理者的基本素质主要包括道德伦理素质、心理人格素质、基础知识素质。

第一，道德伦理素质。

管理者的道德伦理素质首先是指管理者应该具有正确的世界观和价值观，必须加强理论知识的学习和理论素养的修养，用马克思主义思想去武装自己的头脑。人生观和价值观的重大体现在于管理者对关系到大是大非问题的重大抉择的取舍上。近年出现了一些企业高管和部分知名企业家纷纷落马，这从一定程度反映了某些管理者因放弃了对价值观和世界观的修养，最后竟落为"阶下囚"，该现象值得深思。其次，应具有高尚的道德情操和修养。管理者是组织中的领袖人物，是组织"上行下效"的对象，我们难以想象一个道德败坏的管理者能在组织管理中施展才华。最后，管理者应具有良好的职业道德和信誉。职业道德是道德的一部分，但更明确地对管理者提出了职业上的要求。管理者是组织的中坚，也是社会的重要阶层，中国社科院发表的《当代中国社会阶层研究报告》专门对经理人阶层，也就是企业中高层管理人员阶层进行了论述：如果没有职业道德和信誉，将是对管理基石的最大侵蚀，对管理者个体来说，也将是一条自我毁灭之路。

第二，心理人格素质。

健全的心理人格素质包括以下方面：首先，管理者应该拥有宽广的胸怀。管理者在工作中将面临内外部环境方面不同的声音、不同的观点，甚至是批评的声音和压力。管理者面对来自行业、媒体、其他组织的批评与指责，一定要以"有则改之，无则加勉"的方式对待，以正常心态处理。对来自内部不同的观点，管理者一定要有海纳百川的气魄，营造一个广进闲言的良好局面。其次，拥有开放的心态。面临不断发展的社会和日新月异的科技，管理者应具有开放的心态，去积极地了解新事物，接纳新事物。不仅企业要建立起吐故纳新的机制，管理者个人还应建立起相应的思维习惯、行为习惯，及时跟上外界的变化，与时俱进。开放的心态要求管理者改变故步自封和安于现状的守旧心理，不断实现自我的突破和发展。再次，拥有坚韧的毅力和意志力。企业的经营存在着各种各样的风险，商业风险、市场风险、政策风险、信用风险、管理风险等，企业经营本身就是与风险同在的。这要求企业管理者必须对风险有清醒的认识，在遭遇风险时，必须有坚韧的毅力和意志力去对待，积极采取措施，解决问题。企业管理者在经营实践中必须锤炼出坚忍不拔的精神，去体会"笑到最后才是胜利者"的境界。最后，拥有个人的自我控制力。管理者是企业和社会的中坚力量，是具有一定社会地位的人。在工作中、生活中企业管理者都会遇见各种不正常、不正当甚至是违反道德、违犯法纪的诱惑。权钱交易、权色交易、钱色交易、黑幕交易、幕后操作等都是近些年来沉渣泛起的现象。管理者在面对诱惑时一定要正确对待，必须有良好的自制力。"无欲则刚"当然是至高境界，但"取之有道"未尝不是明智之举。

第三，基础知识素质。

基础知识素质主要包括以下方面：首先是扎实的基础知识。基础知识是指对社会、对世界的基本认识方面的知识。基础知识包括自然科学知识、人文社科知识两个方面。纵观成功的人士，不管是科学家还是政治家或者管理大师，他们都具有良好的人文科学知识。作为一个组织中承担着重大决策、协调、管理的管理者，更应该高度重视包括人文社科知识在内的基础知识。其次，拥有完善的知识结构。知识结构是指个人拥有的各种知识的组成情况。完善的知识结构不是对管理者求全责备，必须成为大学问家。完善的知识结构是要求管理者在知识方面应相对均衡，不能有重大的知识缺陷。最后，具有健康的体魄。这是最简单的一点，也是最容易忽略的一点。国内媒体对管理人员做了一次调查，发现管理者中亚健康现象十分普遍，不少管理人员还患有不同的生理和心理方面的疾病，管理者每天都在高压下前行，但决不能忽视健康，管理者在这一点上应当重视。

2）专业素质

专业素质是指管理者实施管理行动和活动必备的素质，专业素质是管理者履行其职责的基本要求。

一方面，对管理的专注和热情。对管理的专注和热情应该是每一个希望走向成功的管理人员的重要素质。管理者只有具备这种精神和态度，才能把自己的精力放在其中，最大限度地发挥其潜力，贡献自己的聪明才智。同样，一个热情洋溢的管理者才会感染广大员工，让广大员工用同样的热情去对待工作，只有这样，组织才会充满生机和活力。如果一个暮气沉沉、毫无热情的人来领导组织，那么，这个组织的前景就十分堪忧。另一方面，管理知识的储备。管理者的工作对象是组织或企业，工作行为就是管理，所以，作为一名合格的管理者，必须具有扎实的管理的基础知识。管理是一门综合性的学问，一门实践性很强的学问，管理者必须不断钻研和了解管理知识，为实践打下坚实的基础。

1.3.5 管理者的技能

管理者的职责是变化的，也是复杂的，管理者需要特定的技能来履行他的职责和活动。那么管理者需要哪些技能呢？根据罗伯特·卡兹（Robert L. Katz）的研究，他发现管理者要具备三类技能：

1）技术技能

技术技能是指管理者掌握和熟悉特定专业领域中的过程、惯例、技术和工具的能力。对于基层管理者来说这些技能是重要的，因为他们要直接处理雇员所从事的工作。

2）人际技能

人际技能是指成功地与别人打交道并与别人沟通的能力。这是很关键的技能，作为管理者要知道如何与员工沟通，如何激励、引导和鼓舞员工的热情和信心，这些技能对于各个层次的管理者都是必备的。

3）概念技能

概念技能是指对事物的洞察、判断、抽象和概括的能力。管理者应看到组织的全貌和整体，了解组织与外部环境是怎样互动的，了解组织内部各部分是怎样相互作用的，能预见组织在社会上所起的作用，知道自己所管理部门在组织中的地位和作用。判断和概括问题的能力是概念技能的重要表现之一。

这三种技能按照职位的高低，侧重有所不同，越是低层的管理者，其技术技能要求的越多，越是高层的管理者，其概念技能要求的越多。

各种层次管理所需要的管理技能比例如表1.2所示。

表1.2 管理层次与管理技能的关系

管理层次	管理者所需要的技能		
高层管理者	概念技能	人际技能	技术技能
中层管理者			
基层管理者			

【任务小结】

恭喜你顺利完成本任务的学习，现就任务完成过程中所运用到的具体知识点进行以下回顾：

1. 管理的含义：从管理的职能和管理的目的出发，管理是指一定组织中的管理者，通过实施计划、组织、领导、控制等职能来协调他人的活动，使别人同自己一起实现既定目标的活动过程。

2. 管理的特性：二重性（自然属性和社会属性）、科学性、艺术性。

3. 管理的职能：计划职能、组织职能、领导职能、协调智能、控制职能。

4. 管理者的分类：从管理的层次出发，可以把管理者分为基层管理者、中层管理、高层管理者。

5. 管理者的责任：管理一个组织、管理管理者、管理员工和工作。

6. 管理者的素质和技能：基本素质（包含道德伦理素质、心理人格素质、基础知识素质）、专业素质。

7. 管理者的技能：技术技能、人际技能、概念技能。

任务二　中外管理思想及理论发展

【学习目标】

1. 知识目标：了解中外早期管理思想；熟悉管理理论的形成和发展。
2. 能力目标：尝试运用管理理论为企业和组织诊脉；初步运用管理理论处理一些简单的管理问题。
3. 素质目标：管理素质和理念的逐步形成。

【下达任务】

任务书	
任务名称	《西游记中的管理思想》
任务内容	分析《西游记》中所蕴含的管理思想
任务要求	1. 围绕任务，以小组形式开展以上问题的讨论，每组人数4~6人。 2. 讨论过程中及时与老师进行沟通，确保任务能够在规定时间内完成。 3. 讨论结束后，以小组为单位，形成1000~2000字的报告。教师以抽查的形式，随机抽取小组成员汇报讨论结果，每组汇报时间5分钟
完成任务所需知识点	知识点1：中外早期管理思想 知识点2：管理理论的形成和发展
任务评价标准	见下表

考核项目	考核标准	分值	得分	备注
报告解说	用语简洁精炼、语言流畅、有逻辑性	5分		
	精神饱满，举止自然得体	5分		
	规定时间内容完成解说，不超时	5分		
	对教师、同学的提问能清晰、准确解答	10分		
报告写作	方案格式合理、规范	5分		
	表达流畅，条理清楚，有逻辑性	10分		
	报告重点突出，思路清晰，分析准确	20分		
	有一定的新思想	20分		
	分工负责、协作配合	20分		

参考资料	书　　　名：《跟〈西游记〉学创业》 作　　　者：聂辉华 出　版　社：中国人民大学出版社 出版时间：2015年9月 书　　　名：《〈西游记〉原来是本这么好看的管理书》 作　　　者：马修鹏 出　版　社：广东经济出版社有限公司 出版时间：2011年12月	
团队构成 （学生填写）	团队组长	
	团队成员	
时间要求 （学生填写）	任务领取时间	
	要求完成时间	
任务讨论结果及启示 （团队成员共同填写）		
任课教师反馈		
任务最终得分	＿＿＿＿＿＿分	

【核心知识讲解】

2.1　中国古代的管理思想

2.1.1　道家的管理思想

老子是道家学说的创立人，著有《道德经》，它是一部涉及政治、经济、文化、军事等多方面的国家、社会管理专著。老子的思想朴素、深邃，为历代智人所推崇，为现代有识的企业家所看重。

1）"无为"

老子所谓的"无为"并不是什么都不做，"无为"的真实含义是：人是自然万物中的一种物，应与其他万物一样，顺应自然规律，不能任意妄为。要根除使人妄为的种种欲望、欲念，心思清静地按照自然做事，就会收到好的管理效果。

2）"道法自然"

"道"是老子思想中的重要概念，老子认为，"人法地，地法天，天法道，道法自然"。也就是说，人们必须按照自然规律办事，以"自然"为法则，而不要把自己的意志强加给自然界。从管理的角度来看，就是要求管理者必须遵循社会管理的客观规律，一切都顺其自然，才能取得良好的管理效果。

3）关于"人性"的理念

老子认为，人的本性是有欲、有私、贪婪的，特别容易受到外界物质享受，诸如五色、五音、五味、田猎和难得之货的刺激，人类社会的一切矛盾和争斗都源于此。这是人性本恶的假设。但老子拒绝用仁义、孝慈、隆礼、重法这些管理和教育手段来校正人性方面的缺陷，而认为这些手段是加重社会纷争和冲突的原因之一。老子认为在人类社会里应该恢复大道的运行，废除仁义、孝慈、礼法等人为的干扰，净化人类的本性，达到"见素抱朴、少私寡欲"的境界。尤其是国家管理者要具有真正的人性，才能实现理想的、长治久安的社会秩序。该思想同样适于对管理者的素质要求。

4）"有无相生"的思想

老子认为，"天下万物生于有，有生于无"，"合抱之木，生于毫末；九层之台，起于垒土；千里之行，始于足下。"老子关于"有"与"无"相生的思想，在知识经济时代表现得更为重要。海尔集团的成功奥秘在于重视"无形"资产、重视品牌建设，从产品质量入手争创名牌，品牌在一个地区站住了脚，何愁销售。创牌与创汇一字之差，却是运用"有"与"无"哲学思想的典范。现代经营思路中的思路、点子、技术都属于"无"，这些"无"肯定能转化为"有"，"有"离开"无"却会成为真正的无。老子的哲学思想在这里体现得淋漓尽致。

2.1.2 儒家的管理思想

儒家思想是中国传统文化中的主要一脉，对中国后世影响深远。孔子是儒家思想的创立者，其思想、言论主要记载在《论语》一书中。孔子的管理思想十分丰富，主要包括以下五大方面。

1）"仁"

孔子认为"仁"的本质是人，"仁"所讲的是做人的道理，主要包括孝悌、忠恕、诚信、恭敬、智勇、克己等内容，用于提高自身修养，调整、处理人与人之间的关系，从而达到修身治国平天下。如何去实践呢？孔子强调在内为仁，在外为礼，内心的道德操守和外在的行为规范相统一就达到了"仁"的境界。该思想应用到管理中就是强调以人为本，注重通过伦理规范、道德教化，增强员工的自身修养，培养人们共同的信念和价值观，增强员工的凝聚力，使企业和谐有序发展。

2）"和"与"中庸"

和指和谐、均衡、有序。中庸指中正适度，不偏不倚。孔子强调人我之间、物我之间要建立协调、统一的关系。怎样形成这样的关系呢？孔子认为，处理人、事、物的态度要恰如其分、恰到好处、合乎事物发展的"度"即客观规律。和、中庸是十分重要的管理思想，应用于现代企业，就是要在企业中建立以人和为目标的和谐氛围，调适企业内部、企业与外部环境的关系，开展有利于长远发展的良性竞争。同时从日常经营到企业决策，把握好事物的度，防止过与不及。

3）"信"

信包含诚信、信誉、信任、信念等思想内容。这些观念内化为人们日常的责任意识，影响企业家精神、企业伦理和企业文化的培育。该思想对于企业及管理者塑造良好的形象、建立良好的信誉起到指导作用。诚信是企业经营管理之本，企业的生存与发展有赖于企业与利益相关者长期、可靠的合作。因此，企业管理者要以诚为先，实行诚信管理和声誉管理，把诚信转化为企业的竞争优势。

4）"义利"

义是儒学中的重要概念，孔子主张"义以生利，利从义出"，认为要"见利思义""穷不失义""富不忘义"，反对"见利忘义""不以其道得之"。义利观是人们从事经济活动的价值取向。在企业的经营中，企业的管理者必须"正其义以谋其利，明其道而计其功"，秉持这种义利观和致富有道的思想，实现义与利的统一，把企业的经济效益与社会效益结合起来，承担起企业的社会责任。

5）"举贤才"

孔子的人才管理思想丰富深刻，他认为管理好国家关键在"举贤才"，要"不以言举人"，而应"听其言而观其行"，要选拔正直、有才学的人居于高位，民众就会悦服。在中国历史上，凡是盛世之治都是人才辈出、举贤任能。在当今能够重视人才、合理使用人才的企业也获得了长足的发展。

孔子的管理思想历经几千年不衰，其精华、智慧不仅泽被华夏而且远扬日本、朝鲜、韩国、越南、新加坡及其他东南亚地区。被称为"日本企业之父"的涩泽荣一创立了一手拿《论语》、一手拿算盘，即"义利合一"的管理模式，该模式在日本被广泛推广。由此可见孔子的管理思想对这些地区的影响。

2.1.3 法家的管理思想

法家思想先驱可追溯到春秋时的子产，实际创始人是战国前期的李悝、商鞅、慎到、申不害等。战国末期的韩非是法家思想的集大成者，他建立了完整的法治理论和朴素唯物主义的哲学体系。法家的思想人格是英雄，其主张积极入世，奋勇进取，以道为常，以法为本，以无为而治为罚。如今，商品经济高度发达，市场竞争日益激烈，优胜劣汰成为企业必须面对的客观现实。那么，如何塑造能进能退、能变能守、能动能静、能放能收的现代企业家精神，我们可以从法家的英雄人格的塑造中获得许多有益的管理启示。

1）以法治国的行政管理思想

法家以法治国思想的主要内容是严刑厚赏，"赏厚而信，刑重而必"。所谓以法治国，就是将"法"作为治理国家的准则，"君必有明法正义""治国无其法则乱"。法家认为"仁义不足以治天下""圣王者，不贵义而贵法"，而且必须做到："法必明，令必行"以及"刑无等级""不失疏远，不违亲近"。而"法治"的核心则在于加强中央集权的君主专制制度，即韩非子所说的："事在四方，要在中央。圣人执要，四方来效。"即"尊主"才能"明法""崇法"。

2）贤能并举的人事管理思想

法家提倡贤能并举的人事管理思想，"所举者必有贤，所用者必有能""官贤者量其能，赋禄者称其功"。韩非认为，世人的天性既然都是趋利避害的，因此实行严格的赏罚制度是最有效的管理手段。他说："闻古之善用人者，必循天顺人而明赏罚。循天，则用力寡而功立；顺人，则刑罚省而令行；明赏罚，则伯夷、盗跖不乱。如此，则白黑分矣。"韩非子主张尽国之才，尽人之智，"力不敌众，智不尽物，与其用一人，不如用一国"。

3）积极改革，勇于创新

秦国从一个不起眼的小国、穷国，经历商鞅变法的洗礼、改革，打破了旧有的腐朽制度，变得国盛兵强。若无秦孝公和商鞅过人的胆识和大胆的创新，就没有秦国以后的辉煌。如果将"国"比作企业，"王"比作企业家，那么只有当企业家们在意识上锐意创新，对改革保持积极的态度，才能使企业在新形势下得以持续发展。

法家思想代表人物韩非说："恃人不如自恃""人之为己者，不如己之自为也"，只要自强不息、锐意创新，无论在何时，都能体现自己的生命价值。企业家应该是企业的中流砥柱，是员工心目中的楷模，如果企业家自己都不能自信自强、勇于创新，怎能激励员工奋发图强。所以当一个企业陷入危机时，撤换的首先是管理者，而不是员工。企业家保持锐意创新的精神风貌是企业走向成功的关键因素。

2.1.4 兵家的管理思想

《孙子兵法》为孙武所著，是我国历史上著名的军事著作，全书共十三篇，内容博大精深，涉及战争规律、谋略、政治、外交、经济、天文、地理气象等多方面，不仅对战争有指导意义，对经济活动同样具有教益。

1）"上兵伐谋"的战略思想

在兵战中，战略的正确与否决定着战争的胜负，孙武精辟地论述了怎样正确地确定战略，他认为要熟悉"五事"（道、天、地、将、法），并从"七计"及七个方面对比敌我双方的优势和劣势。上兵伐谋的思想同样适于商战。商战中的战略同样决定着企业的成败，决策者要善于分析市场情况，了解顾客动态，以制定正确的战略。

2）《孙子兵法》中其他的管理思想

（1）以奇制胜。"凡战者，以正合，以奇胜，故善出奇者，无穷如天地，不竭如江海"，在商战中为多家企业所证实。

（2）因地制宜，适应市场发展变化的思想。

（3）"杂于害而患可除也"的居安思危的思想。

（4）对将帅的素质要求——智、信、仁、勇、严以及"知胜有五"的领导艺术，也同样适于企业管理者。

总之，《孙子兵法》在管理方面的价值，为国内外管理者所关注。在日本，一些大公司培训管理干部时以《孙子兵法》作为必读书目，东亚、欧美的一些国家也肯定了《孙子兵法》对现代管理的价值。

【知识延伸】

中国古代成功的管理实例

在浩如烟海的中国古典典籍里，记载着古代先贤们在政治、法治、经济、军事、组织、人才管理等方面的学说和主张。其中包含丰富的管理思想，这就是中国传统管理思想的渊源。中国传统管理思想是中华五千年传统文化中的精华，在现代管理中，它们仍闪烁着智慧的光芒，是值得现代管理者继承、借鉴的宝贵文化资源。

1. 商鞅变法

商鞅（约前395年—前338年），汉族，卫国（今河南安阳市内黄县梁庄镇一带）人，战国时期政治家、思想家，法家著名代表人物。商鞅应秦孝公求贤令入秦，说服秦孝公变法图强。孝公死后，受到秦贵族诬害以及秦惠文王的猜忌，车裂而死。其在秦执政二十余年，秦国大治，史称"商鞅变法"，并使秦国长期凌驾于山东六国之上。

商鞅变法的主要管理措施是：废井田，开阡陌；奖励军功；废除分封制，建立县制，实行中央集权；重农抑商；统一秦国度量衡，统一赋税。在变法过程中，商鞅运用了行政、法律、税收、价格、奖励等多重管理手段。变法加强了中央管理，废除了秦国的奴隶制，发展了封建经济，军队的战斗力不断加强，使秦国逐渐成为七国中实力最强的国家，为统一六国创造了条件。

"商鞅变法"说明只有依时代潮流，进行创新、改革，才能实现管理目的。

2. 万里长城

万里长城是秦始皇于公元前214年，命令大将蒙恬率兵30万北击匈奴时，役使40多万人把原来燕、赵、秦等国修筑的长城连接并加以扩建而成的。万里长城总长6700多千米，修建在地势险峻的山巅，工程复杂而浩大，而当时生产力低下，施工仅凭肩挑手抬，其困难可想而知。这一工程的成功，蕴含着许多宝贵的管理思想，从项目的管理、进度控制、后勤供应、物流设计、人员设置与培训再到质量控制，无不体现着古代劳动者们卓越的管理智慧。

（1）严谨的工程计划。

秦长城修建历时约七年，耗用土石方约三亿立方米，强制征用约40万人。这一浩大的工程在财力、人力、畜力、材料、联络、工期等安排得井井有条，从而保证了工程的顺利完成。

（2）严格的工程质量管理。

工程质量管理主要是工程验收制度，如规定在一定距离内用箭射墙，箭头碰墙而落，工程才算合格，否则返工重建。为检查和监督砖的责任和质量，每块砖上都刻有制造州府县及制造者的名字。正是这种质量管理方法和质量管理水平，才使得长城历经千年，依然巍然屹立。

（3）有效的分工制。

长城建设在事先确立走向的前提下，分区、分段、分片同时展开，保证工程进度的同步性，体现了有效的分工。

（4）统一的质量标准。

由于实行分工，工程所需的各种材料由不同地区、作坊生产制造。而统一的质量标准，严格的质量要求，保证了万里长城的工程质量。

3. 丁谓重建皇宫方案

宋真宗时期，大臣丁谓用"一举三得"方案重建皇宫，是一次典型的系统管理实践。当时，由于皇城失火，皇宫被焚，宋真宗命丁谓重修皇宫。在当时生产力、技术水平都十分落后的情况下，这是一个十分复杂的工程，不仅要设计施工、运输材料，还要清理废墟，任务十分艰巨。丁谓首先在皇宫前开沟渠，利用开沟取出的土烧砖，再把京城附近的汴水引入沟中，运送建筑材料的船只直达工地。工程完工之后，又将废弃物填入沟中，复原大街，使工程如期完成，而且节约了时间、费用、人力等，即"一举而三役济，计省费以亿万计"。工程建设的过程，同现代系统管理思想吻合。丁谓主持的皇宫修建工程体现了中国古人在管理实践中的高超智慧。

4. 都江堰工程

2000多年前，我国杰出的水利工程专家李冰亲自设计、规划和组织兴建的至今仍驰名中外的都江堰水利工程，规模宏大，地点适宜，布局合理，规划科学，兼有防洪、灌溉、航行三大功能，使成都平原成为沃野千里之地。这一伟大工程体现了我国古代劳动人民在工程决策系统管理、组织管理、质量控制等方面的智慧。

2.2　外国早期的管理思想

管理思想来源于人类社会的管理实践。在长期的管理实践中，由于社会化生产的发展需要，管理思想逐渐形成系统的管理理论。十四五世纪，欧洲就产生了资本主义萌芽。到18世纪末期，英国及其他资本主义国家相继发生了产业革命。产业革命是以机器大工业代替工场手工业的革命。1769年，机械师瓦特发明的蒸汽机得到广泛的采用，手工业的生产转变为机器的生产，工厂这一新的组织形式代替了以家庭为单位的手工作坊。工厂制度的出现，要求机器大工业的管理必须采用新的科学的方法，那种依靠个人的主观经验和臆断行事的做法，显然已经不适应工业革命后工厂制度所代表的生产力的要求了，工厂制度的发展引起人们对管理的关注。英国产业革命时期的理查德·阿克莱于1769年和1771年设立毛纺织厂时，就连续生产、厂址选择、工厂纪律、劳动分工、机器、材料、人员和资本之间如何协调等方面都有创造；1800年，英国的索霍制造厂开始有了工作设计，按充分利用机器的要求进行了劳动分工和专业化，完善了工资支付办法，完善了记录和成本核算等管理工作。这一时期，尽管管理思想不够系统、全面，也没有形成专门的管理理论和学派，但由于工厂管理实践的结果，管理思想已经得到相应的发展，在西方特别是在欧洲出现了一些早期管理思想家，具有代表性的有亚当·斯密、罗伯特·欧文和查尔斯·巴贝奇等。

1）亚当·斯密的管理思想

亚当·斯密（Adam Smith，1723—1790），是资产阶级经济学古典学派的主要奠基人之一，他在1776年发表了代表著作《国民财富的性质和原因的研究》（简称《国富论》）。亚当·斯密在这部著作中系统地论述了古典政治经济学的主要内容，也涉及许多管理思想，这些管理思想对于现代企业管理具有重要的影响。该书在当时被奉为经典并奠定了亚当·斯密古典政治经济学的代表人物的地位。他主要提出了劳动分工观点和经济人观点，具体体现为：

（1）劳动是国民财富的源泉。

（2）劳动分工理论。①市场的广狭限制着交换的能力；②交换能力的大小又限制分工的程度；③分工的程度决定着一国的劳动生产力；④一国的劳动生产力又是国民财富多寡的主要决定因素。

（3）经济现象是基于利己主义目的的人们的活动所产生的。

【知识延伸】

亚当·斯密与《国富论》

亚当·斯密，18世纪英国著名的经济学家和伦理学家。1723年出生于苏格兰法夫郡的寇克卡迪。1723—1740年，亚当·斯密在家乡苏格兰求学，在格拉斯哥大学完成拉丁语、希腊语、哲学、数学和伦理学等课程。1740—1746年，赴牛津大学求学，但在牛津并未获得良好的教育，唯一收获是大量阅读在格拉斯哥大学缺乏的书籍。1750—1764年，在格拉斯哥大学任教授。这一时期，亚当·斯密于1759年出版的《道德情操论》获得学术界极高评价。而后亚当·斯密于1768年开始着手著述《国民财富的性质和原因的研究》（简称《国富论》）。1773年时《国富论》已基本完成，但亚当·斯密多花三年时间润饰此书，此书于1776年3月出版后引起大众广泛的讨论。影响所及除了英国本地，欧洲大陆和美洲也为之疯狂。因此世人尊称亚当·斯密为"现代经济学之父"和"自由企业的守护神"。亚当·斯密于1790年7月17日与世长辞，享年67岁。在他去世前，他将自己的手稿全数销毁。

《国富论》作为一部经济学经典著作，它问世之时正值资本主义发展初期，该书及时地总结了近代初期各国资本主义发展的经验，批判地吸收了当时的重要经济理论，对国民经济运作的过程做了比较系统、清晰的描述。从作为国富基础的劳动，到提高劳动生产力的分工，再到分工带来的交换、交换带来的媒介——货币，又到商品的价格以及构成价格的基本要素——工资、地租和利润，文中都有详细精辟的论述。该书反对政府干涉商业和自由市场，提倡降低关税和自由贸易，奠定了资本主义自由经济的理论基础。本书对英国资本主义乃至世界资本主义的发展，都产生了直接的重大的促进作用。亚当·斯密在《国富论》中第一次将市场比作"看不见的手"。几百年来，"看不见的手"已经成为市场的代名词。作为西方经济学的鼻祖，亚当·斯密曾被无数次地引用和解读。

2）小瓦特和博尔顿的科学管理制度

小瓦特和博尔顿分别是蒸汽机发明者瓦特的儿子和其合作者马修·博尔顿的儿子。1800年，他们接管了一家铸造工厂后，小瓦特就着手改革该厂的组织和管理，建立起许多管理制度：

（1）在生产管理和销售方面，根据生产流程的要求，配置机器设备、编制生产计划、制订生产作业标准、实行零部件生产标准化、研究市场动态进行预测。

（2）在会计的成本管理方面，建立起详细的记录和先进的监督制度。

（3）在人事管理方面，制订工人和管理人员的培训和发展规划。

（4）实行工作研究，并按工作研究结果确定工资的支付办法。

（5）实行由职工选举的委员会来管理医疗福利费等福利制度。

3）马萨诸塞车祸与所有权和管理权的分离

1841年10月5日，美国马萨诸塞至纽约的西部铁路上发生了两列火车相撞的车祸，在马萨诸塞州议会的推动下，这家铁路公司不得不进行管理改革。老板交出了企业管理权，只拿红利，另外聘请具有管理才能的人员担任企业高层。这是历史上第一次在企业管理中实行所有权和管理权的分离。这种分离对管理有重要的意义：

（1）独立的管理职能和专业的管理人员正式得到承认。管理不仅是一种活动，还是一种职业。

（2）随着所有权和管理权的分离，横向的管理分工开始出现。这不仅提高了管理效率，也为企业组织形式的进一步发展奠定了基础。

（3）具有管理才能的雇佣人员掌握了管理权，直接为科学管理理论的产生创造了条件，为管理学的创立和发展准备了前提。

4）罗伯特·欧文的人事管理思想

罗伯特·欧文（Robert Owen，1771—1858）是19世纪初英国著名的空想社会主义者，也是一位企业家、慈善家。他曾在其经营的一家大纺织厂中做过试验，试验主要是针对当时工厂制度下工人劳动条件和生活水平都相当低下的情况而进行的，主要包括改善工作条件、缩短工作日、提高工资、改善生活条件、发放抚恤金等。试验的目的是探索对工人和工厂所有者双方都有利的方法和制度。

欧文的管理思想基于"人是环境的产物"这一法国唯物主义学者的观点，他所进行的许多实验都是为了证明："用优良的环境代替不良的环境，是否可以使人由此洗心革面，清除邪恶，变成明智的、有理性的、善良的人；从出生到死亡，始终苦难重重，是否能够使其一生仅为善良和优良的环境所包围，从而把苦难变成幸福的优越生活"。正是基于这样一个充满希望和想象的伟大理念，才形成了他超越当时现实生活的管理思想。

欧文对管理学的贡献是，摈弃了过去那种把工人当作工具的做法，着力改善工人劳动条件，诸如提高童工参加劳动的最低年龄；缩短雇员的劳动时间；为雇员提供厂内膳食；设立按成本向雇员出售生活必需品的模式，从而改善当地整体社会状况。因此，人们把他誉为"现代人事管理之父""人本管理的先驱"。

5）巴贝奇的作业研究和报酬制度

查尔斯·巴贝奇（Charles Babbage，1792—1871）是英国著名的数学家和机械工程师，出版了《论机器和制造业的经济》一书，他对管理的贡献主要有以下两方面：

（1）对工作方法的研究。他认为要提高工作效率，必须仔细研究工作方法；一个体质较弱的人如果所使用的铲在形状、重量、大小等方面都比较适宜，那么他一定能胜过体质较强的人。

（2）对报酬制度的研究。他主张按照对生产率贡献的大小来确定工人的报酬。① 按照工作性质所确定的固定工资；② 按照对生产率所做出的贡献分得的利润；③ 为增进生产率提出建议而应得的奖金。

6）亨利·汤尼的收益分享制度

亨利·汤尼是当时美国耶鲁-汤尼制造公司的总经理。他在1889年发表的题为"收益分享"一文中，提出对职工的报酬应采取收益分享制度才能克服利润分享制度带来的不公平。他提出的具体办法是：每个职工享有一种"保证工资"，然后每个部门按科学方法制订工作标准，并确定生产成本。该部门超过定额时，由该部门职工和管理阶层各得一半。定额应在3~5年内维持不变，以免降低工资。他的主张实质上是按某一部门的业绩来支付该部门职工的收益，这样就可避免某一部门业绩好而另一部门业绩差时，实行利润分享制度使前者受损所产生的不合理现象。

7）哈尔西的奖金方案

弗雷德里克·哈尔西对管理的贡献也体现在工资制度方面。1891年，他向美国机械工程学会提交了一篇题为"劳动报酬的奖金方案"的论文。论文指出了当时普遍使用的计时制、计件制和利润分享三种报酬制度的弊端。他认为，汤尼的收益分享虽有改进，但在同一部门中问题依然存在。因而，他提出了自己的奖金方案，该方案是按每个工人来设计的：一是给予每个工人每天的保证工资；二是以该工人过去的业绩为基础，超额者发给约为正常工资率1/3的奖金。可以看出，哈尔西所提出的制度与其他当时所见的工资制度相比有许多优势。

2.3 管理理论的形成和发展

早期管理思想实际上可以认为是管理理论的萌芽或初步发展。管理理论比较系统的建立是在19世纪末20世纪初。这个时期是管理理论或思想发展的重要时期。由于泰罗的科学管理思想在这段时间占有重要的位置，有人把这个阶段的管理理论称为"古典管理理论"或"科学管理理论"。

自工业革命以后，针对工厂制度发展的需要，人们开始探索科学管理的规律。从19世纪末20世纪初开始，这种理论探索逐步从零散的感性认识上升为较系统的理性知识。其中比较有代表性的是泰罗（Taylor）的科学管理思想、法约尔（Henri Fayol）的一般管理理论、韦伯（Max Weber）的理想行政管理理论体系及梅奥（George Elton Mayo）的人际关系理论等。

2.3.1 古典管理理论

1）泰罗的科学管理理论

（1）科学管理的产生。

科学管理理论的创始人是美国学者弗雷德里克·泰罗（Frederick Winslow Taylor，1856—1915）。从科学管理的产生背景上看，在早期管理阶段，资本的所有者也就是管理者。直到19世纪末20世纪初，科学技术与社会经济发生了巨大的变化，石油、电力等能源经济逐步由自由竞争时期进入到垄断时期。由于产业界两大阶级矛盾的尖锐化，资产阶级加强了对工人阶级的统治。科学技术的发展，资本主义生产的集中和垄断以及两大阶级的矛盾和斗争，这三方面的因素对企业管理提出了新的要求，促进了管理职能逐渐与资本所有权相分离，管理职能则由资本家委托给以经理为首的由各方面管理人员所组成的专门管理机构承担。从此，专门的管理阶层出现了。这一变革直接促进了科学管理思想的产生。

从泰罗的人生经历来说，1879年22岁的泰罗到费城米德维尔钢铁公司当机械工人。他在这里升迁很快，由普通工人升为计时工，再升为机械工、工头、领班、助理工程师，一直升到总工程师的职位。在这段时间里，他没有抛开自己的学业，一面自学，一面参加函授课程，修满了史蒂芬斯学院机械工程的全部学分。他是一个自学成才的管理学家。1885年他参加了美国机械工程师协会。

泰罗在米德维尔钢铁公司当工头时，对工人采取压制的手段来管理生产，遇到了很大的阻力。后来，他把每个工人每天的劳动定额制定出来，但是，由于工人"有组织的偷懒"，产量达不到定额的生产量。当泰罗升入领班后，为了消除这种"偷懒"现象，他从车床开始做系统的研究。他采用了动作研究法和时间研究法。他将车床的每一项特定操作,算出每一项操作所需时间,给每个工人订出每天应完成的产量。这种研究取得了突出的成就。不过,泰罗最有名的实验,是他在1898年到伯利恒钢铁公司以后进行的。在那里,他进行了许多影响深远的实验研究,包括铁块搬运、铲铁、金属切削等实验。

通过以上实验,泰罗发现在工厂劳动中存在着很多问题。他认为,工厂中的工人和管理者都没有明确的责任概念,工作中不存在有效的工作标准,工人们有意慢条斯理地干活,工厂的管理者作决定时都是凭预感和直觉;工人被分配干什么工作很少或完全不考虑他们的能力和才能是否适合从事这项工作。而且更严重的是,管理当局与工人之间存在着固定的对立。对此,他提出了科学管理的基本思想。1895年,泰罗发表《计件工资制》;1903年,他在美国机械工程师学会发表《工场管理》;1911年,他出版了《科学管理原理》,这些著作体现了他的科学管理理论。

在科学管理的概念上,泰罗认为:"科学管理也不过是一种节约劳动的手段而已,也就是说,科学管理只是能使工人取得比现在高得多的效率的一种适当的、正确的手段而已。这种手段并不会大量增加比工人现在的负担更大的负担。"这就是说,科学管理旨在使工人通过使用正确的方法和工具,在同等劳动时间内更高效地完成任务。

【知识延伸】

搬运生铁块实验

1898年,泰罗在动作研究中进行了一项搬运铁块的实验。他在伯利恒钢铁公司从事管理研究时,看到在这个工厂有75人的搬运小组,他们的工作是将每块重92磅的铁块搬起,走过一块斜放的跳板,到达车皮后将铁块放下。泰罗进入伯利恒钢铁公司时,每个工人每天平均搬运量是12.5吨,挣1.15美元工资。泰罗认为这项工作很有研究价值,通过研究是可以大幅度提高搬运量的。

泰罗从搬运工人中挑出了四位,又通过对这四个人的进一步研究、调查,最后挑中一个叫施密特的人。施密特非常爱财并且很小气。泰罗要求这个人按照新的要求工作,每天给他1.85美元的报酬。泰罗通过仔细研究,转换各种工作因素,来观察它们对生产效率的影响。例如,工人有时弯腰搬运,有时又直腰搬运,后来他又观察了行走的速度、持握的位置和其他变量。通过长时间的观察试验,并把劳动时间和休息时间很好地搭配起来,第一天不到下班时间,施密特就搬完了47.5吨铁块,高兴地拿到了1.85美元的报酬。从此以后,工人每天的工作量可以提高到47吨,同时并不会感到太疲劳。他也采用了计件工资制,工人每天搬运量达到47吨后,工资也升到1.85美元,搬运每吨铁块的成本也从7.5美分下降为3.3美分。

在搬运生铁块实验中,泰罗发现工人干活时的疲劳程度与他完成的工作量不成正比。为了弄清其中的奥妙,泰罗的助手巴思把工作中的所有可能导致疲劳的影响因素都汇出曲线图,用数学方法寻找答案。最后的结论是:工人的疲劳程度与负载的间歇频率相关,而不是与负荷重量相关。由此,泰罗发现了一个合理安排工人负载的新思路,可以在不增加疲劳程度的前提下大大提高工作量。泰罗强调，工时研究和工作分析绝对不是让工人拼命，而是要找出一个工人"正常"工作时的标准定额，从而保证工人能够年复一年地正常完成一个劳动日的工作量，下班后仍然精神旺盛。

泰罗在搬运生铁块实验中的成功做法是，应当尽量避免使工人突击干活，必须按照工人的生理疲劳规律安排工作。

【知识延伸】

<h3 style="text-align:center">铁锹实验</h3>

铁锹实验是在伯利恒钢铁公司进行的。早先工厂里工人干活是自己带铲子，铲子的大小也就各不相同，而且铲不同的原料时用的都是相同的工具，那么在铲煤沙时如果重量合适的话，在铲铁砂时就过重了。因此，泰罗从改变铁锹形状、铲装的动作、每次铲装的重量等方面综合分析。他研究发现每个工人的平均负荷是21磅，后来他不让工人自己带工具，而是准备了一些不同的铲子，每种铲子只适合铲特定的物料，这不仅使工人的每铲负荷都达到了21磅，也让不同的铲子适合不同的情况。为此他还建了一间大库房，里面存放各种工具，每个工具的负重都是21磅。同时他还设计了有两种标号的卡片，一张说明工人在工具房所领到的工具和该在什么地方干活，另一张说明他前一天的工作情况，上面记载着干活的收入。工人取得白色纸卡片，说明工作良好，取得黄色纸卡片就意味着要加油了，甚至就要被调离。将不同的工具分给不同的工人，要进行事先的计划，要有人对这项工作专门负责，需要增加管理人员，但是尽管这样，工厂也是受益很大的，据说这一项变革可为工厂每年节约8万美元。

通过铁锹实验，工人的工作效率大大提高，每人每日铲装量提高到59吨，所用工人从原来的500人减少到140人，同时工人的日工资从1.15美元提高到1.88美元。

（2）科学管理的目的。

科学管理的目的主要包括三个方面的内容：

第一，科学管理的中心问题是提高劳动生产率。在《科学管理原理》一书中，泰罗明确提出，最高的劳动生产率是工厂主与工人的目标达成一致的基础。它能使工人关心的较高工资与工厂主关心的较低劳动成本结合起来，使工厂主得到最高额的利润，工人得到最高的工资，从而进一步提高他们对扩大再生产的兴趣，促进生产的继续发展，促进工厂主和工人的共同富裕。因此，提高劳动生产率是泰罗创立科学管理理论的基本要求，是确定各种科学管理原理、方法和技术的出发点。

第二，为了达到最高劳动生产率的目的，需用科学管理代替旧的传统的经验管理。泰罗认为，完善的管理虽然是无形的，但比有形的设备更为宝贵。最完善的管理是一门科学，必须采用科学的方法；要把科学的方法应用到一切管理活动中去，使管理制度化，建立明确的规定、条例，而不是寻找"超人"来管理业务。这是提高劳动生产率的关键。因此，要努力建立起科学管理的原理。这种原理对于人类的一切行为，从最简单的个人行为一直到最需要合作的公司日常业务都是适用的。

第三，科学管理的精华是要求管理人员和工人双方实行重大的精神革命。泰罗在国会证词中解释科学管理的实质时说："科学管理不是任何一种效率措施，不是一种取得效率的措施；也不是一种新的工资制度；它不是一种新的成本核算制度；它不是时间研究；它不是动作研究，也不是对工人动作的分析；它不是印刷大量的工作文体交给工人说'这是你的制度，你必须执行'；它不是工长分工制，也不是职能工长制；它也不是普通工人在提到科学管理时会想到的各种措施。……但我强调指出这些措施都不是科学管理，它们是科学管理的有用附件，因而也是其他管理制度有用的附件。""科学管理的实质是在一切企业或机构中的工人们的一次完全的思想革命——也就是这些工人，在对待他的工作责任，对待他们的同事，对待他们的雇主的一次完全的思想革命。同时，也是管理方面的工长与管理人员双方在思想上的一次完全的革命，没有工人与管理人员双方在思想上的一次完全的革命，科学管理就不会存在。"

泰罗强调科学管理是一种"完全的思想革命"或称"精神革命"，其目的是使资本家和工人双方都把注意力从盈余的分配转为增加盈余的数额上来。当他们用友好、合作和互相帮助来代替对抗和斗争时，他们就能够生产出比过去大得多的盈余，从而并肩向同一方向努力。劳资双方共同努力所创造的盈余的确是令人震惊的，它不仅有助于大量增加工人工资，而且也有助于大量增加工厂主的利润。

（3）科学管理的原则。

泰罗在他发表的著作《科学管理原理》中，提出了比时间研究和动作实验更为深刻的四项管理原则。这四项原则是：第一，对工人操作的每个动作进行科学研究，用以代替老的单凭经验的办法。第二，科学地挑选工人，并进行培训和教育，使之成长；而在过去，则是由工人任意挑选自己的工作，并根据其各自的可能进行自我培训。第三，与工人们亲密协作，以保证一切工作都按已发展起来的科学原则去办。第四，资方和劳方之间在工作和职能上几乎是均分的，资方把自己比工人更胜任的那部分工作承揽下来；而在过去，几乎所有的工作和大部分的职责都推到工人们的身上。

（4）科学管理的制度和方法。

在作业管理方面，泰罗主张以下几点：

第一，要制定科学的操作方法，以代替过去单凭工人经验进行操作的方法。例如，通过时间与动作的研究，制定出所谓标准化的操作方法。对工人的每一个动作和每一道工序的时间，用钟表进行测定，并分析研究，除去动作中多余的和不合理的部分，把最经济的、效率高的动作集中起来，确定标准的操作方法，实行操作所需的工具和环境的标准化。根据标准化的操作方法和操作环境的标准化，确定工人一天必须完成的标准的劳动定额，即每天"公公正正的产量"，以改变过去由工人自由确定每日劳动定额的状况。这就是所谓的标准原理。

第二，要科学地选择"第一流的工人"，并循序渐进地培训"第一流的工人"。泰罗很重视对工人进行系统的培训和教育，并用科学的操作方法来训练和提高经过科学选择的"第一流的工人"，使他们真正按照科学的规律性去操作，以改变过去由工人自由选择自己的工作，凭经验进行操作的做法。所谓"第一流的工人"，泰罗认为，那些能够工作而不想工作的人，不能成为我们所说的"第一流工人"，但人具有不同的禀赋和才能，只要工作对他合适，都能成为第一流的。如心灵手巧的女工虽然不能做重活，但干精细活却可以是第一流的。对于那些体力和智力不适合于分配给他们工作的人，应该加以培训，使之适应工作或是把他们安排到其他适合的岗位上去。泰罗认为，健全的人事管理的基本原则是：使工人的能力同工作相配合。企业管理当局的责任在于为雇员找到他最适合的工作，培训他成为第一流的工人，激励他们尽最大的力量来工作。

第三，要实行刺激性的差别计件工资制度。所谓差别计件工资制，是按照工人是否完成其定额而采取不同的工资率。如果工人的生产没达到定额，就按"低工资"计算，为正常工资的80%；如果工人的生产超出定额，则按"高工资"计算，为正常工资的125%，而且不仅超额的部分按高工资率计算，全部生产都按这个高工资率计算，以此来鼓励工人完成和超额完成定额。实现差别计件的前提是通过工时研究和分析，制定出合理的、科学的定额或标准。这种工资制度支付工资的对象很明确，是工人的劳动效率，目的是刺激工人个人的劳动积极性。

在组织管理方面，泰罗主张以下几点：

第一，把计划职能与执行职能分开，改变原来的那种经验工作法，代之以科学的方法。所谓经验工作法，就是每个工人用什么方法操作、使用什么工具等，都由工人本人根据自己的经验来决定。所以工效的高低，取决于个人所采用的操作方法和工具是否合理，以及本人技术熟练和努力的程度。所谓科学的方法，就是在实验和研究的基础上制定出标准的操作方法，并采用标准化的工具、设备等。过去，所有的计划工作都是由工人来做的，结果是凭个人经验办事；现在，必须从管理中分离出来，由专业的计划部门去做，工人只负责操作。专业计划部门的任务是：进行调查研究，以便为定额和操作方法提供科学的依据；根据调查研究的结果制定出有科学依据的定额和标准化的操作方法、工具；拟出要发布的指示及命令；对"标准"和"实际情况"进行比较，以便进行有效的控制。至于现场的工人和工头，则完成执行的职能，即按照计划部门制定的操作方法、工具和指示从事实际的操作，不得自行改变操作方法。泰罗认为，工人与管理部门实行分工，分别执行适合于每一方面的不同的职能，这是科学的。

第二，实行职能组织制，即将管理的工作予以细分，使所有的管理者只能承担1~2种管理的职能。这样一来，同只接受一个直接上级领导的军队式组织不同，工人要从几个不同职能的上级那里接受命令。泰罗设计了八个职能的工长，代替原来的一个工长，其中四个在计划部门，四个在车间。每个职能的工长负责某一方面的工作，在其职能范围内，可以直接向工人发出命令。他认为，这种职能工长制有三个优点：对管理者（职能工长）的培养只需花费较少的时间；管理者的职责明确，可提高效率；由于操作计划已由计划部门拟订，工具和操作法都已标准化，车间现场的职能工长只需进行指挥监督，因此低工资的工人也可以从事比较复杂的工作，从而降低每个单位的工资支出，降低整个企业的生产费用。但是，这种职能组织结构，因违反"统一指挥"的原则而没有得到推广。

第三，实行例外原理。泰罗认为，规模小的单位可采用上述职能组织原理，规模比较大的单位，还需要运用例外原理。所谓例外原理，就是高层次主管人员为了减轻处理纷繁事务的负担，把处理一般日常事务的权力授予下级管理人员，高层次主管人员只保留对例外事项（即重要事项）的决策权和监督权，如基本政策的制定和重要人事的任免等。这种以例外原理为根据的管理控制原则，以后发展成为管理上的分权化原则和分级管理等管理体制。

（5）关于泰罗科学管理的评价。

今天来看，泰罗的方法是一套科学的管理方法，但它在推广过程中却并不顺利，当时资本家是反对的。他们认为这套办法给了工人更多的好处，提高了工资；管理人员分离出来，增加了非生产人员的开支；用科学化、标准化的管理方法取代资本家按个人旨意、经验进行管理的传统方法后，会影响资本家的权威。工人同样也是反对的。当时的工会领袖们把科学管理当作是对劳工的一种威胁，认为泰罗把工作执行与工作计划分开的做法损害了劳动者的权利。劳动分工越来越细，一个工人的工作很容易被其他人代替；实行差别计件工资制，工人的工资完全由管理人员根据产量确定，就会失去工人"集体同资本家谈判决定工资"的权力。工会组织同泰罗主义者之间的冲突在1909年达到了异常激烈的程度。当时，美国联邦政府公布了在沃特顿兵工厂推行一项经济刺激的制度，工会发动工人罢工，并得到了美国劳工联合会的支持。由于各方面的反对，政府也怕事态扩大，美国国会就通过了一项法律，制止在军工企业和政府企业采用泰罗的管理方法，并不准用钟表测定工人的劳动和操作。这项法律直到1949年才被撤销。

从客观的角度说，泰罗制在实行中遭到反对，一方面是由于社会上传统意识的影响，另一方面是由于它本身存在着不足。但在当时的历史条件下，泰罗的科学管理方法，在管理方式上是一种创新。其特征主要表现为以下方面：① 它冲破了百年沿袭下来的传统的落后的经验管理方法，将科学引进了管理领域，并且创立了一套具体的科学管理方法来代替个人经验进行作业和管理的旧方法。这是管理理论上的进步，也为管理实践开创了新局面。② 由于采用了科学的管理方法和可操作的程序，它使生产效率提高了2~3倍，推动了生产的发展，适应了资本主义经济在这个时期的发展需要。③ 由于管理职能与执行职能的分离，企业中开始有一些人专门从事管理工作。这就使管理理论的创立和发展有了实践基础。④ 泰罗把工人看成是会说话的机器，工人只能按照管理人员的决定、指示、命令进行劳动，在体力和技能上受到最大限度的压榨。泰罗的"标准作业方法""标准作业时间""标准工作量"，都是以身体最强壮、技术最熟练的工人进行最紧张的劳动时所测定的时间定额为基础的，是大多数工人无法忍受和坚持的。因此，泰罗的科学管理方法是资本家最大限度地压榨工人血汗钱的手段。他把人看作纯粹的"经济人"，认为人的活动仅仅出于个人的经济动机，忽视了企业成员之间的交往及工人的感情、态度等社会因素对生产效率的影响。泰罗认为，工人的集体行为会降低工作效率，只有使"每个工人个别化"才能达到最高效率。此外，他所强调"科学管理"是"精神变革"，而且"对劳资双方有利"，掩盖了早期资本主义制度对工人进行剥削的实质。

从总体上说，泰罗制是适应历史发展的需要而产生的，同时也受历史条件和个人经验的限制。由于泰罗本人长时间从事现场的生产和管理工作，所以泰罗的一系列主张，主要是解决工人的操作问题、生产现场的监督和控制问题，管理的范围比较小，管理的内容也比较狭窄。企业的供应、财务、销售、人事等方面的活动，基本上没有涉及。

科学管理理论除了泰罗以外，还有很多追随者。他们或是继承了泰罗的管理思想，或是在同泰罗同时代的管理改革中做出了重要的贡献。其中比较有代表性的人物有亨利·甘特、弗兰克·杰布雷斯夫妇、福特、亨利·法约尔等。泰罗及其他同期先行者的理论和实践也被称为泰罗制。可以看出，泰罗制着重解决的是用科学的方法提高生产现场的生产效率问题。所以，人们称以泰罗为代表的这些学者形成的学派为科学管理学派。

2）法约尔的一般管理理论

科学管理研究的范围基本上是对车间、工段这个层次的生产劳动的管理。但组织之间的协调、领导等高层次的经营管理思想，则是组织管理理论的研究领域。

针对泰罗制在科学管理中的局限性，主要是由法国管理学家亨利·法约尔（Henri Fayol, 1841—1925）加以补充的。法约尔虽然和泰罗是同时代的人，但个人经历不同，他19岁毕业于法国圣太田市的国立矿业学校，随后受雇于康门曲里·福尔享包特矿业公司，终其一生。他在任职期间表现出卓越的管理才能。他根据自己的管理经验，在1900年向国际采矿和冶金大会宣读的一篇论文中，提出了自己的管理思想并强调了管理职能的重要性。1908年，他在一篇论文中发表了管理的十四项"一般原则"。1916 年,他出版的《工业管理和一般管理》一书,提出了著名的"管理要素"理论。他对管理原则和管理职能理论研究有重要的贡献。

(1) 管理的职能。

法约尔认为经营与管理是两个不同的概念。经营活动可以分为技术活动、商业活动、财务活动、安全活动、会计活动、管理活动等六大类。管理是经营活动的一种。其关系如图 1.2 所示。

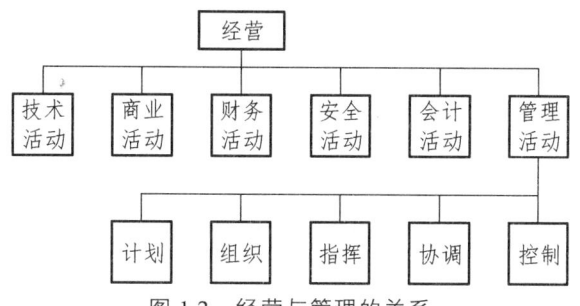

图 1.2　经营与管理的关系

法约尔认为,每一种经营包含六种活动。技术活动是指生产、制造;商业活动是指采购、销售和交换等;财务活动是指资金的取得和控制;安全活动是指商品和人员的保护;会计活动是指盘存、会计报表、成本核算、统计等;管理活动是指计划、组织、指挥、协调和控制等五种职能。管理的每一项职能都有其独特的内容:

① 计划。计划指对有关事件的预测,并以预测的结果为根据,拟订出一项工作(操作)方案。所订计划应尽量顾及将来,甚至需要长达五至十年的计划。

② 组织。组织是指有关各项劳动、材料、人员等项的一种结构,如期完成指派的任务。简要地讲,组织使机构中各项资源达到有效协调。

③ 指挥。指挥是有关领导的艺术,以促进组织产生期望的行为为目的。如何能有效地进行指挥,法约尔列出若干建议,例如,以身作则、对组织的不断检查、不合格人员的淘汰、不为细枝末节的事务所困住等。

④ 协调。协调主要指维持必要的统一,达到组织的目标。法约尔认为,主管人员与部署经常举行会谈是协调的一个方法。

⑤ 控制。控制在于使各项工作能按既定计划进行。每项活动的任何一个方面,如人力、物力、劳动等,都必须进行控制。

从以上分析可见,管理既是经营不可缺少的一种活动,又是自成体系的职能。两个概念是有区别的。经营就是努力确保六种活动的顺利运转,以便把事业拥有的资源变成最大的成果;而管理只不过是通过经营而得以运转的职能。法约尔说:"管理职能只有通过社会组织的成员才能派上用场。其他活动是使材料和机器处于运动状态的,而管理职能只对人起作用。"社会组织的概念是管理职能的基础。因此,从本质上看,法约尔的管理理论是社会组织的理论。

(2) 管理的原则。

法约尔认为,管理原则不是固定不变的,而是随着形势的变化而改变的。他列出了十四项管理原则:

① 分工。根据传统的"劳动专业化"的原则,分工的好处是可以减少浪费,提高劳动效率。法约尔认为,劳动分工,不仅适用于技术性劳动,同样适用于管理方面的工作,适用于

职能的专业化和权限的划分。

② 权力与责任。权力指发布命令并使人服从的力量。法约尔把管理人员的职务权力（法定权力）与个人权力（非法定权力）相区别。职务权力是由职位产生的，个人权力则来源于个人的智慧、经验、道德、领导能力、资历等。后者是前者不可缺少的条件。一个好的管理人员要以他的个人权力来补充他的职务权力。他还提出了"权力与责任对等的概念"，即两者乃是二而一、一而二的事，必须随时保持相等。行使权力就必然产生责任，权力与责任应保持一致。从整体利益出发，对行使权力的行动，根据其有害还是有益，实行罚或奖，这是良好的管理条件。

③ 纪律。法约尔认为，纪律就是服从企业中各方达成的协议。但是，有了纪律还不能保证组织机构有良好的秩序。另一个重要的条件就是需要有效的领导人，遇有不服从、不遵从纪律的情况时，要执行惩罚措施。用法约尔的话来说，纪律是领导人"生产"的产品。然而，纪律的有效实行，还要看领导在纪律遭到破坏时能否明确而果断地采取惩罚措施。

④ 统一指挥。法约尔主张，一个职工在任何活动中，都只能接受一个上级的指挥。正如一个人不能同时伺候两个主人一样，双重指挥对于权力、纪律和稳定性都是一种威胁。他不同意泰罗提出的"分职指导"的观念。

⑤ 统一指导。统一指导是指凡具有同一目标的各种活动，只能在一个主管和一个计划下进行；只有在一个良好的组织机构下才能有效。它是统一行动、协同力量、集中力量的重要条件，没有统一指导就谈不上统一指挥。

⑥ 个人利益服从整体利益。组织的目标包含个人的或群体的目标。为了实现这一原则，就要克服愚昧、野心、自私、懒惰、软弱和一切企图把个人或小集团置于组织之上从而导致冲突的个人情绪。法约尔认为，实现这一点的办法，就是领导层要有坚定性，要经常监督，以身作则，尽可能公正。

⑦ 职工的报酬。在职工的报酬方面，法约尔并没有提出一个明确的报酬制度。他认为，任何良好的工资制度，均无法取代优良的管理。他还认为，一项报酬制度必须具备几个条件：能确保公平的待遇；应对有贡献的职工进行奖励；奖励不得超过合理的界限。他以这个尺度讨论了当时的报酬制度，如计时工资制、任务工资制、计件工资制、奖金制和分红制等，并分析了这些制度的优缺点。

⑧ 集权化。集权化作为一种管理制度，本身无所谓好坏。实际上，一个组织机构必有某种程度的集权化，问题是究竟应该集权到什么程度，才对本组织机构最合适。法约尔认为，集权化程度不是千篇一律的，它应根据组织的规模、条件、管理人员以及职工的素质而定。因此，一个组织机构的"最适当"的集权化和分权化程度也往往是变化的，不是固定不变的，但目标是最大限度地利用职工的能力。

⑨ 组织等级。所谓组织等级，是一个组织机构由最高层到最基层所经历的层次结构。这种组织结构，实际是一条权力线，这是自上而下和自下而上确保指挥统一、传递信息的必要途径。为了克服由于统一指挥而产生的信息传递延误，法约尔提出了一项"跳板原则"，即"法约尔桥"。

如图1.3所示：A代表这个组织的最高领导，按照组织系统，F与P之间发生了必须两者协议才能解决的问题，F必须将问题向E报告，E再报告D，如此层层由下而上，由上而下到达P，然后P将研讨意见向O报告，层层上报到A，再经过B、C……最后回到F。这样往返一趟，既费时又误事，所以法约尔提出"跳板"原则，使 F 与 P 之间可以直接商议解决问题，再分头上报。如果工头 F 想同工头 P 联系，他可以直接进行联系。但是这种联系只有等级中所有各方都同意而且上级人员随时都了解情况的时候才能进行，E 与 O 同意各自的下属 F 和 P 直接联系，就"捍卫了等级原则"；F 与 P 分别向各自的上级汇报了情况，"整个情况就完全合乎规则"。因此，"跳板"原则使得侧向联系可以迅速有效地进行，而且既不使路线负担过重，又维护了统一指挥原则、捍卫了等级原则。

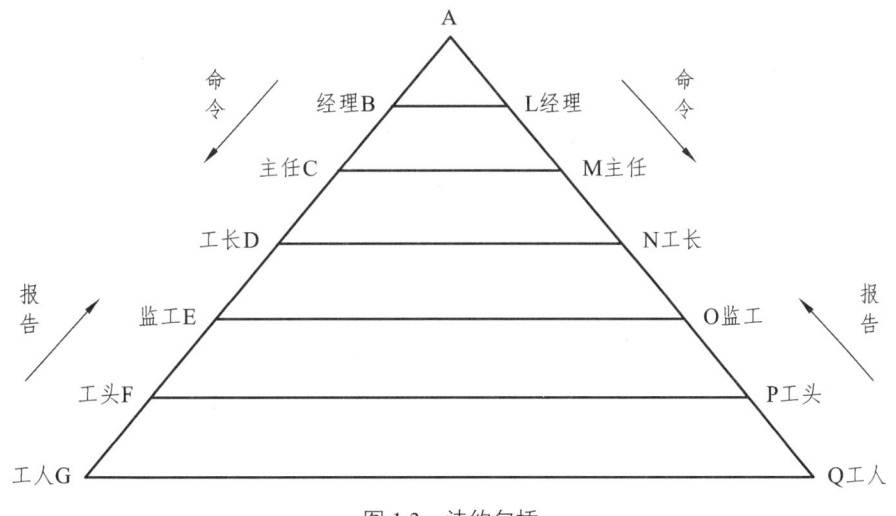

图 1.3　法约尔桥

法约尔桥的提出，为组织的跨部门沟通提供了一条捷径。但是正如法约尔所说，当总体利益和部门利益间产生冲突、当事人不愿负责任、领导者领导能力不足时，这块"跳板"就会消失掉，等级线路就恢复原样，整体效率降低。

⑩ 秩序。法约尔认为凡事都各有其位，并且各在其位。所谓秩序原则，即每一件事有一定位置，每一个人有一定职位，各得其所。每个职工都必须处在他能最好地做出贡献的职位上。

⑪ 公平。合情加上合理则为公平。用这一原则对待已建立的规则，对待职工，可以鼓励职工倾其全部的忠诚和热心履行他们的职责。组织领导应该对各级主管灌输公平的意识。

⑫ 职工的稳定。法约尔认为，如果人事不断变动，工作将永远得不到很好的完成。一般来说，成功的组织，管理人员要稳定。上级管理人员应该鼓励职工特别是管理人员长期承担分配的任务。

⑬ 创造性。法约尔认为，这是行动的动力，必须大力提倡，充分鼓励首创精神。但是，应该以不违背职权和纪律为限。

⑭ 集体精神。一个组织机构中的集体精神，应该视其集体成员之间的协调和团结程度而定。在法约尔看来，加强集体精神的最有效的方法，在于严格的统一指挥。

【知识延伸】

G 银行的"摆乌龙"事件

2008 年 9 月 15 日，拥有 158 年历史的美国第四大投资银行——雷曼兄弟公司向法院申请破产保护，消息转瞬间传遍世界的各个角落。令人匪夷所思的是，在如此局势明朗的情况下，G 银行居然通过计算机自动付款系统，向雷曼兄弟公司即将冻结的银行账户转入了 3 亿欧元。

此事招致德国媒体和政府官员的强烈批评与质疑，并被媒体称为"最愚蠢银行"。

转账风波曝光后，德国舆论哗然，社会各界大为震惊。财政部长佩尔施泰因布吕克发誓，一定要查个水落石出，并严厉惩罚相关责任人。一家法律事务所受财政部的委托进驻银行进行全面调查。

几天后，他们向国会和财政部递交了一份调查报告，调查报告并不复杂深奥，只是一一记载了被询问人员在这10分钟内忙了些什么。这里，看看他们忙了些什么。

首席执行官乌尔里奇·施罗德：我知道今天要按照协议预先约定转账，至于是否撤销这笔巨额交易，应该让董事会开会讨论决定。

董事长保卢斯：我们还没有得到风险评估报告，无法及时作出正确的决策。

董事会秘书史里芬：我打电话给国际业务部催要风险评估报告，可那里总是占线。我想，还是隔一会儿再打吧。

负责处理与雷曼兄弟公司业务的高级经理希特霍芬：我让文员上网浏览新闻，一旦有雷曼兄弟公司的消息就立即报告，现在，我要去休息室喝杯咖啡了。

文员施特鲁克：我在网上看到雷曼兄弟公司向法院申请破产保护的新闻，马上跑到希特霍芬的办公室。当时，他不在办公室，我就写了张便条放在办公桌上，他回来后会看到的。

结算部经理德尔布吕克：今天是协议规定的交易日子，我没有接到停止交易的指令，那就按照原计划转账吧。

结算部自动付款系统操作员曼斯坦因：结算部经理让我执行转账操作，我什么也没问就做了。

德国经济评论家哈恩说，在这家银行，上到董事长，下到操作员，没有一个人是愚蠢的，可悲的是，几乎在同一时间，每个人都开了点小差，加在一起，就创造出了"德国最愚蠢的银行"。

思考：什么原因造成了这场"摆乌龙"事件？

启示：实际上，这次"摆乌龙"事件酿成的悲剧一定程度上就是太过注重等级制度和信息的上下流程，而忽视了横向沟通和斜向沟通的价值和意义。

（3）法约尔管理理论的特点。

从总体上说，法约尔的管理方法与泰罗制相比更具有概括性。从整个理论结构上看，他从管理实施的目的出发，非常具有原则性。法约尔管理理论的特点主要包括以下几点：

第一，他把管理当作特有的概念范畴，当作理论研究的对象，提出了管理的职能和原则，强调实施管理教育的必要性和可能性。他认为，在一个企业中，重要职位的管理人员必须具有管理能力。法约尔公开批评当时工业学校缺乏管理教育。他指出，缺乏管理教育自然无法使人都成为一流的管理人才。他是主张实行管理教育的创始人。第二次世界大战后，美国很多大学的工商企业管理系科，根据他的思想编写了很多管理教材。

第二，法约尔把组织当作管理职能的一个要素加以重点研究，并对构成组织的内容进行了探讨。因此，组织理论在法约尔的管理理论中占有主要的地位。概括地说，法约尔的组织理论主要包括以下三方面的内容：一是组织的外部形态。这种外部形态是由组成人员的数目决定的。二是组织的内在因素。他认为管理组织不是"管理机械"而是管理人员力量的源泉。管理人员的创造性和能力是决定组织是否有效的内在因素，而人的管理能力又是可以通过管理教育提高的。三是组织参谋。一个组织的高层领导要面对组织各个方面的问题，有多种多样的职能。因此，只靠个人的能力无论如何都是不行的，于是就产生了设立参谋的必要性，以补充、加强和扩大高层次领导人员在执行管理职能时所需要的知识、能力和时间。法约尔组织理论的三个方面——线性组织、内在因素、参谋机能——是个有机的整体，并提出了组织结构这个命题，阐述了人的能力，强调了人的因素，是有积极意义的。

第三，法约尔的管理原则，内容相当庞杂，但是绝大部分内容是与组织有关的。因此，就这一点来说，他的管理原则基本上又属于组织原则。在十四条原则中，统一指挥，即命令的统一是判断管理组织是否合理的重要标准。但是，我们也可以看出，法约尔的组织理论，只是考虑了组织的内在因素，而忽视了组织同它周围环境的关系，这是个极大的缺陷。

3）韦伯的行政组织理论

马克斯·韦伯（Max Weber，1864—1920）出生于德国的一个富裕家庭，其家庭有着广泛的社会关系。韦伯于1882年进入海德堡大学学习法律专业，并先后就读于柏林大学和哥廷根大学。他受过3次军事训练，对德国的军事生活和组织制度有相当的了解，这对他后来得出组织理论有重要的影响。他于1889年开始撰写中世纪商业公司的博士论文；1891年在柏林大学讲授法律；1894年获得海德堡大学的教授资格；1903年开始新教伦理方面的研究；1905年出版了名著《新教伦理和资本主义精神》。

韦伯是现代社会学的奠基人，他的观点对社会学家和政治学家有着深刻的影响。他还研究了工业化对组织结构的影响。他不仅研究组织的行政管理，而且还广泛地分析了社会、经济和政治结构。他在组织管理方面有关行政组织的观点，是他对社会和历史因素所引起的复杂组织发展的研究结果，也是其社会学理论的组成部分，因而在管理思想发展史上，人们称之为"组织理论之父"。

从整体上说，韦伯的行政组织理论可以分为三部分。

（1）理想的行政组织。

韦伯认为，理想的行政组织是通过职务和职位来管理的，而不是通过传统的世袭地位来管理的。要使得行政组织发挥作用，管理应以知识为依据进行控制，管理者应有胜任工作的能力，应该依据客观事实而不是主观意志来领导。韦伯理想的行政集权组织的主要特点如下：

① 任何机构组织都应有确定的目标。机构是根据明文规定的规章制度组成的，并具有确定的组织目标，人员的一切活动，都必须遵守一定的程序，其目的是实现组织的目标。

② 组织目标的实现，必须实行劳动分工。组织为了达到目标，把实现目标的一切活动都进行一一划分，然后落实到组织中的每一个成员。组织中的每一个职位都有明文规定的权利和义务，这种权利和义务是合法化的，在组织工作的每个环节上，都是由专家来负责的。

③ 按等级制度形成的指挥链。这种组织是一个井然有序且具有完整的权责相互对应的组织，各种职务和职位按等级制度的体系来进行划分，每一级的人员都必须接受其上级的控制和监督，下级服从上级。但是他也必须为自己的行为负责。

④ 在人员关系上，这是一种非人格化的关系，也就是说，他们之间是一种指挥和服从的关系。这种关系是由不同的职位和职位的高低来决定的，它不是由个人决定，而是由职位所赋予的权力所决定的，个人之间的关系不能影响到工作关系。

⑤ 承担每一个职位的人都是经过挑选的，也就是说必须经过考试和培训，接受一定的教育，获得一定的资格，根据职位的要求来确定需要什么样的人来承担，人员必须是称职的，

同时不能随便免职。

⑥ 人员实行委任制，所有的管理人员都是任命的，而不是选举的（有一些特殊的职位必须通过选举除外）。

⑦ 管理人员管理企业或其他组织，但他不是这些企业或组织的所有者。

⑧ 管理人员有固定的薪金，并且有明文规定的升迁制度，有严格的考核制度。管理人员的升迁是完全由他的上级来决定的，下级不得表示任何意见，以防止破坏上下级的指挥系统。通过这种制度来培养组织成员的团队精神，要求他们忠于组织。

⑨ 管理人员必须严格地遵守组织中的法规和纪律，这些规则不受个人感情的影响，而适用于一切情况。组织对每个成员的职权和协作范围都有明文规定，使其能正确地行使职权，从而减少内部的冲突和矛盾。

韦伯认为，他这种理想的行政组织是最符合理性原则的，其效率是最高的，在精确性、稳定性、纪律性和可靠性等方面都优于其他组织形式。这种组织形式适用于各种管理形式和大型的组织，包括企业、教会、学校、国家机构、军队和各种团体。

从历史发展的角度来看，韦伯的组织理论是对封建传统管理模式的一种反动，也就是说要发展生产力、提高生产效率，就必须打破封建传统管理的模型，用一种科学的分析方式来对各种组织进行科学的管理。这是历史发展的必然，当生产力发展到一定阶段，人们要进一步提高生产力时，就必须寻求新的管理理论来指导实践。尽管韦伯的理论在当时没有被广泛承认，但是随着生产力的发展，由于组织规模的不断增大、复杂性的不断提高，人们在开始探索大型行政组织的管理时，终于发现了韦伯的天才贡献。

（2）韦伯对权力的分类。

韦伯指出，任何一种组织都是以某种形式的权力为基础的，如果没有这种形式的权力，组织的生存就非常危险，更谈不上实现组织的目标了。权力可以消除组织的混乱，使得组织运行有秩序。韦伯把这种权力划分为三种类型：

① 合理的法定的权力。它是指依法任命并赋予行政机关的命令的权力，对这种权力的服从是依法建立的一套等级制度所规定的，是对确定职务或职位的权力的服从。

② 传统的权力。它是以古老的、传统的、不可侵犯的和执行这种权力人的地位的正统性为依据的。

③ 神授的权力。这种权力是建立在对个人崇拜和迷信的基础上的。

韦伯认为在这三种权力中，只有合理和法定的权力是行政组织的基础。因为这种权力能保证经营管理的连续性和合理性，能按照人的才干来选拔人才，并按照法定的程序来行使权力。这是保证组织健康发展的最好的权力形式。

（3）理想行政组织的管理制度。

韦伯认为，管理就意味着以知识为依据来进行控制，领导者应在能力上胜任其工作，要依据事实来进行领导。行政组织除了最高领导外，每一个官员都应按下列准则被任命和行使职能：

① 他们在人身上是自由的，只是在与人身无关的官方职责方面从属于上级的权力。

② 他们按明确规定的职务等级系列组织起来。

③ 每一职务都有明确规定的法律意义上的职权范围。

④ 职务是通过自由契约关系来承担的，因此从原则上讲存在着自由选择。

⑤ 候选人是以技术条件为依据来挑选的，在最合乎理性的情况下，他们是通过考试或以表明其技术训练的证件为依据来挑选的。他们是被任命的而不是被选举的。

⑥ 他们有固定的薪金作为报酬，绝大多数有权享受养老金。雇佣当局只有在某些情况下（特别在私营组织中）才有权对这些官员解雇，但这些官员则始终有辞职的自由，工资等级基本上是按等级系列中的级别来确定的，但除了这个标准，职位的责任大小和任职者在社会地位上的要求也可能予以考虑。

⑦ 这个职务是任职者唯一的，或至少是主要的工作。

⑧ 它成为一种职业，存在着一种按年资、成就或两者兼而有之的升迁制度。升迁由上级来判断、来决定。

⑨ 官员要同所管理财产的所有权完全无关，且不能滥用其职权。

⑩ 他在行使职务时受到严格而系统的纪律的约束和控制。这种类型的组织，从原则上讲，能以同等程度适用于各种不同的领域，它能适用于盈利的企业、慈善性组织、其他一些类型的从事精神或物质生产的私营企业，它也同样适用于政治组织和宗教组织。

韦伯的行政组织理论在行政管理中具有相当的先进性。但在他迫切提出行政组织理论的时候，由于当时社会文化和条件还没有形成对行政组织理论的需要，因此他的理论提出后并没有得到应有的重视。直到20世纪四五十年代以后，由于生产力的发展，随着社会组织日益复杂，结构更加精细，社会各种组织不断扩大，人们才开始注重其行政组织理论，人们才发现韦伯的理论具有非常大的价值。

2.3.2 行为管理理论

20世纪初，资本主义世界经济发展进入一个新的时期，生产规模扩大，社会化大生产程度提高，新技术成就广泛应用于工业部门，新兴工业不断出现。同时，资产阶级剥削工人加剧，阶级矛盾加深，工人运动进一步发展。在这种情况下，古典管理理论忽视人的因素、对职工采取自上而下的"管理"，已不能完全适应新的形势。一些管理学家和企业家也看到了古典管理理论的缺陷，他们从进一步提高劳动生产率的目的出发，开始进行有关新的管理理论和方法的研究。从20世纪20年代末到30年代初，产生了人际关系管理理论。

1）梅奥的人际关系理论

（1）霍桑试验研究。

梅奥（George Elton Mayo，1880—1949）是人际关系学说的创始人。他出生在澳大利亚，早年学医，后又学习心理学，曾任昆士兰大学讲师，讲授伦理学、哲学和逻辑学。他到美国以后，执教于宾夕法尼亚大学的华登金融商业学院。1926年，在哈佛大学担任工业研究副教授。他的著作多是从工业文明的角度探讨社会问题。

1924年到1932年期间，梅奥应美国西方电器公司邀请在该公司设在芝加哥附近霍桑地区的工厂，参加了该厂进行的长达八年的试验。这是一项由国家研究委员会赞助的研究计划，共分四个阶段进行。

① 工场照明试验。这阶段试验前后持续了两年半，目的是要证明工作环境和生产率之间有无直接的因果关系。在试验期间，研究人员曾对他们的试验计划屡次改进。但是，他们一直不能断定工场照明和产量之间是否确有某种关系。其中有个试验，他们将工人分为两组，

一组为"试验组",先后改变工场照明强度;另一组为"控制组",照明始终持续不变。研究人员希望能由此测出照明强度变化后所发生的影响。可是,试验结果显示两组产量都大为增加,增加量几乎相等。这次试验得出两个主要结论:一是工场照明只是影响工人产量的因素之一,而不是一个十分重要的因素;二是影响产量的因素太多,而且难以控制,几乎任何一个因素都能影响试验。因此,照明对产量影响无法测试出来。后来,公司主管和另外几位哈佛研究人员参加进来,成立了新的小组,开始了第二阶段的试验工作。

② 继电器装配试验室研究。为了能够更有效地控制影响工人生产的因素,将一小组工人独置于一个工作室,与别的工人避免接触。同时,研究人员还特别指定一个观察员,专责记录室内发生的一切,并且与工人保持友好的气氛。他们申明,此试验绝不是为了提高劳动定额,而只是为了研究各种不同的环境,然后了解什么样的环境最适合生产劳动,希望大家能像往常一样进行劳动。最初的四个月,先做了若干项初步的工作改变,例如,工作室房间小,灯光和通风好;小组人员不多,女工可以相互自由交谈,很快她们建立了比外面工作更为亲密的关系。观察员担任一部分督导工作,与小组工人建立了一种友好关系。接着,研究人员又给小组安排了工作休息时间,以期了解工作休息对产量有些什么影响。他们发现生产量提高了。因此,他们得出了一个假定:工作间的休息,可以减轻疲劳,因而增加了产量。他们将这项研究更推进一步,将每天工作时数缩短,每周工作天数也缩短。其结果是,小组产量又增加了。但是,当这项措施取消,恢复了原来的情况后,产量却未减少。这表明,工作时间的减少并非产量增加的唯一因素。其中有几位研究人员做了一个假定,产量的增加与休息时间的安排或工作时间缩短并无关联,而是由于小组女工对于她们的工作集体产生了好感。可是进一步研究,这种好感又联系着什么呢?谁也回答不了这个问题。因此,他们提出各种假定。最后,大家注意力集中在其中一个假定上,即试验小组督导方法的改变、对工人态度的改善才导致了产量的增加。为了进一步研究这个假定,他们进行了第三阶段的试验。

③ 大规模访问研究。他们前后用两年多时间,对两万名工人做了调查。在访问中,起初是用"直接提问"的方式谈话,例如问管理工作和工作环境的问题。虽然他们向工人说明,谈话内容均将保密,但是工人的回答仍然有所戒心。之后改用"非直接提问"方式,甚至让工人自由选择话题。在这样的大规模访问中,研究人员收集到了有关工人态度的大量资料。经过分析,研究人员了解到,工人的劳动效果不但和他们在组织中的地位、身份有关,而且也与小组的其他人的影响有关。得到了这个结论后,为了进一步做系统的研究,试验又进入第四阶段的观察研究。

④ 观察研究。在这个小组中,共有三种不同的劳动力:线路工、焊接工、检验员。一个焊接工可以担任三个线路工交来的任务。这个小组共有九个线路工、三个焊接工、两个检验员。研究人员观察他们的劳动成果和行为表现,先后持续了六个月之久,发现下列三个问题:

第一个问题:小组每个成员都有超过自己实际产量的能力。但是,他们既不干得太快,也不干得太慢,故意自行限制产量,大家"默契"地规定了非正式标准,谁也不去突破它。究其原因是,有的怕产量增加了,公司会提高定额标准;有的怕过分努力,可能会造成他们的失业;有的怕自己快了会令生产速度慢的同事难堪,使他们遭到领班的斥责。

第二个问题:试验小组工人对他们的领班、副领班、股长和小组织主管人等的态度不一样。对于小组长,大部分工人认为他们是小组长成员中的一员。对于股长,大家看他待遇高,觉得他有一点权威,但大家有意见,仍然可向他提出辩解。但副领班在场时,大家规规矩矩,当领班在面前时，大家更不敢越轨。这表明，主管地位升高，工人对他的顾及也随之增加了。

第三个问题：研究人员注意到了一件有趣的事，在工作室的窗子问题上，反映了小组成员之间的关系。在工作室里，线路工人的位置最靠近窗子，因此开窗和关窗都由线路工负责。工人往往对开窗和关窗争论不休，从这类事情中足以看出他们之间有派别。例如，工人丙不同意开窗，有时甲就会挑拨，让乙去开窗，使乙和丙争吵，其他工人看热闹，为此大家感到高兴。还可以看到，这三组成员活动时，发现他们分成两个小圈子或"派别"。研究人员发现，"小集团"的形成不是因为工作不同形成的，而多少受了工作位置的影响。当然，也有人不属于任何一种小集团。为什么有的人不属于某个小集团呢？这是由于各种各样原因而被排除在外的。例如有的人过于自信，同其他人合不来；有的人爱向工头打小报告；有的人在检查工作中过于认真等，都是造成他们被排除在小集团之外的重要原因。因此，在小集团中，形成了这样几条纪律：你不能工作太多；你不能工作太少；你不得在工头面前打同事的小报告；你不得远离大家，孤芳自赏；也不得打官腔，找麻烦，即使你是检验员，你也不应该像一个检验员；你不得唠叨不休，自吹自擂，一心想领导大家。

（2）人际关系学说。

通过霍桑试验，梅奥等人提出了人际关系学说，其主要论点如下：

①职工是"社会人"。古典管理理论把人假设为"经济人"，他们只是为了追求高工资和良好的物理条件而工作的。因此，对职工只能用绝对的、集中的权力来管理。梅奥等以霍桑试验的成果为根据，提出了与"经济人"观点不同的"社会人"观点。梅奥认为，人重要的是同别人合作；个人为保护其集团的地位而行动；人的思想和行为更多地由感情来引导。因此，试验表明，小组的合作和小组的情感超过了生产效率，工作条件和工资报酬并不是影响劳动生产率的第一位原因。

梅奥等认为，人是独特的社会动物，只有自己完全投入集体中，才能实现彻底的"自由"。工厂中的工人不是单纯追求金钱收入的，还有社会、心理方面的需要，这就是追求人与人之间的友情、安全感和受人尊重等。因此，不能单纯从技术和物质条件着眼，而必须首先从社会、心理方面来鼓励工人提高生产率。他们尖锐批评了当时的"工业社会"及其所产生的工业社会环境的某些方面，指出工业化破坏了促使社会团结的文化传统，造成了"社会解体"和"不愉快的个人"。他们认为，人们在感情上希望能够感到自己重要，并让别人承认自己的工作重要。工人们虽然也对自己收入多少感兴趣，但这不是他们关心的首要事情。有时更为重要的，是上司对待他们的态度。因此，对职工的新的激励重点必须放在社会、心理方面，以便人与人之间更好地合作并提高生产率。

②正式组织中存在着"非正式组织"。所谓正式组织，就是古典管理理论所指出的，为了有效地实现企业目标，规定组织各成员之间相互关系和职责范围的一定组织管理体系。它包括组织机构、方针政策、规划、章程等。古典管理理论所注意的只是人群组织中的一个方面。但是，梅奥等指出，人是社会动物，人在共同工作的过程中必然要发生相互关系，形成非正式团体。在这些团体里，又形成了共同的感情，进而构成一个体系，这就是所谓的非正式组织。

研究人员认为，非正式组织对工人起着两种作用：一是保护工人免受内部成员忽视所造成的损失，如生产的过多或过少；二是保护工人免受外部管理人员的干涉所造成的损失，如降低工资或提高产量标准。

梅奥等认为，不能把这种在正式组织中形成的非正式组织看成一种坏事，而必须看到它是必需的，它同正式组织相互依存，并对生产率的提高有很大的影响。非正式组织同正式组织有重要差别。正式组织往往以效率逻辑作为重要标准。所谓效率逻辑，就是为了提高效率，组织内各成员保持形式上的协作。非正式组织则以感情逻辑为重要标准。感情逻辑是指人群组织中非正式的行为标准，如对非正式团体的忠诚等。

　　单位中的正式组织固然涉及每一个成员，非正式组织也涉及每一个成员，即不仅工人中有非正式组织，管理人员和技术人员中也有非正式组织。效率逻辑在管理人员和技术人员中比在工人中占更重要的地位，而感情逻辑则在工人中比管理人员和技术人员中占更重要的地位。所以，效率逻辑可以认为是"管理人员的逻辑"，感情逻辑可以认为是"工人的逻辑"。假如管理人员和技术人员只根据效率的逻辑来管理，而忽视了工人中感情的逻辑，就会使"管理人员的逻辑"和"工人的逻辑"发生冲突，从而影响生产率的提高和组织目标的实现。在采用传统管理理论进行管理时，这种冲突是经常发生的。解决这种冲突的办法是，梅奥认为，管理者要充分重视非正式组织的作用，主要在正式组织的效率逻辑同非正式组织的感情逻辑之间保持平衡，以便管理人员同工人之间、工人相互之间能互相协作，充分发挥各自的作用，提高效率。非正式组织有助于这种协作，所以总的来讲利多弊少。

　　③新的领导能力在于提高职工的满足度。梅奥等人从上述关于"社会人"和"非正式组织"的观点出发，认为金钱或经济刺激对促进工人提高劳动生产率只起第二位的作用，起最重要作用的是工人的情绪和态度，即士气。而士气又同工人的满足度有关。这个满足在很大程度上是由社会地位决定的。他认为，一个人是否全心全意地为一个团体提供他的服务，在很大程度上取决于他对他的工作、对他工作上的同伴和他的领班的感觉，金钱只是工人所需要满足的一部分。所以，所谓职工的满足度主要是指为获取安全和归属这些社会需求的满足度而言的。工人的满足度愈高，士气就愈高，劳动生产率也就愈高，而工人的满足度又依存于两个因素：一是工人的个人情况，即工人由于某段人生经历、家庭生活和社会生活所形成的个人态度；二是工作场所的情况，即工人相互之间或工人与上级之间的人际关系。

　　梅奥等认为，管理人员的新的领导能力在于要同时具备技术－经济的技能和人际关系的技能。管理工作满足效率的能力与满足工人感情的能力是不同的。所以，要对各级管理人员进行训练，他们才能学会了解人们的思想和行为，学会通过同工人交谈来了解其感情的技能、技巧，并提高他们平衡正式组织的经济需求和非正式组织的社会需求的能力。工人通过社会机构来取得别人的承认、安全感和满足感，从而愿意为达到组织的目的而合作并贡献其力量。这种新的领导能力就可以弥补古典管理理论的不足，解决劳资之间乃至工业社会的种种矛盾，提高劳动生产率。

　　新的领导能力，既然表现为能通过提高职工的满足度，提高职工的士气，最后达到提高生产率的目的，那就要转变管理方式，应该重视"人"的因素，采用以"人"为中心的管理方式，改变古典管理理论以"物"为中心的管理方式。

　　梅奥的人际关系理论对行为科学的产生起到了重要作用。行为科学是研究人的行为的一门综合性科学。它研究人的行为产生的原因和影响行为的因素，其目的在于激发人的积极性、创造性，达到组织的目标。它的研究对象是探讨人的行为表现和发展的规律，以提高对人的行为的预测以及激发、引导和控制的能力。它运用心理学、社会学、社会人类学等学科的理论和自然科学的实验和观察方法，对于人的个体行为、群体行为、组织行为、领导行为进行研究。其中，比较有影响的、有代表性的理论有：马斯洛的需要层次理论、赫茨伯格的双因素激励理论、弗鲁姆的期望理论、麦格雷戈的 X 理论和 Y 理论等。自霍桑试验以来，行为科学得到了广泛的传播，在当代发达的资本主义国家中被普遍重视。近几年来，行为科学发展的一个重要特点是，不仅注重基本理论研究，而且注重应用研究，特别在培训领导人的实践中起到了很大的作用。

2）行为科学

行为科学作为一种管理理论，开始于 20 世纪 20 年代末 30 年代初的霍桑试验，而它的真正发展却在 20 世纪 50 年代，其代表理论有以下四种：

① 人类需要层次论。人类需要层次论的代表人物为马斯洛，他认为人的需求分为生理需求、安全需求、社交需求、尊重需求和自我实现需求五个层次，应针对不同的人对不同层次需求的追求使其得到相对满足。

② 人性管理理论。人性管理理论即研究同企业管理有关的所谓"人性"问题。其代表人物有麦格雷戈，他提出了"X 理论""Y 理论"。他认为人不是被动的，只要给予一定的外界条件就能激励和诱发人的能动性；阿吉里斯提出了"不成熟—成熟理论"，认为在人的个性发展方面，有一个从不成熟到成熟的连续发展过程，这意味着人的自我表现程度的加强等。

③ 群体行为理论。群体行为理论研究企业中非正式组织以及人与人的关系问题，其代表理论有勒温提出的"团体力理论"，布雷德福提倡实行的"敏感性训练"，通过受训者在团体学习环境中的相互影响，使其更明确自己在团体组织中的地位和责任等。

④ 领导行为理论。领导行为理论研究企业中领导方式的问题。其代表人物有坦南鲍姆和沃伦·施密特，他们提出了"领导方式连续统一体理论"；利克特提出了"支持关系理论"；赫兹伯格提出了"双因素理论"；布莱克和莫顿提出了"管理方格图"。

2.3.3　数量管理理论

数量管理理论产生于第二次世界大战时期，它是指以现代自然科学和技术科学的最新成果为手段，运用数学模型，对管理领域中的人、财、物和信息资源进行系统的定量分析，并作出最优规划和决策的理论。

数量管理理论的管理思想，注重定量模型的研究和应用，以求得管理的程序化和最优化。他们认为，管理就是利用数学模型和程序系统来表示管理的计划、组织、控制、决策等职能活动的合乎逻辑的过程，对此作出最优的解答，以达到企业的目标。数量管理理论就是制定用于管理决策的数学或统计模式，并把这种模式通过计算机应用于企业管理理论和方法的体系中，这种方法通常就是运筹学。所以该学派的狭义解释就是作为运筹学的同义语。

数量管理理论的内容主要包括：

（1）运筹学：研究在既定的物质条件下，为达到一定目的，如何最经济、最有效地使用人、财和物等资源。

（2）系统分析：解决管理问题要从全局出发进行分析和研究，以制订出正确的决策。

（3）决策科学化：决策要以充足的事实为依据，按照事物的内在联系对大量的资料和数据进行分析和计算，遵循科学的程序，进行严密的逻辑推理，从而作出正确决策。

因为数量管理理论是新理论、新方法与科学管理理论相结合而逐渐形成的一种以定量分析为主要方法的学派，因此它是泰罗科学管理理论的拓展。随着计算机技术的发展，这个理论的数量特点得到进一步的发挥，因而被广泛应用于城市交通管理、能源分配和利用、国民经济计划编制以及世界范围经济发展的模型等一些更大更复杂的经济与管理领域。

20世纪70年代后运筹学日趋成熟，在企业界得到更广泛的应用。目前，在美国、日本、英法等地都有相当完善的运筹学机构。

有些学者对数量管理理论持批判态度，认为数量并不能真正地解决管理中的重大问题。有些管理学家侧重于定量的技术方面而不了解管理中存在的问题，更重要的是对管理对象中人的因素往往无法进行定量计算，这样数量管理理论的特长就得不到很好的发挥。

2.3.4 系统管理理论

系统管理理论是指应用系统理论的范畴、原理，全面分析和研究企业和其他组织的管理活动和管理过程，重视对组织结构和模式的分析，并建立起系统模型以便于分析。

系统管理理论的要点：① 组织是一个由相互联系的若干要素组成的人造系统；② 组织是一个为环境所影响，并反过来影响环境的开放系统。组织不仅本身是一个系统，同时又是一个社会系统的分系统，它在与环境的相互影响中取得动态平衡。组织同时要从外界接受能源、信息、物料等各种投入，经过转换，再向外界输出产品。

系统管理理论也是20世纪形成的新型学科。它是一门理论深刻、严谨而又有着强烈技术实践能力的科学学科。它的发展可以大致分为三个阶段。

第一阶段，是一般系统论与系统工程理论各自独立发展的阶段。

现代系统思想的发展在一定程度上受到了19世纪辩证法哲学思想的影响，那种有机的相互作用、相互联系的整体性思维方式，渗透于20世纪初科学的理论与科学的工程实践当中。于是，在20世纪20—30年代，首先在两个相隔较远的领域——基础理论和工程实践中形成了两个看来互不联系的学科：一般系统论和系统工程。

一般系统理论是由美籍奥地利理论生物学家贝塔朗菲创立的。20世纪20年代，在理论生物学界存在着一场关于生命本质问题的争论。一些科学家持"机械论"的观点，认为无论生命有多么复杂，它在本质上只不过是一架更为精细的机器。另一些人则持"活力论"的观点，他们认为生命体之所以具有目的性、主动性和自动调节等，是因为生命体中有一种科学所不能解释的"活力"。贝塔朗菲批评了这两种各有其片面性的观点，指出生命的本质在于它是一种由多个部分相互作用而形成的有机的整体。由此他先建立了一种"机体系统论"。1948年将这种机体系统论发展成了"一般系统论"的思想。一般系统论认为，所有复杂事物，如生命现象或社会现象等，无论其规律过程还是其所有复杂行为，其本质都在于事物内部各要素之间的相互作用和有机结合。

与一般系统论相伴随，在实践的领域中，系统工程理论也发展起来了。在泰罗的科学管理制度中就包含着系统工程的萌芽。美国贝尔电话公司在电话网络设计和其他多种巨大复杂的工程设计中使用了这种方法。该公司把每一项工程的进程划分为规划、研究、发展、发展期间研究和通用工程五个阶段，并且按照程序规定的五个阶段认真地执行，取得了很好的效果。20世纪40年代，他们把这种方法称之为"系统工程"。1957年，美国密歇根大学的古德（Harry Goode）和麦克霍尔（Robert Machol）合著了《系统工程学》（*System Engineering*），综合论述了运筹学方法及其一些具体分支，为系统工程初步奠定了基础。1962年，霍尔（Arthur Hall）写了《系统工程方法论》（*A Methodology for Systems Engineering*）一书，他强调要把系统工程看作一个过程、一种解决实际问题的程序，并提出了系统工程的三维结构模型，推动了系统工程理论的进一步具体化和向更广泛的领域中的应用。

第二阶段，是 20 世纪 40—50 年代系统技术理论的发展阶段，这就是信息论、控制论和运筹学的形成与发展。

1948 年，美国数学家、通信工程师克劳德·申农（Claude Shannon）和瓦伦·韦弗（Warren Weaver）建立了信息论。信息论的产生带来了巨大的影响，然而最初人们所注意的主要是它在通信工程和自动化控制工程中的作用，对于社会科学和管理科学似乎还没有表现出什么重要价值。但是随着计算机的发展和信息论在管理科学中的应用，信息论越来越显现出它在社会科学管理方面的重要应用价值。申农于 1948 年发表的《通信的数学理论》（A Mathematical Theory of Communication）奠定了信息论的基础。

信息论发表的同一年，美国著名的数学家诺伯特·维纳出版了《控制论》（Cybernetics）一书。维纳一直对机电自动化的问题深感兴趣。第二次世界大战期间，他在美国军事科学研究机构中研究防空火力控制系统的预测装置。1943 年，他与生理学家罗森勃吕特（Arturo Rosenblueth）、毕格罗（Julian Bigelow）通过对神经生理学和军事工程中高射炮自动瞄准控制装置的研究，合作发表了《行为、目的和目的论》（Behaviour, Purpose and Teleology）一文。经数年研究，他创立了能够使机电系统表现出来像生物那样有目的追踪目标行为的自动化控制的理论。对于控制论的应用领域，维纳说："从我对控制论感兴趣的一开始，我就已经完全领会到，我发现的那些可以用在工程学和生理学上的有关控制和通信的想法，也可以用在社会学和经济学方面。"正如维纳所料，控制论原理不仅对机械技术工程和自动化工程起到了革命性的作用，而且也大大推动了社会科学和管理科学的发展。

许多社会学家认为，由于控制论所形成的关于信息和反馈的科学研究具有相当的普遍性，社会科学也会因此而进入一种具有科学性的新阶段。的确，自 20 世纪 50 年代以后的有关管理的书籍几乎无一不涉及信息、反馈和控制论。控制论和信息论发展的同时，最初的运筹学也有了长足的发展。在第二次世界大战中，为了消灭法西斯，同盟国的军事领导机构组织了许多学科的科学技术专家研究和解决军事的攻防作战、后勤供给、武器部署、使用等的规律性问题。这样，便出现了"军事运筹学"。由布莱科特（Patrick Blackett）领导的科学家小组通过运筹学研究提供的方案，使部队中的飞机侦察、舰艇搜索、后勤组织等多种军事活动的效率大大提高，其理论和实践价值得到了普遍承认。战后，运筹学的科学家们把目标转向各种民事经济工程和企业管理问题，在许多企业和经济组织中产生了显著的效果。著名的运筹学组织、美国兰德公司倡导了"系统分析方法"，取得了许多成功。在解决不同的工程学问题过程中，运筹学逐渐形成了许多理论分支，如规划论、对策论（博弈论）、排队论、搜索论、库存论、决策论等，并逐渐发展成为一种独立的系统技术。运筹学对管理科学产生了巨大的影响，而在有些人看来，运筹学也就是管理技术学。

第三阶段，是 20 世纪 60—80 年代，一方面是基础理论的进一步深化，另一方面是向更加广泛的实践领域的发展。

在基础理论方面，从动态角度更深入研究一般系统概念、原理的自组织理论发展起来了，它补充和发展了贝塔朗菲的一般系统论。自组织理论运用实验和数学的方法，进一步研究了系统的产生、进化、质变、发展以及自调节、自稳定、自复制和自评价选择等问题。这就是普利高津的"耗散结构"理论，德国物理论学家哈肯的"协同学"，德国生物化学家艾肯的"超循环"理论等实验型自组织理论，以及突变论、混沌论、分形理论等有关非线性复杂系统的数学理论，等等。自组织理论把系统科学的理论向前大大地推进了一步，它的许多思想和方法已经渗透到社会科学和管理科学的领域中，而它将在这些领域中发挥的作用是难以估量的。

在技术和工程领域方面，系统工程快速地向社会实践领域深入。系统工程的基本方法方面，出现了像系统工程方法论、系统动力学、灰色系统理论和泛系统理论等一般系统工程方法，而这些理论、技术方法向实践领域的深入，则形成了大批的系统工程的领域和学科。我们大致上可以把它们分为五个方面：

（1）机械系统工程，包括工程系统工程、机械自动化工程、计算机科学、人工智能工程等。

（2）有机系统工程，包括生物系统工程、人口发展科学、生态系统工程、农业系统工程等。

（3）社会系统工程，包括经济系统工程、管理科学、领导科学、军事系统工程、企业系统工程等。

（4）文化系统工程，包括科学研究与发展系统工程、教育系统工程、人才学、文化发展学等。

（5）综合系统工程，包括环境科学、城市发展系统工程、国家发展工程、未来学、国际发展战略工程、空间科学系统工程等。

可以看出，系统科学与管理科学都是20世纪发展起来的新型科学，它们在发展中也总是有着各种各样的联系。如果说在基础理论的发展上管理科学紧密地依赖系统科学，那么在技术、工程和实践的发展上系统科学也总是离不开管理科学。

2.3.5 权变管理理论

权变管理理论是20世纪60年代末70年代初在美国经验主义理论的基础上进一步发展起来的管理理论。权变理论认为，在组织管理中要根据组织所处的环境和内部条件的发展变化随机应变，没有一成不变、普遍适用、"最好的"管理理论和方法。权变管理就是依托环境因素和管理思想及管理技术因素之间的变数关系来研究的一种有效的管理方式。

有的管理学者还把权变管理理论称为因地制宜理论或权变管理，即权宜管理和应变管理的合称。这个学派以系统观点为理论依据，从系统观点来考虑问题。以往的理论有两个方面的缺陷：一是忽视了外部环境的影响，主要侧重于研究加强企业内部的组织管理，如泰罗的科学管理、法约尔的古典组织理论、过程管理理论、行为科学理论等。而系统管理理论尽管也强调系统和环境之间的关系，但是不太抽象，又把企业作为一个独立的系统来研究。其实在许多情况下，企业不仅是一个独立的系统，也是一个与环境紧密相连的实体。二是以往的管理理论大都带有普遍真理的色彩，追求理论的普遍适用性和最合理的原则、最优化的模式，但是真正在解决企业的具体问题时常常显得无能为力，而权变理论的出现意味着管理理论向实用主义方向前进了一大步。

该理论出现时，受到西方一些管理学者的高度评价，他们认为权变理论比其他的管理理论更有前途，是解决在环境动荡不定情况下进行管理的一种好方法，能使管理走出管理理论的丛林。

其主要代表人物及主要著作如下：

（1）伯恩斯和斯托克。伯恩斯（Tom Burns）和斯托克（George Stalker）是最早运用权变思想来研究管理问题的人。他们对生产电子设备、机械产品和人造丝等不同产品的20个企业进行了调查。经过研究，得出了以下结论：企业按照目标、任务、工艺以及外部环境等活动条件的不同,可以分为"稳定型"和"变化型"两大基本类型。"稳定型"的企业,适宜采用"机械式"的组织形式。它的特征是,有一种严格规定的组织结构;有很明确的任务、方法、责任和与各个职能作用相一致的权力;管理系统内部的相互作用是上下级垂直的命令等级;在组织活动中,具有重要意义的是职务的权力和责任,而不是工作人员的技能和经验。如果是"变化型"的企业,那么采用"有机式"的组织模式较为适宜。它的特点是,有相当灵活的结构,可以不断调整每个人的任务;系统内部的相互关系是网络型的,而不是等级控制;强调横向的联系而不是垂直的领导;在组织活动中,技能与经验居于优先地位,权力的分散以技术业务专长为基础,而不是以等级职位为基础,等等。他们认为,这两种组织模式可以同时存在,甚至在同一个企业内部的不同部门中也可同时并存,它们在不同的条件下都有效率。他们反对把"机械式"看作陈旧的模式,把"有机式"看作进步的和现代的模式。当前采用"有机式"的组织结构的企业增多,这是由于资本主义企业活动条件不稳定性增加和它们渴望适应新的需要。不能说"机械式"的组织结构已经过时。1961 年《机械式和有机式的系统》(*Mechanistic and Organic Systems*)专门论述了上述观点。

(2)钱德勒。钱德勒在 1962 年发表了《战略与结构》(*Strategy and Structure*)一书,强调在不同的条件下有多种组织方案的论点。他对杜邦、通用汽车、新泽西标准石油公司等近 70 家大型企业的组织结构的变化机理研究后指出,组织管理结构是随着企业战略的变化而变化的,而战略本身又因市场的、金融的、科学技术的和其他条件的变化而变化。

(3)琼·伍德沃德。20 世纪 50 年代,管理学家琼·伍德沃德(Joan Woodward)和她的助手们对英国南伊塞克斯的 100 家公司进行了广泛的调查,在此基础上于 1965 年发表了《工业组织:理论与实践》(*Industrial Organization:Theory and Practice*),证明了企业组织的技术分系统与结构分系统具有直接的相互关系。

(4)卢桑斯。弗雷德·卢桑斯,美国内布拉斯加大学教授,于 1973 年发表了《权变管理理论:走出丛林的道路》,于 1976 年又出版了《管理导论:一种权变学说》(*Introduction to Management:A Contingency Approach*)。他系统地介绍了权变管理理论,提出了用权变理论可以统一各种管理理论的观点。卢桑斯是权变学派的主要代表人物。卢桑斯把过去的管理理论划分为四种学说:过程学说、计量学说、行为学说和系统学说。他认为,这四种学说,即使是重视环境影响的系统学说,都没有把管理与环境妥善地联系起来;同时,这些学说的代表人物都强调他们的学说具有普遍的适用性,而实际上,上述任何一种学说的特有的管理观念和技术都不能使管理有效地进行,致使理论与实践相脱节。权变学说试图把环境对管理的作用具体化,并使管理理论与管理实践密切联系起来。

2.3.6 全面质量管理

全面质量管理的概念最早由约瑟夫·M. 朱兰(Joseph M. Juran,1904—2008)于 20 世纪 50 年代提出,朱兰是公认的现代质量管理的领军人物。1961 年阿曼德·费根堡姆的《全面质量控制》(*Total Quality Control*)一书出版,这一概念开始被业界普遍接受。该理念在世界各国进一步发展,在应用最为深入的日本被称为全公司的质量管理(CWQC),而我国从 1978 年开始推行全面质量管理。

全面质量管理理论是在传统的质量管理基础上,随着科学技术的发展和经营管理的需要发展起来的现代化质量管理,现已成为一门系统性很强的科学。它是指在全面社会的推动下,企业中所有部门、所有组织、所有人员都以产品质量为核心，把专业技术、管理技术、数理统计技术集合在一起，建立起一套科学严密高效的质量保证体系，控制生产过程中影响质量的因素，以优质的工作、最经济的办法提供满足用户需要的产品的全部活动。

全面质量管理过程的全面性决定了全面质量管理的内容应当包括设计过程、制造过程、辅助过程、使用过程等四个过程的质量管理。

（1）设计过程质量管理的内容。

产品设计过程的质量管理是全面质量管理的首要环节。这里所指的设计过程，包括市场调查、产品设计、工艺准备、试制和鉴定等过程（即产品正式投产前的全部技术准备过程）。主要工作内容包括通过市场调查研究，根据用户要求、科技情报与企业的经营目标，制定产品质量目标；组织有销售、使用、科研、设计、工艺、制度和质管等多部门参加的审查和验证，确定适合的设计方案；保证技术文件的质量；做好标准化的审查工作；督促遵守设计试制的工作程序等等。

（2）制造过程质量管理的内容。

制造过程是指对产品直接进行加工的过程。它是产品质量形成的基础，是企业质量管理的基本环节。它的基本任务是保证产品的制造质量，建立一个能够稳定生产合格品和优质品的生产系统。主要工作内容包括组织质量检验工作；组织和促进文明生产；组织质量分析，掌握质量动态；组织工序的质量控制，建立管理点，等等。

（3）辅助过程质量管理的内容。

辅助过程是指为保证制造过程正常进行而提供各种物资技术条件的过程。它包括物资采购供应、动力生产、设备维修、工具制造、仓库保管、运输服务等。主要工作内容有：做好物资采购供应（包括外协准备）的质量管理，保证采购质量，严格入库物资的检查验收，按质、按量、按期地提供生产所需要的各种物资（包括原材料、辅助材料、燃料等）；组织好设备维修工作，保持设备良好的技术状态；做好工具制造和供应的质量管理工作等。另外，企业物资采购的质量管理也将显得日益重要。

（4）使用过程质量管理的内容。

使用过程是考验产品实际质量的过程，它是企业内部质量管理的继续，也是全面质量管理的出发点和落脚点。这一过程质量管理的基本任务是提高服务质量（包括售前服务和售后服务），保证产品的实际使用效果，不断促使企业研究和改进产品质量。主要工作内容有：开展技术服务工作，处理出厂产品质量问题；调查产品使用效果和用户要求。

【知识延伸】

Quality is the total composite of product and service characteristics of marketing, engineering, manufacturing, and maintenance through which the product or service in use will meet or exceed the expectations of the customer.

——Armand Vallin Feigenbaum

译文：质量是产品本身和售后服务，以及市场销售、工程控制、上游制造、产品维护等等方面的一个复合体，在顾客使用该产品和享受它的服务的时候，这个质量要达到或者超过顾客的预期期望。

——阿曼德·费根堡姆

2.3.7 管理理论新发展

自 20 世纪六七十年代以来,西方管理学界出现了许多新的管理理论,这些理论代表了管理理论发展的新趋势。

1)学习型组织

1990 年,美国麻省理工学院斯隆管理学院的彼得·圣吉教授出版了他的享誉世界之作《第五项修炼——学习型组织的艺术与实践》,书中描述了公司如何通过采用学习型组织的战略和行动对策,来排除威胁组织效率和事业成功的"学习障碍"。该书的出版引起了世界管理界的轰动,从此,建立学习型组织、实行五项修炼成为管理理论与实践的热点。

彼得·圣吉提出学习型组织的五项修炼技能,即系统思考、超越自我、改变心智模式、建立共同愿景和团队学习。

(1)系统思考。

系统思考是为了看见事物的整体。进行系统思考,一是要有系统的观点,二是要有动态的观点。系统思考不仅是要学习一种思考方法,更重要的还是在实践中要反复运用,从而可以从任何局部的蛛丝马迹中看到整体的变动。

(2)超越自我。

超越自我既是指组织要超越自我,又是指组织中的个人要超越自我。超越自我不是不要个人利益,而是要有更远大的目标,要从长期利益出发,从全局的整体利益出发。

(3)改变心智模式。

不同的人,对同一事物的看法不同,是因为他们的心智模式不同。人们在分析事物时,需要运用已有的心智模式作为基础。但是,如果现有的心智模式已不能反映客观事物,那么就会作出错误的判断。特别是企业领导层出现这种情况时,小则使企业经营出现困难,大则给企业带来灾难性的影响。而改变心智模式的办法是,一要反思自己的心智模式;二要探询他人的心智模式,从自己与别人的心智模式的比较中完善自己的心智模式。克里斯·阿吉里斯用"推论阶梯"的模型来解释人们如何产生和作出成千上万个年头、认知、行动和决策的。(见图 1.4)。

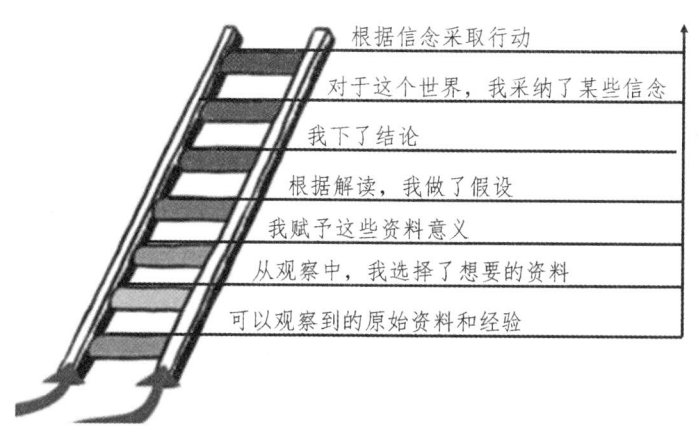

图 1.4 克里斯·阿吉里斯的"推论阶梯"

（4）建立共同愿景。

愿景是指对未来的愿望、景象和意象。企业作为一个组织，是以个人为单元的。企业一旦建立了共同愿景，建立了全体员工共同认可的目标，就能充分发挥每个人的力量。共同愿景的建立不是企业领导人的单方面设计，而是对每一个人的利益融合。

（5）团队学习。

团队学习是发展员工与团体的合作关系，使每个人的力量能通过集体得以实现。团队学习的目的，一是避免无效的矛盾和冲突，二是让个别人的智慧成为集体的智慧。团队学习的一种很重要的形式是深度会谈。深度会谈是对企业的重大而又复杂的议题，进行开放性的交流，使每一个人不仅能表达自己的看法，同时也能了解别人的观点，通过交流，减少差异，从而能够相互协作配合。

2）精益思想

精益思想源于20世纪80年代日本丰田发明的精益生产方式，精益生产方式给日本汽车带来的质量与成本优势，曾经压得美国汽车抬不起头，世界汽车工业重心向日本倾斜。精益思想更进一步从理论的高度归纳了精益生产中所包含的新的管理思维，并将精益方式扩大到制造业以外的所有领域，尤其是第三产业，把精益生产方法外延到企业活动的各个方面，不再局限于生产领域，从而促使管理人员重新思考企业流程，消灭浪费，创造价值。

精益思想的核心就是（消除浪费）以越来越少的投入——较少的人力、较少的设备、较短的时间和较小的场地创造出尽可能多的价值；同时也越来越接近用户，提供他们确实需要的东西。精确地定义价值是精益思想关键性的第一步；确定每个产品（或在某些情况下确定每一产品系列）的全部价值流是精益思想的第二步；紧接着就是要使保留下来的、创造价值的各个步骤流动起来，使需要若干天才能办完的订货手续，在几小时内办完，使传统的物资生产完成时间由几个月或几周减少到几天或几分钟；随后就要及时跟上不断变化着的顾客需求，因为一旦具备了在用户真正需要的时候就能设计、安排生产和制造出用户真正需要的产品的能力，就意味着可以抛开销售，直接按用户告知的实际要求进行生产，这就是说，可以按用户需要拉动产品，而不是把用户不想要的产品硬推给用户。

3）业务流程再造

业务流程再造（简称BPR）又称企业重组，是20世纪80年代末90年代初发展起来的企业管理的又一新理论。1993年，迈克尔·海默与杰姆斯·钱皮合著了《企业再造工程》一书。该书总结了过去几十年来世界成功企业的经验，阐明了生产流程、组织流程在企业决胜于市场竞争中的决定作用，提出了应变市场变化的新方法，即企业流程再造。

业务流程再造的目的是提高企业竞争力，从业务流程上保证企业能以最小的成本、高质量的产品和优质的服务提供给企业客户。业务流程再造的实施方法是，以先进的信息系统和信息技术为手段，以顾客中长期需要为目标，通过最大限度地减少对产品增值无实质作用的环节和过程，建立起科学的组织结构和业务流程，使产品的质量和规模发生质的变化。

业务流程再造的基本内容是，首先，以企业生产作业或服务作业的流程为审视对象，从多个角度，重新审视其功能、作用、效率、成本、速度、可靠性、准确性，找出其不合理因素；其次，以效率和效益为中心对作业流程和服务流程进行重新构造，以达到业绩质的飞跃和突破。企业再造强调以顾客为导向和服务至上的理念，对企业整个运作流程进行根本性的重新思考，并加以彻底的改革。企业必须把重点从过去的计划、控制和增长转到速度、创新、质量、服务和成本，其目的是吸引顾客、赢得竞争和适应变化。

4）核心能力理论

核心能力理论代表了战略管理理论在 20 世纪 90 年代的最新进展，是由美国学者普拉哈拉德（C. K. Prahalad）和英国学者哈默（G. Hamel）于 1990 年首次提出的，他们在《哈佛商业评论》所发表的"公司的核心能力"已成为最经典的文章之一。此后，核心能力理论成为管理理论界的前沿问题之一被广为关注。

尽管对于核心能力的界定有各种不同的说法，但它们无一例外地认为核心能力是企业获取竞争优势的源泉，是在企业资源积累的发展过程中建立起来的企业特有的能力，是企业的最重要的战略资产。归结起来，核心能力具有以下特性：

（1）有价值性：核心能力对于提高最终产品的用户价值起着至关重要的作用，是用户价值的来源。

（2）独特性：这种能力是企业所特有的，是"独一无二"的。

（3）难以模仿性：由于核心能力是企业特定发展过程的产物，具有路径依赖性和不可还原性，因而原因模糊，其他企业很难模仿。

（4）延伸性：核心能力可以给企业衍生出一系列新的产品/服务，使企业得以扩展到相关的新的业务领域。

（5）动态性：企业的核心能力虽是企业资源长期积累的结果，但并非一成不变，随着时间与环境的演变和市场需求的变化，以及随之而来企业战略目标的转移，企业的核心能力必须予以重建和发展。

（6）综合性：核心能力不是一种单一的能力，而是多种能力和技巧的综合。从知识角度来看，它不是单一学科知识的积累，而是多学科知识在长期交叉作用中累积而成的。正是这一特性决定了核心能力是一种综合性的能力。

如何来判断什么是公司的核心能力，有如下四个准则：

① 用户价值：核心能力必须非常有助于实现用户看重的价值。那些能够使公司为用户提供根本性利益的技能，才能称得上核心能力。区分核心能力和非核心能力的标准之一就是它带给用户的价值是核心的还是非核心的。正是基于这种区别，我们可以把本田公司在发动机方面的技能称为核心能力，而把其处理同经销商关系的能力看作是次要能力。核心能力必须对用户所看重的价值起重要作用，但这并非意味着用户能够看到或很容易就理解到这种核心能力。用户所看到的是享有的好处，如显著的可靠性（汽车、摄像与录像机），形象的清晰度（摄像与录像机），使用的方便性（计算机）等，而不是提供这些好处的技术细节。

② 延展性：核心能力是通过未来市场的大门。有的能力在某一业务部门来看可能算得上核心能力，经得起用户价值和特殊竞争力的考验，但是，如果无法想象能从该项能力衍生出一系列新产品或服务，那么从公司的角度来看，该能力就够不上核心能力。例如，本田公司的发动机的独特能力，使它能进入各种不同的产品市场。

③ 独特性：可合格地定为"核心"能力，必须具有竞争上的"独一无二"性，同竞争对手的产品/服务相比，具有"独特的"风格/效用，而不是在产业范围内普遍存在的。它必须是公司层次的、持续优异于其他竞争对手的。例如，本田汽车公司的汽车发动机，明显地优异

于其他汽车公司的同类产品,其独特性的形成是经过几十年的积累和努力,不是在短短的1~2年或几年中所能形成的。在某些情况下,企业人员发现某种能力极其重要,在行业中尚未引起重视和发展,则可以把它定为"潜在"的核心能力,予以规划和开发。

④ 难以模仿和替代性:企业的核心能力是积累起来的,是许多不同单位和个人相互作用产生的,具有特殊性和不可交易性,因而竞争对手很难模仿。

【任务小结】

👍 恭喜你顺利完成本任务的学习,现就任务完成过程中所运用到的具体知识点进行以下回顾:

1. 中国古代的管理思想:道家的管理思想、儒家的管理思想、法家的管理思想、兵家的管理思想

2. 外国早期的管理思想:亚当·斯密的管理思想、小瓦特和博尔顿的科学管理制度、马萨诸塞车祸与所有权和管理权的分离、罗伯特·欧文的人事管理思想、巴贝奇的作业研究和报酬制度、亨利·汤的收益分享制度、哈尔西的奖金方案

3. 管理理论的形成和发展

时　　间	理　　论
19世纪末以前	管理萌芽阶段(传统管理阶段)
20世纪初至1930年	古典管理理论
1930—1950年	人际关系学说和行为科学理论(新古典管理阶段)
1950—1960年	管理理论丛林
20世纪60年代后	战略管理
20世纪70年代后	全面质量管理
20世纪90年代后	学习型组织、卓越绩效模式

【课外拓展】

拓展一:组建模拟公司

一、学习目标

1. 培养初步运用管理系统的思想建立现代组织的能力。

2. 培养分析、归纳与讲演的能力。

二、内容与要求

根据所学知识与对实际企业调查访问所获得的信息资料,组建模拟公司。

1. 以自愿为原则,6~8人为一组,组建"××大学生模拟公司",自定公司名称。

2. 班级在课后组织一次竞聘演讲,每个模拟公司推荐两名成员竞聘总经理,每位竞聘者以"假如我是一名管理者"为题,发表时长10~15分钟的竞聘讲演(要有发言提纲)。

拓展二:企业访谈——管理者的职责与素质

一、学习目标

1. 懂得调查研究的初步技能。

2. 了解实践中管理者的职责与素质。

二、内容与要求

1. 学生自愿组成小组，每组6~8人。通过与校企合作单位取得联系，与企业工作人员（可选择基层管理者作为访谈对象）进行沟通、交流。在访谈之前，围绕访谈主题"管理者的职责与素质"，每组需根据课程所学知识，经过讨论制订访谈计划及访谈提纲。

2. 调查访问结束后，班级组织交流与讨论。

三、成果与检测

1. 每组派一位代表发言，分享访谈后的收获和启发。

2. 各小组把调查、访谈所得信息，如照片、文字材料、影音资料等制作成资料包，班级共享。

拓展三：管理理论的认识与分析

一、学习目标

1. 增强学生对管理思想与理论的感性认识。

2. 培养学生运用所学管理理论分析管理现状的能力。

二、内容与要求

1. 通过多种渠道，搜集国内著名企业的管理案例或资料，案例或资料一定要体现现代管理理论或思想，也可以从反面说明不符合或违背现代管理思想从而导致失败。案例或资料的具体形式可以是新闻消息、事迹报道，也可以是工作简报、工作总结，还可以是书籍与报纸上登载的管理案例等。

2. 运用学过的管理理论分析所搜集的案例和调查资料并写出报告。

3. 分析报告的具体结构：要先介绍案例或资料，然后指出用以分析的理论所属的流派及主要观点，重点分析与评价其管理思想，最后写出自己的体会。

4. 组织全班同学进行讨论。在班级组织的关于管理理论与管理思想的沙龙上，发言者除了要注意运用所学理论进行广泛的分析评价，还应注意联系管理实际，特别是自己的心得体会。一定要注意营造出自由的学术氛围，鼓励学术畅所欲言，充分发挥。

三、成果与检测

1. 根据每人所写的简要分析报告，由教师评分，占总成绩50%。

2. 根据个人在沙龙上的表现，由学生相互评定，占总成绩50%。

模块二 制订计划

【教学总目标】

＊知识目标：

理解计划的含义和种类；掌握计划工作的基本流程和方法；掌握决策的基本方法；掌握目标管理的内容和方法。

＊能力目标：

能够使用计划的方法制订基本的工作计划；能够在面临选择的时候做出合理的决策；能够进行在组织中制订基本的目标管理方案。

＊素质目标：

能够形成"凡事预则立，不预则废"的提前计划观念，培养系统思维能力，能够随着环境的变化改变行动方案。

【知识导图】

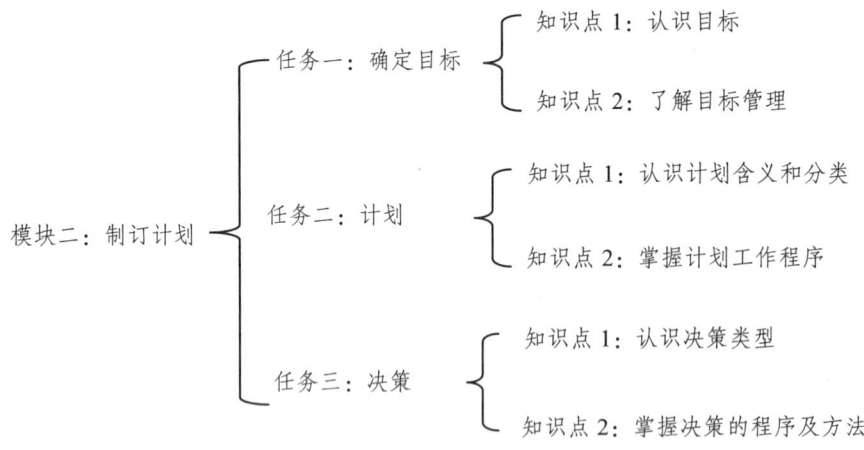

【案例导入】

老鼠的计谋

从前，有一只真抓实干的黑猫，它每天都能捉10多只老鼠，让老鼠们吃尽了苦头。于是，老鼠们召开研讨会共商对付黑猫的办法。有的建议加紧研制毒药，有的说干脆一齐扑上去把黑猫咬死。最后，老奸巨猾的鼠王提出了一个与众不同的想法："老鼠杀猫是不可能的。如果不能杀死它，就应设法躲避它。咱们推选出一名勇士，偷偷地在猫的脖子上挂铃铛。这样一来，只要猫一动就会有响声，大家就可以事先躲起来。"老鼠们公认这是个很好的想法。但怎样执行呢？高额奖金、颁发荣誉证书等办法被一一提出来，但讨论来讨论去，也没有找到一个敢于执行这一决策的勇士。

案例思考：假设你是这群老鼠中的一位，你将提出什么样的方案应对这个局面？

案例启示：对于猫来讲，抓十只老鼠是它的目标，但是抓多抓少对它的利益并没有太多影响，而生命对于老鼠来讲只有一次，老鼠们面临严峻的生存考验，而每只老鼠的能力又很弱小，那么如何减少伤亡，并寻找一个长期有效的保证大家尽可能存活下去的方法显得非常必要。在这种个体能力有限，而群体生存面临极大挑战的时刻，必须制订一个行之有效的方案来解决目前的困境。

任务一　确定目标

【学习目标】

1. 知识目标：了解目标的性质、确定目标的原则、目标管理的特点，掌握目标实施过程、应用与评价。

2. 能力目标：能够进行合理的目标设置，并且确保其实施。

3. 素质目标：形成工作任务分解的思维意识。

【下达任务】

任务书	
任务名称	三个旅行小组的成功与失败
任务内容	背景描述： 有人做了一个实验：组织三组人，分别向十公里以外的三个村子步行。 　　第一组的人不知道村庄的名字，也不知道路程有多远，组织者只告诉他们跟着向导走就是。刚走了两三公里就有人叫苦，走了一半时有人几乎愤怒了，他们抱怨为什么要走这么远、何时才能走到，有人甚至坐在路边不愿走了，越往后走他们的情绪越低，最终整个队伍放弃了向村庄继续前进。 　　第二组的人知道村庄的名字和路段，但路边没有里程碑，他们只能凭经验估计行程时刻和距离。走到一半的时候大多数人就想知道他们已经走了多远，比较有经验的人说："大概走了一半的路程。"于是大家又簇拥着向前走，当走到全程的四分之三时，大家情绪低落，觉得疲惫不堪，而路程似乎还很长，当有人说："快到了！"大家又振作起来加快了步伐，最终达到了目的地。 　　第三组的人不仅仅知道村子的名字、路程，而且公路上每一公里就有一块里程碑，人们边走边看里程碑，每缩短一公里大家便有一小阵的愉悦。行程中他们用歌声和笑声来消除疲劳，情绪一直很高涨，因此很快就到达了目的地。 　　任务：请结合目标及目标管理的相关知识，分析为何这三组人在途中表现各不相同以致最后的结果也不同？接收到一个项目任务时该如何制定合理的子目标以实现总目标
任务要求	1. 围绕任务，以小组形式开展以上问题的讨论，每组人数3～4人。 2. 讨论过程中及时与老师进行沟通，确保任务在规定时间内完成。 3. 讨论结束后，以小组竞答的方式由小组代表人陈述方案
完成任务所需知识点	知识点1：认识目标管理 知识点2：了解目标管理的实施

	考核项目	考核标准	分值	得分	备注
任务评价标准	语言表达	语言表达流畅，字清晰，声音洪亮	10分		
	整体形象	精神饱满，举止自然得体	10分		
	团队协作能力	成员分工负责、协作配合	20分		
	分析过程	思路清晰，分析准确	40分		
	问题解决	方案明晰，有创意	20分		

参考资料	书　　名：《源于英特尔和谷歌的目标管理利器》 作　　者：保罗·R. 尼文（Paul，R.，Niven），本·拉莫尔特 出　版　社：机械工业出版社 出版时间：2017年8月

团队构成 （学生填写）	团队组长	
	团队成员	

时间要求 （学生填写）	任务领取时间	
	要求完成时间	

任务讨论结果及启示 （团队成员共同填写）	

任课教师反馈	

任务最终得分	＿＿＿＿＿＿分

【核心知识讲解】

1.1　目标的概念与作用

1.1.1　目标的概念

目标是使命的具体化，是组织在一定时期内所要达到的预期成果。每一个社会组织，都有自己预期的目的或结果，它代表着一个组织的方向和未来。对组织来说，宗旨是共同目标；对组织成员来说，共同目标是组织阶段需要到达的目的地。目标是组织争取达到的一种未来状态，它是开展各项组织活动的依据和动力，具有维系组织各个方面关系构成系统组织方向核心的作用。

【知识延伸】

三个石匠的寓言

有人经过一个建筑工地，工地上正在修建一座教堂。此人问工地上正在工作的三位石匠们在干什么？

石匠一："我在做养家糊口的事，混口饭吃。"

石匠二："我在做最棒的石匠工作。"

石匠三："我正在盖一座教堂。"

案例思考：如果我们用"自我期望""自我启发"和"自我"三个指标来衡量这三个石匠，我们会发现第一个石匠的自我期望值太低，在职场上，此人缺乏自我启发的觉悟和自我发展的动力。第二个石匠的自我期望值过高，此人很可能是个特立独行、"笑傲江湖"式的员工。第三个石匠的目标才真正与工程目标、团队目标高度吻合，他的自我启发意愿与自我发展行为将会与组织目标的追求形成和谐的合力。

案例启示：一个优秀的管理团队，必然会制订一个合理的企业目标，把这个目标分解成一系列的子目标，并把这些目标内化到每一个员工的心里，落实到每一个员工的行为中。

1.1.2 目标的作用

1）为管理工作指明方向

如果没有明确的目标，组织内的个人就会得过且过，在变化了的环境中，不知道究竟应该做些啥。一旦有了明确的目标，个人或组织就会鼓足勇气去克服前进道路上的困难。

【知识延伸】

游泳的故事

1952年7月4日清晨，加利福尼亚海岸以西21英里的卡塔林纳岛上，一个34岁的女人涉水进入太平洋中，开始向加州海岸游去。要是成功了，她就是第一个游过这个海峡的妇女。这名妇女叫费罗伦丝·柯德威克。那天早晨，雾很大，海水冻得她身体发麻。在海水中游了15个小时之后，她已经筋疲力尽，于是决定放弃，她叫人拉她上船。在船上陪同她的母亲和教练告诉她海岸很近了，叫她不要放弃。但她朝加州海岸望去，除了浓雾什么也看不到，她认为船上的人肯定在骗她，海岸肯定还在很远的地方。尽管大家一再保证很快就要到对岸了，但是费罗伦斯因为看不到希望而放弃了努力——在下水15小时零55分钟后，她被拉上船，事实上，此地离加州海岸只有半英里！事后费罗伦斯后悔万分地说道："说实在的，我不是为自己找借口，如果当时我看见陆地，也许我能坚持下来。"

两个月后，她再次横渡海峡。但是这次她采取了全新的策略：把整个过程分成8个小阶段，设置标志物。每到一个标志物，她就会告诉自己：我已经完成多少了，我还剩下多远就要完成了。因为这次横渡海峡每一步都有了阶段性目标，既减少了压力，又增加了成就感。所以，费罗伦丝顺利地完成了横渡海峡的壮举——她不但是第一位游过卡塔林纳海峡的女性，而且比男子的记录还快了大约两个小时。

2）考核主管人员和员工的客观标准

那种凭主观印象对主管人员进行考核的办法，显然不公正，而且也容易挫伤那些积极工作的员工。公司制定可考核的目标，并把它作为考核的依据，就能够保持考核工作的公正性。也只有依据这种考核结果，才能真正激励起人们的工作热情。

3）激励作用

在人的多层次需要中，目标成就是最高层次的需要。凡是有事业心的人，几乎遵循同样的活动规律，这就是："选定合适的目标→努力奋斗去实现目标→达成目标→制定更高的目标→再奋斗"。为此，在目标管理中，要运用激励理论解决好目标激励问题。

4）凝聚作用

共同的目标是群体动力的源泉。对一个组织而言，其部门或其成员如果不了解组织的目标和组织赋予自己的工作目标，就会随意行动，往往产生本位主义或各自为政，甚至发生无谓的纠纷，相互抵消力量。而统一的组织目标能够沟通协调组织各部门、各岗位的关系，力求整个组织团结一致，增强其成员的整体观念和组织观念，促使人们相互配合、彼此协调，从而产生组织内人际向心力与凝聚力。对个人而言，目标同样具有凝聚功能。一个人没有既定的奋斗目标，或许他（她）会出于某种兴趣和某种冲动，发生某种行为。在一定的条件下可能产生一定"成绩"，但是，这种所谓的"成绩"对行为发生者来说，绝无成就感而言。这种无目标的行为所招来的更多的是"无为之举"，甚至是不良后果。相反，一个人一旦确定了自己的奋斗方向，就会调动其精力物力，并对此进行有效的整合，形成一股合力，为达到目标而不懈努力。此外，目标的凝聚功能还表现为目标能够使人们在工作中自觉地把个人目标与组织目标、个人利益与组织利益结合起来。

1.2　目标的性质

目标是我们从事一系列活动的最后结果，总目标需要由子目标来支持。这样，组织及其各层次的目标就形成了一个目标网络（见图 2.1）。

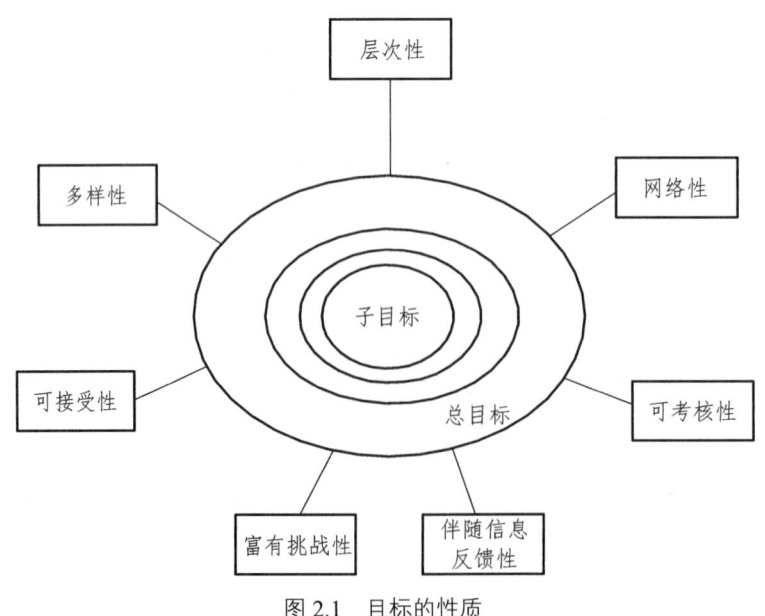

图 2.1　目标的性质

1.2.1 目标的层次性

组织目标是一个有层次的体系,范围从宽泛的组织战略性目标到特定的个人目标。组织将组织目标逐步分解成一个与组织层次、组织分工相适应的层次体系,让组织的每一层次、每一部门、每一个员工都有具体的目标,这样就形成了一个目标层次体系。

1.2.2 目标的网络性

目标体系是从整个组织的整体观来考察组织目标的,目标网络则是从某具体目标的实施规划的整体协调方面来进行工作的。如果各种目标不相互关联、不相互协调或互不支持,那么组织成员会出于自利而采取对本部门有利而对整个公司不利的途径。目标网络性的内涵体现在以下方面:

(1)目标和计划并非是线性的,也就是说并非是一个目标实现后接着去实现另一个目标,目标和计划形成一个相互联系着的网络。

(2)组织中的主管人员必须确保目标网络中的每个组成部分相互协调。

(3)组织中的各部门在制定自己的部门目标时,必须要与其他部门相协调。

(4)组织制定各自的目标时,必须要与许多约束因素相协调。

1.2.3 目标的多样性

所谓目标的多样性,指对总目标的不同侧面的反映,或者总目标可以用不同的指标来全面反映。比如在企业的总体目标中可以包括:实现一定的利润率;继续开发专利产品的科研重点;发展和实行股份制;通过企业留利和银行贷款来扩大再投资;把产品销往国外市场;确保优质产品的竞争价格;在同行业中取得主导地位等。

每个方面还有更具体的子目标,利润率方面可能包含销售利润率、资金利润率和投资报酬率等目标。

组织目标的多样性除了体现在主要目标和次要目标方面,还体现在组织中既有明确目标,也会有模糊目标。管理企业就是需要在多种目标之间取得平衡,这就要求对错综复杂的现实做出判断。寻求某一个唯一的目标实际上就是企图寻求一种"灵丹妙药"来替代自身的判断和分析,这在实践中是行不通的,而且十分愚蠢。了解目标的多样性,有助于帮助管理人员正确地确定目标,充分发挥目标的作用。

1.2.4 目标的可考核性

目标的可考核性是指所定的目标必须明确,不能模棱两可或含糊其词。如果目标不具有可考核性,也就失去了目标的作用,进而计划的作用也大大降低了。一般来说,目标有定性目标和定量目标。要想使目标可以考核,一个途径是将目标量化。目标定量化往往会损失组织运行的一些效率,但对组织活动的控制、对成员的奖惩会带来很多方便。但是许多目标是不宜用数量表示的。故不能硬性地将一些定性的目标数量化和简单化,其结果有可能将管理工作引入歧途。

在组织的活动中,定性目标是不可缺少的,主管人员在组织中的地位越高,其定性目标就可能越多。定性目标不好把握,在工作中制定定性目标一定要明确给出可考核的指标。大多数定性目标也是可以考核的,但不可能像定量目标一样考核得那么精确。尽管确定可考核的目标是十分困难的,但任何定性目标都能用详细说明规划或其他目标的特征和完成日期的方法来提高其可考核的程度。

1.2.5 目标的可接受性

根据美国管理心理学家维克多·弗鲁姆的期望理论,人们在工作中的积极性或努力程度(激发力量)是效价和期望值的乘积。其中效价指一个人对某项工作及其结果(可实现的目标)能够给自己带来满足程度的评价,即对工作目标有用性(价值)的评价;期望值指人们对自己能够顺利完成这项工作可能性的估计,即对工作目标能够实现的概率的估计。

因此,如果一个目标对其接受者要产生激发作用,这个目标必须是可接受的、可以完成的。对一个目标完成者来说,如果目标超过其能力所及的范围,则该目标对其没有激励作用。

1.2.6 目标的富有挑战性

根据弗鲁姆的期望理论,如果一项工作完成所达到的目的对接受者没有多大意义,接受者也没有动力去完成该项工作;如果一项工作很容易完成,对接受者来说是轻而易举的,那么接受者也没有动力去完成该项工作。因此,目标的设置应当具有一定的挑战性,需要付出努力才可以达到。

目标的可接受性和挑战性是对立统一的关系,但在实际工作中,必须把它们统一起来。要使目标具有激励作用,必须使目标能符合员工的需要,并具有挑战性。

1.2.7 目标的伴随信息反馈性

信息反馈是把目标管理过程中目标的设置、目标的实施情况不断地反馈给目标设置和实施的参与者,让员工及时知道组织对自己的要求、自己的贡献情况。如果建立了目标再加上反馈,就能更进一步改善员工的工作表现。

1.3 制定目标的原则及步骤

1.3.1 制定目标的原则

1)量化

目标必须尽可能地量化为指标,因此,在制定目标时,注意区别不同情况、不同类别,尽量使目标达到定量化要求。对目标任务,能够用数据表示的,提出明确的数量、质量的要求;对不能量化的,应提出尽可能具体的定性的要求。

2)时效性

企业目标虽然多种多样、层次不同,但每一个具体的目标都有一定的完成期限,即具有时效性。

3)可行性和以结果为导向

企业的具体目标,可以分解成子目标或分目标,各个层次的目标又可以进一步分解成个人的具体目标和任务。通过目标的分解，把抽象的总目标具体化、数量化，而这些分解后的目标组合起来又恰恰是企业的整体目标。

4）激励性和可实现性结合

激励性和可实现性结合即目标应既富有挑战性，又切实可行。有证据表明，富有挑战性的目标通常会激励员工发挥更高的水平，取得更高的效益。如果一个不需要费力就可以实现的目标，会降低整个组织的效率，对员工个人而言，没有挑战性的目标也不能满足员工的成就感，无法激发员工的工作热情。因此，目标必须具有激励性和可实现性。

【知识延伸】

美国某家具公司五年目标

美国某家具公司是乔森先生在 20 世纪中期创建的，开始时主要经营卧室和会客室家具，取得了相当大的成功，随着规模的扩大，自 20 世纪 70 年代开始，公司又进一步经营餐桌和儿童家具。1975 年，乔森退休，他的儿子约翰继承父业，不断拓展卧室家具业务，扩大市场占有率，使得公司产品深受顾客欢迎。到 1985 年，公司卧室家具方面的销售量比 1975 年增长了近两倍。但公司在餐桌和儿童家具的经营方面一直不得利，面临着严重的困难。

一、董事长提出的五年发展目标

美国某家具公司自创建之日起便规定，每年 12 月份召开一次公司中、高层管理人员会议，研究讨论战略和有关的政策。1985 年 12 月 14 日，公司又召开了每年一次的例会，会议由董事长兼总经理约翰先生主持。约翰先生在会上首先指出了公司存在的员工思想懒散、生产效率不高的问题，并对此进行了严厉的批评，要求迅速扭转这种局面。与此同时，他还制定了公司今后五年的发展目标，具体包括：①卧室和会客室家具销售量增加 20%；②餐桌和儿童家具销售量增长 100%；③总生产费用降低 10%；④减少补缺职工人数 3%；⑤建立一条庭院金属桌椅生产线，争取五年内达到年销售额 500 万美元。

这些目标主要是为了增加公司收入，降低成本，获取更大的利润。但副总经理托马斯跟随乔森先生工作多年，了解约翰董事长制定这些目标的真实意图。尽管约翰开始承接父业时，对家具经营还颇感兴趣。但后来，他的兴趣开始转移，试图经营房地产。为此，他努力寻找机会想以一个好价钱将公司卖掉。为了能提高公司的声望和价值，他准备在近几年狠抓经营，改善公司的绩效。

副总经理托马斯意识到自己历来与约翰董事长的意见不一致，因此在会议上没有发表什么意见。会议很快就结束了，大部分与会者都带着冷淡的表情离开了会场。托马斯有些垂头丧气，但他仍想会后找董事长就公司发展目标问题谈谈自己的看法。

二、副总经理对公司发展目标的质疑

副总经理托马斯觉得，董事长根本就不了解公司的具体情况，不知道他所制定的目标意味着什么。这些目标听起来很好，但托马斯认为并不适合本公司的情况。他心里这样分析道：第一项目标太容易了——这是本公司最强的业务，用不着花什么力气就可以使销售量增加 20%；第二项目标很不现实——在这领域的市场上，本公司不如竞争对手，绝不可能实现 100% 的增长；第三项目标亦难以实现——由于要扩大生产，又要降低成本，这无疑会对工人施加更大的压力，从而也就迫使更多的工人离开公司，这样空缺的岗位就越来越多，在这种情况下，怎么可能降低补缺职工人数3%呢？第四项目标倒有些意义，可改变本公司现有产品线以木材为主的经营格局，但未经市场调查和预测，怎么能确定五年内我们的年销售额达到500万美元呢？

经过这样的分析后，托马斯认为他有足够的理由对董事长所制定的目标提出质疑。除此之外，还有一些问题使他困扰不解，一段时期以来，发现董事长似乎对公司已失去了兴趣；他已50多岁，快要退休了。他独身一人，也从未提起他家族将由谁来接替他的工作。如果他退休以后，那该怎么办呢？托马斯毫不怀疑，约翰先生似乎要把这家公司卖掉。董事长企图通过扩大销售量，开辟新的生产线，增加利润收入，使公司具有更大的吸引力，以便在出卖中捞个好价钱。"如董事长真是这样的话，我也无话可说了。他退休以后，公司将会变成什么样子，他是不会在乎的。他自己愿意在短期内葬送掉自己的公司，我有什么办法呢？"

案例思考：

1. 你认为约翰董事长为公司制定的发展目标合理吗？为什么？你能否从本案例中概括出制定目标需注意哪些基本要求？

2. 假如你是托马斯，如果董事长在听取了你的意见后同意重新考虑公司目标的制定，并责成你提出更合理的公司发展目标，你将怎么做？

1.3.2 制定目标的步骤

1）明确制定组织目标的目的

制定目标首先要明确目标所要解决的问题，进而为未来组织的发展提供方向以及为组织下一步计划、控制等管理职能奠定基础。

2）进行组织环境分析

环境分析包括组织外部环境和内部环境的分析，在大量调研的基础上，对组织内外部环境的现状、发展趋势及环境对组织的影响程度做客观的分析和判断，作为确定组织目标的依据。

3）制订总体目标方案

根据组织所要解决问题及组织内外部环境的分析收集到的各种相关信息，制订出两个或两个以上的总体目标方案。对于不同的方案，其内容都应包括解决组织所面临问题的各个方面。

4）选择目标方案并具体化

对不同的目标方案进行可行性论证，评价方案主要从以下方面考虑：方案能否有效地解决组织所面临的实现方案的各项条件是否具备；各方面的指标是否科学；方案的综合效益如何；方案所潜在的风险如何等。在评价各方案的基础上，选择最优或满意的目标方案，同时进一步把总体目标层层落实到各个层次、部门、岗位、个人等。

5）明确组织目标责任

确定总体目标并得到最高管理层的批准后，应把各个层次的目标和具体执行人员的工作责任紧密结合，逐级落实，建立目标责任体系，以激发组织成员的工作责任心和积极性，同时也确保组织目标能够得到具体落实。

6）组织目标优化

在执行组织目标过程中，由于外部环境的变化及内部不同部门、不同等级利益不一致，可能导致部门目标偏离总体目标。因此，在组织实践过程中，高层管理小组要不断收集反馈信息，加强对不同部门、不同等级的组织目标的协调和综合平衡，防止出现目标体系中各目标相互不协调，损害组织总体目标实现情况，从而达到不断完善与优化组织目标的目的。

1.4 目标管理（MBO）

1.4.1 目标管理的内涵

"目标管理"的概念是管理学家彼得·德鲁克（Peter Drucker）于1954年在其名著《管理实践》中最先提出的，其后他又提出"目标管理和自我控制"的主张。德鲁克认为，并不是有了工作才有目标，恰好相反，有了目标才能确定每个人的工作。所以"企业的使命和任务，必须转化为目标"，如果一个领域没有目标，这个领域的工作必然被忽视。因此管理者应该通过目标对下级进行管理，当组织最高层管理者确定了组织目标后，必须对其进行有效分解，转变成各个部门以及各个人的分目标，管理者根据分目标的完成情况对下级进行考核、评价和奖惩。

目标管理是指组织的最高领导层根据组织面临的形势和社会需要制订出一定时期内组织经营活动所需达到的总目标，然后层层落实，要求下属各部门主管人员以至于每个职工根据上级制定的目标，分别制定目标和保证措施，形成一个目标体系，并把目标的完成情况作为各部门或个人考核的依据的管理制度。

其基本思想是：

（1）企业的任务必须转化为目标，企业管理人员要通过这些目标对下级进行领导，并以此来保证企业总目标的实现。

（2）目标管理是一种程序，使一个组织中的各级管理人员统一起来制订共同的目标，确定彼此的责任，并将此项责任作为指导业务和衡量各自贡献的准则。

（3）每个企业管理人员或工人的分目标就是企业总目标对他的要求，同时也是这个企业管理人员或工人对企业总目标的贡献。

（4）管理人员和工人是依据设定的目标进行自我管理，他们以所要达到的目标为依据，进行自我指挥、自我控制，而不是由他的上级来指挥和控制。

（5）企业管理人员对下级进行考核和奖惩也是依据这些分目标。

目标管理提出以后，便在美国迅速流传。时值第二次世界大战后西方经济由恢复转向迅速发展的时期，企业急需采用新的方法调动员工积极性以提高竞争能力，目标管理的出现可谓应运而生，遂被广泛应用，并很快为日本、西欧国家的企业所仿效。

1.4.2 目标管理的特点

目标管理指导思想上是以Y理论为基础的，即认为在目标明确的条件下，人们能够对自己负责。目标管理与传统管理的共同要素有：明确目标、参与决策、规定期限、反馈绩效。目标管理在具体方法上是泰勒科学管理的进一步发展。它与传统管理方式相比有鲜明的特点，可概括为：

1）重视人的因素

目标管理是一种参与的、民主的、自我控制的管理制度，也是一种把个人需求与组织目标结合起来的管理制度。在这一制度下，上级与下级的关系是平等、尊重、依赖、支持，下级在承诺目标和被授权之后是自觉、自主和自治的。

2）建立目标锁链与目标体系

目标管理通过专门设计的过程，将组织的整体目标逐级分解，转换为各单位、各员工的分目标，即从组织目标到经营单位目标，再到部门目标，最后到个人目标。在目标分解过程中，权、责、利三者已经明确，而且相互对称。这些目标方向一致，环环相扣，相互配合，形成协调统一的目标体系。只有每个人员完成了自己的分目标，整个企业的总目标才有完成的希望。

3）重视成果

目标管理以制定目标为起点，以目标完成情况的考核为终结。工作成果是评定目标完成程度的标准，也是人事考核和奖评的依据，成为评价管理工作绩效的唯一标志。至于完成目标的具体过程、途径和方法，上级并不过多干预。所以，在目标管理制度下，监督的成分很少，而控制目标实现的能力却很强。

1.4.3 目标管理程序

由于各个组织活动的性质不同，目标管理的步骤可能不完全一样。一般说来，它可以分为总目标的设置、实现目标过程的管理、总结和评估四个环节。

1）总目标的设置

目标的设置是目标管理过程中最重要的阶段，这一阶段可以细分为4个步骤：

第一步，预定总目标。这是一个暂时的、可以改变的预案。这个预定的目标，既可以由上级提出，再同下级讨论；也可以由下级提出，由上级批准。无论采用哪种方式，目标必须由上下级共同商量确定，而且领导必须根据企业的使命和长远战略，估计客观环境带来的机遇和挑战。

第二步，重新审议组织结构和职责分工。目标管理要求每一个目标都有确定的责任主体，因此预设目标之后需要重新审视现有的组织结构，根据新的分解目标进行调整，明确目标责任者和协调关系。

第三步，确立下级的目标。首先让下级明确组织的规划和目标，然后商定下级的分目标。在讨论中上级要尊重下级，平等待人，耐心倾听下级意见，帮助下级发展一致性和支持性目标。分目标要具体量化，便于考核；分清轻重缓急，以免顾此失彼；既要有挑战性，又要有实现可能。每个员工和部门的分目标要和其他的分目标协调一致，支持本单位和组织目标的实现。

第四步，上级和下级就实现各项目标所需的条件以及实现目标后的奖惩事宜达成协议。分目标制定后，要授予下级相应的资源配置的权力，实现权责利的统一。由下级写成书面协议，编制目标记录卡片，整个组织汇总所有资料后，绘制出目标图。

2）实现目标过程的管理

目标管理重视结果，强调自主、自治和自觉。这并不等于领导可以放手不管，相反由于形成了目标体系，一环失误，就会牵动全局。因此领导在目标实施过程中的管理是不可缺少的。首先，进行定期检查，利用双方经常接触的机会和信息反馈渠道自然地进行；其次，要向下级通报进度，便于互相协调；再次，要帮助下级解决工作中出现的困难问题，当出现意外、不可测事件严重影响组织目标实现时,也可以通过一定的手续,修改原定的总目标。

3) 总结及评估

达到预定的期限后,下级首先进行自我评估,提交书面报告;然后上下级一起考核目标完成情况,决定奖惩;同时讨论下一阶段目标,开始新循环。如果目标没有完成,应分析原因总结教训,切忌相互指责,以保持相互信任的气氛。

1.4.4 目标管理的评价

1) 目标管理的优点

(1) 形成激励。

当目标成为组织的每个层次、每个部门和每个成员自己未来时期内欲达到的一种结果,且实现的可能性相当大时,目标就成为组织成员们的内在激励。特别是当这种结果实现时,组织还有相应的报酬时,目标的激励效用就更大。从目标成为激励因素来看,这种目标最好是组织每个层次、每个部门及每个成员自己制定的目标。

(2) 有效管理。

目标管理方式的实施可以切实地提高组织管理的效率。目标管理方式比计划管理方式在推进组织工作进展、保证组织最终目标完成方面更胜一筹。因为目标管理是一种结果式管理,而不仅仅是一种计划的活动式工作。这种管理迫使组织的每个层次、每个部门及每个成员首先考虑目标的实现,尽力完成目标,因为这些目标是组织总目标的分解,故当组织的每个层次、每个部门及每个成员的目标完成时,也就是组织总目标的实现。在目标管理方式中,一旦分解目标确定,且不规定各个层次、各个部门及各个成员完成各自目标的方式、手段,反而给了大家在完成目标方面一个创新的空间,这就有效地提高了组织管理的效率。

(3) 明确任务。

目标管理的另一个优点就是使组织各级主管及成员都明确了组织的总目标、组织的结构体系、组织的分工与合作及各自的任务。这些方面职责的明确,使得主管人员也知道,为了完成目标必须给予下级相应的权力,而不是大权独揽,小权也不分散。另外,许多着手实施目标管理方式的公司或其他组织,通常在目标管理方式实施的过程中会发现组织体系存在的缺陷,从而帮助组织对自己的体系进行改造。

(4) 自我管理。

目标管理实际上也是一种自我管理的方式,或者说是一种引导组织成员自我管理的方式。在实施目标管理过程中,组织成员不再只是做工作,执行指示,等待指导和决策,组织成员此时已成为有明确规定目标的单位或个人。一方面,组织成员们已参与了目标的制定,并取得了组织的认可;另一方面,组织成员在努力工作实现自己的目标过程中,除目标已定以外,如何实现目标则是他们自己决定的事,从这个意义上看,目标管理至少可以算作自我管理的方式,是以人为本的管理的一种过渡性试验。

(5) 控制有效。

目标管理方式本身也是一种控制的方式,即通过目标分解后的实现最终保证组织总目标实现的过程就是一种结果控制的方式。目标管理并不是目标分解下去便没有事了,事实上组织高层在目标管理过程中要经常检查、对比目标,进行评比,看谁做得好,如果有偏差就及时纠正。另外,一个组织如果有一套明确的可考核的目标体系,那么其本身就是进行监督控制的最好依据。

2)目标管理的不足

哈罗德·孔茨教授认为目标管理尽管有许多优点,但也有许多不足,对这样的不足如果认识不清楚,那么可能导致目标管理的不成功。下述几点可能是目标管理最主要的不足:

(1)强调短期目标。

大多数的目标管理中的目标通常是一些短期的目标:年度的、季度的、月度的等。短期目标比较具体易于分解,而长期目标比较抽象难以分解;短期目标易迅速见效,长期目标则不然。所以,在目标管理方式的实施中,组织似乎常常强调短期目标的实现而对长期目标不关心。这样一种概念若深入组织的各个方面、组织所有成员的脑海中和行为中,将对组织发展没有好处。

(2)目标设置困难。

真正可用于考核的目标很难设定,尤其组织实际上是一处产出联合体,它的产出是一种联合的不易分解出谁的贡献大小的产出,即目标的实现是大家共同合作的成果,这种合作中很难确定你已做多少,他应做多少,因此可度量的目标确定也就十分困难。一个组织的目标有时只能定性地描述,尽管我们希望目标可度量,但实际上定量是很困难的,例如组织后勤部门有效服务于组织成员,虽然可以采取一些量化指标来度量,但完成了这些指标,未必达成了"有效服务于组织成员"这一目标。

(3)无法权变。

目标管理执行过程中目标的改变是不可以的,因为这样做会导致组织的混乱。事实上目标一旦确定就不能轻易改变,也正是如此使得组织运作缺乏弹性,无法通过权变来适应变化多端的外部环境。中国有句俗话叫作"以不变应万变",许多人认为这僵化的观点非权变的观点,实际上所谓不变的不是组织本身,而是客观规律,掌握了客观规律就能应万变,这实际上是真正的更高层次的权变。

【任务小结】

恭喜你顺利完成本任务的学习,现就任务完成过程中所运用到的具体知识点进行以下回顾:

1. 目标管理的含义:目标管理是一种程序或过程,是组织中的上级和下级一起协商,根据组织的使命确定一定时期内组织的总目标,由此决定上下级的责任和分目标,并把这些目标作为组织经营、评估和奖励每个单位和个人贡献的标准。

2. 目标管理的特点:重视人的因素;建立目标锁链与目标体系;重视成果。

3. 目标的作用:为管理工作指明方向、考核主管人员和员工的客观标准、激励作用、凝聚作用。

4. 制定目标的步骤:明确制定组织目标的目的;进行组织环境分析;制订总体目标方案;选择目标方案并具体化;明确组织目标责任;组织目标优化。

5. 制定目标的原则:量化、时效性、可行性和以结果为导向、激励性和可实现性结合。

任务二　计划

【学习目标】

1. 知识目标：理解计划的含义，掌握计划工作的种类、程序和方法。
2. 能力目标：能够制订一般性活动计划、企业中短期计划。
3. 素质目标：意识到计划的重要性，形成良好的事前计划的习惯。

【下达任务】

任务书		
任务名称	制订"五一"促销方案	
任务内容	任务描述： HJ超市为了更好地促进销售，提高客单价，并且产生较有影响力的社会效应，进一步提升HJ超市的企业形象，准备在"五一"节做一个促销活动。 任务：请为该超市的"五一"促销活动设计并制订详细促销方案	
任务要求	1. 围绕任务，以小组形式开展以上问题的讨论，每组4~6人。 2. 讨论过程中及时与老师沟通，确保任务能够在规定时间内完成。 3. 讨论结束后，教师随机抽取小组成员汇报讨论结果	
完成任务所需知识点	知识点1：认识计划的含义、任务和分类 知识点2：掌握计划工作程序	
任务评价标准	<table><tr><td>考核项目</td><td>考核标准</td><td>分值</td><td>得分</td><td>备注</td></tr><tr><td>语言表达</td><td>语言表达流畅，字清晰，声音洪亮</td><td>10分</td><td></td><td></td></tr><tr><td>整体形象</td><td>精神饱满，举止自然得体</td><td>10分</td><td></td><td></td></tr><tr><td>应变能力</td><td>面对压力具有一定的心理承受力</td><td>20分</td><td></td><td></td></tr><tr><td>分析和处理问题</td><td>思路清晰，分析准确；有创新</td><td>40分</td><td></td><td></td></tr><tr><td>团队协作</td><td>成员分工负责、协作配合</td><td>20分</td><td></td><td></td></tr></table>	
参考资料	书　　名：《年度经营计划制订与管理》 作　　者：水藏玺、吴平新 出　版　社：中国经济出版社 出版时间：2016年10月	
团队构成 （学生填写）	团队组长	
	团队成员	
时间要求 （学生填写）	任务领取时间	
	要求完成时间	

任务讨论结果及启示（团队成员共同填写）	
任课教师反馈	
任务最终得分	_____分

【核心知识讲解】

2.1 计划工作的含义和分类

2.1.1 计划的含义

名词意义上的计划指用文字和指标等形式所表述的，在未来一定时期内组织以及组织内不同部门和不同成员，关于行动方向、内容和方式安排的管理文件。

动词意义上的计划指为了实现决策所确定的目标，预先进行的行动安排。

2.1.2 计划工作的任务

计划工作的任务，就是根据社会的需要以及组织的自身能力，确定出组织在一定时期内的奋斗目标；通过计划的编制、执行和检查，协调和合理安排组织中各方面的经营和管理活动，有效地利用组织的人力、物力和财力资源，取得最佳的经济效益和社会效益。

可以通俗扼要地将计划工作的任务和内容概括为六个方面，即：做什么（What to do it）？为什么做（Why to do it）？何时做（When to do it）？何地做（Where to do it）？谁去做（Who to do it）？怎么做（How to do it）？简称为"5W1H"。这六个方面的具体含义如下：

"做什么"：要明确计划工作的具体任务和要求，明确每一个时期的中心任务和工作重点。例如，企业生产计划的任务主要是确定生产哪些产品，生产多少，合理安排产品投入和产出的数量和进度，在保证按期、按质和按量完成订货合同的前提下，使得生产能力得到尽可能充分的利用。

"为什么做"：要明确计划工作的宗旨、目标和战略，并论证可行性。实践表明，计划工作人员对组织和企业的宗旨、目标和战略了解得越清楚，认识得越深刻，就越有助于他们在计划工作中发挥主动性和创造性。正如通常所说的"要我做"和"我要做"的结果是大不一样的,其道理就在于此。

"何时做":规定计划中各项工作的开始和完成的进度,以便进行有效的控制、对能力及资源进行平衡。

"何地做":规定计划的实施地点或场所,了解计划实施的环境条件限制,以便合理安排计划实施的空间组织和布局。

"谁去做":计划不仅要明确规定目标、任务、地点和进度,还应规定由哪个主管部门负责。例如,开发一种新产品,要经过产品设计、样机试制、小批试制和正式投产几个阶段。在计划中要明确规定每个阶段由哪个部门主要负责,哪些部门协助,各阶段交接时由哪些部门和哪些人员参加鉴定和审核等。

"怎么做":制定实现计划的措施以及相应的政策和规则,对资源进行合理分配和集中使用,对人力、生产能力进行平衡,对各种派生计划进行综合平衡等。

实际上,一个完整的计划还应包括控制标准和考核指标的制定,也就告诉实施计划的部门或人员,做成什么样,达到什么标准才算是完成了计划。

"5W1H"

(1) What(做什么?)——目标与内容;
(2) Why(为什么做?)——原因;
(3) Who(谁去做?)——人员;
(4) Where(何地做?)——地点;
(5) When(何时做?)——时间;
(6) How(怎样做?)——方式、手段。

例如海尔企业生产小小神童洗衣机:
(1) What:生产1000台小小神童洗衣机;
(2) Why:因为通过市场信息了解,该产品有需求,企业有这样的实力生产;
(3) When:投入的起止时间;
(4) Where:投入的地点,消费者群集中的地方;
(5) Who:明确具体的岗位、负责人;
(6) How:具体的操作流程、技术要求。

2.1.3 计划工作的特点

1)目的性

每一个计划及其派生计划均旨在促使企业或各类组织的总目标和一定时期目标的实现。计划工作是最明白地显示出管理的基本特征的主要职能活动。

2)首要性

计划工作相对于其他管理职能处于首位。把计划工作摆在首位,一是因为从管理过程的角度来看,计划工作先于其他管理职能;二是因为在某些场合,计划工作是付诸实施的唯一管理职能。计划工作的结果可能是得出一个决策,即无须进行随后的组织工作、领导工作及控制工作等。

例如,对于一个是否建立新工厂的计划工作,如果得出的结论是新工厂在经济上是不合算的，那也就没有筹建、组织、领导和控制一个新厂的问题了。也就是说，为了有效地将各项管理工作做好，首先必须进行计划活动。计划活动的影响贯穿于组织工作、人员配备、指导和领导工作及控制工作中。

3）普遍性

虽然计划工作的特点和范围随各级主管人员职权的不同而不同，但它是各级主管人员的一个共同职能。所有的主管人员，无论是总经理还是班组长都要从事计划工作。人们常说，主管人员的主要任务是作决策，而决策本身就是计划工作的核心。如果将主管人员的决策权限制过严，那就会束缚他们的手脚，使他们无法自由地处置那些本应由他们处置的问题。久而久之，他们就会失去计划工作的职能与职责，养成依赖上级的习惯。这样，他们也就丧失了主管人员的基本特征。

4）效率性

计划工作的任务不仅是要确保实现目标，而且是要从众多方案中选择最优的资源配置方案，以求得合理利用资源和提高效率。用通俗的语言来表达，就是既要"做正确的事"又要"正确地做事"。计划工作的效率是以实现企业的总目标和一定时期目标所得到的利益，扣除为制订和执行计划所需要的费用以及其他预计不到的损失之后的总额来测定的。在这个概念中，不仅包括人们通常理解的按资金、工时或成本表示的投入产出比率，如资金利润率、劳动生产率和成本利润率，还包括诸如个人或群体的满意度、组织的士气等评价标准。如果一个计划提高了产量，但造成了员工的恐惧、不满和士气低落，则这一计划的效益就不会很高。

【知识延伸】

美国某钢铁公司总裁舒瓦普向一位效率专家请教："如何更好地执行计划？"效率专家声称可以给舒瓦普一样东西，在10分钟内能把他公司业绩提高50%。接着，专家递给舒瓦普一张白纸。

专家："请在这张纸上写下你明天要做的6件最重要的事。"
舒瓦普用了约5分钟时间写完。
专家："现在用数字标明每件事情对于你和公司的重要性次序。"
舒瓦普又花了约5分钟做完。
专家："好了，现在这张纸就是我要给你的。明天早上第一件事是把纸条拿出来，做第一项最重要的。不看其他的，只做第一项，直到完成为止。然后用同样办法对待第2项、第3项……直到下班为止。即使只做完一件事，那也不要紧，因为你总是做最重要的事。你可以试着每天这样做，直到你相信这个方法有价值时，请将你认为合理的价值寄支票给我。"

一个月后，舒瓦普给专家寄去一张数额客观的支票，并在他的员工中普及这种方法。5年后，当年这个不为人知的小钢铁公司成为世界最大的钢铁公司之一。

5）创造性

计划工作总是针对需要解决的新问题和可能发生的新变化、新机会而作出决定的，因而它是一个创造性的管理过程。计划有点类似于一项产品或一项工程的设计，它是对管理活动的设计。正如一种新产品的成功在于创新一样，成功的计划也依赖于创新。

2.1.4 计划的类型（见表 2.1）

表 2.1 计划类型

分类标准	类型
时间长短	长期计划、短期计划
职能空间	业务计划、财务计划、人事计划
综合性程度（涉及的时间长短和涉及的范围广度）	战略性计划、战术性计划
明确性	具体性计划、指导性计划
程序化程度	程序性计划、非程序性计划

1）长期计划和短期计划

（1）长期计划：描述了组织在较长时期（通常为五年以上）的发展方向和方针。

（2）短期计划：具体地规定了组织的各个部门在目前到未来的各个较短的阶段应该从事何种活动和应达到的要求。

2）业务计划、财务计划和人事计划

（1）业务计划：组织的主要计划，包括产品开发、物资采购、仓储后勤、生产作业以及销售促进等。

（2）财务计划：研究如何从资本的提供和利用上促进业务活动的有效进行。

（3）人事计划：分析如何为业务规模的维持或扩大提供人力资源的保证。

3）战略性计划与战术性计划

（1）战略性计划：应用于整体组织的，为组织未来较长时期（通常为 5 年以上）设立总体目标和寻求组织在环境中的地位的计划。

（2）战术性计划：规定总体目标如何实现的细节的计划，其需要解决的是组织的具体部门或职能在未来各个较短时期内的行动方案。

4）具体性计划与指导性计划

（1）具体性计划：具有明确的目标。

（2）指导性计划：只规定某些一般的方针和行动原则，给予行动者较大自由处置权。

5）程序性计划与非程序性计划

西蒙把组织活动分为两类：一类是例行活动，指一些重复出现的工作，如订货、材料的出入库等；另一类活动是非例行活动，不重复出现，比如新产品的开发、生产规模的扩大、品种结构的调整、工资制度的改变等。针对这两种活动我们所做的计划分别是程序化计划和非程序化计划。

2.2 计划工作的原理与程序

2.2.1 计划工作的原理

1）限定因素原理

限定因素是指妨碍目标实现的因素。在其他因素不变的情况下，抓住这些因素，就能实现期望的目标。限定因素原理又被形象地称为"木桶原理"。限定因素原理在公司管理应用中主要帮助公司找出影响公司发展的关键因素。

【知识延伸】

木桶原理

木桶原理是由美国管理学家彼得提出的，说的是由多块木板构成的水桶，其价值在于其盛水量的多少，但决定水桶盛水量多少的关键因素不是其最长的板块，而是其最短的板块。这就是说任何一个组织，可能面临一个共同问题，即构成组织的各个部分往往是优劣不齐的，但劣势部分却往往决定着整个组织的水平。然而"最短的部分"也是组织中一个有用的部分，你不能把它当成烂苹果扔掉，否则你会一点水也装不了！

木桶原理对管理的启示：①组织要找出薄弱环节（短板），并改进该环节；②找出改进后的薄弱环节（新的短板），再改进；③只要坚持做下去，组织会成长；④长短板不一定指人，可以是一个职能部门或一个产品，要放开思维；⑤注意取长补短，效率较高。

2）许诺原理

任何一项计划都是对完成各项工作所做出的许诺。许诺越大，实现许诺的时间就越长，实现许诺的可能性就越小。一般来说，计划的期限与其所要完成的任务是成正比的。计划的承诺不能太长，否则，会造成计划的时间过长，承诺所实现的可能性就变小。

3）灵活性原理

计划必须具有灵活性，即当出现意外情况时，有能力改变方向而不必花费太大的代价。灵活性原理就是强调计划的灵活性越大，由于未来意外事件引起损失的危险性就越小。灵活性原理换句话说就是制订计划要留有余地。

4）改变航道原理

改变航道原理指计划实施过程中，在保持计划总目标不变的前提下，实现目标的进程可因情况的变化而变化，使计划的执行过程具有应变力。因此，计划制订后，在执行过程中，根据实际情况作必要的检查和修订。改变航道原理说明执行计划要有应变能力。

2.2.2　计划编制过程

计划编制本身也是一个过程。为了保证编制的计划合理，能实现决策的组织落实，计划编制必须采用科学的方法。虽然可以用不同标准把计划分成不同类型，计划的形式也多种多样，但管理人员在编制任何完整的计划时，实质上都遵循相同的逻辑和步骤。

任何计划工作的程序，即工作步骤都是相似的，它依次包括以下内容：估量机会；制定目标；确定计划工作的前提条件；拟订可供选择的方案；评价各种备选方案；选择方案；制订辅助计划；通过预算使计划数字化。如图2.2所示。

（1）估量机会。对机会的估量，要在实际的计划工作开始之前就着手进行，它虽然不是计划的一个组成部分，却是计划工作的一个真正起点。其内容包括：对未来可能出现变化和预示的机会进行初步分析，形成判断，根据自己的长处和短处搞清自己所处的地位；了解自己利用机会的能力；列举主要的不肯定因素，分析其发生的可能性和影响程度；在反复斟酌的基础上，定下决心，扬长避短。

（2）确定目标。计划工作的第一步，是在估量机会的基础上，为组织及其所属的下级单位确定计划工作的目标。在这一步上，要说明基本的方法和要达到的目标，说明制定战略、政策、规则、程序、规划和预算的任务，指出工作的重点。

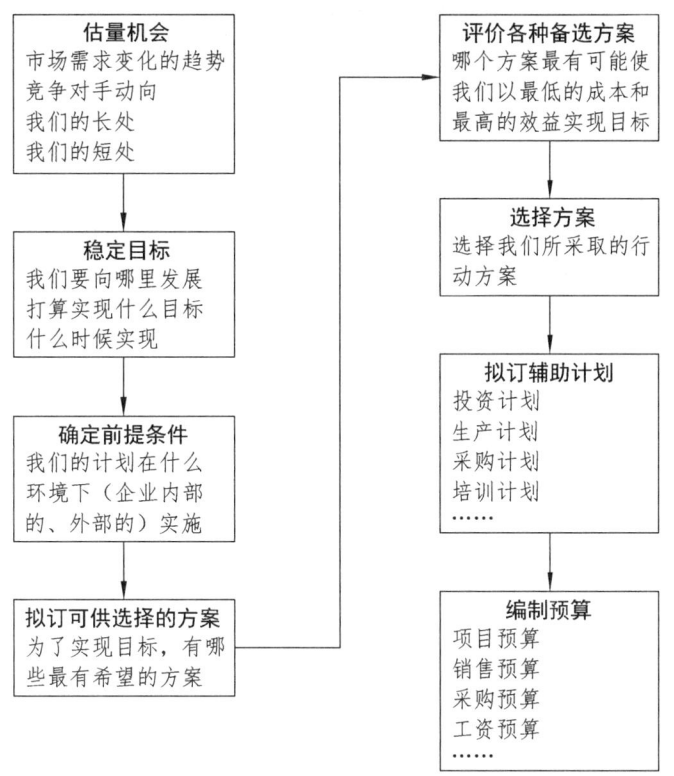

图 2.2 计划工作的程序

（3）确定前提条件。计划工作的第二步是确定一些关键性的计划前提条件，并使设计人员对此达成共识，所谓计划工作的前提条件就是计划工作的假设条件，换言之，即计划实施时的预期环境。负责计划工作的人员对计划前提了解得愈细、愈透彻，并能始终如一地运用它，则计划工作也将做得愈协调。按照组织的内外环境，可以将计划工作的前提条件分为外部前提条件和内部前提条件；按可控程度，将计划工作的前提条件分为不可控的、部分可控的和可控的三种前提条件。前述的外部前提条件多为不可控的和部分可控的，而内部前提条件大多是可控的。不可控的前提条件越多，不肯定性越大，就越需要通过预测工作确定其发生的概率和影响程度的大小。

（4）拟订可供选择的方案。计划工作的第三步是调查和设想可供选择的行动方案。通常，最显眼的方案不一定就是最好的方案。在过去的计划方案上稍加修改和略加推演也不会得到最好的方案。这一步的工作需要发挥创造性。此外，方案也不是越多越好。即使我们可以采用数学方法和借助电子计算机的手段，还是要对候选方案的数量加以限制，以便把主要精力集中在少数最有希望的方案的分析上。

（5）评价各种备选方案。计划工作的第四步是按照前提和目标来权衡各种因素，比较各个方案的利弊，对各个方案进行评价。评价实质上是一种价值判断。它一方面取决于评价者所采用的标准；另一方面取决于评价者各个标准所赋予的权数。显然，确定目标和确定计划前提条件的工作质量直接影响到方案的评价。在评价方法方面，可以采用运筹学中较为成熟的矩阵评价法、层次分析法以及在条件许可的情况下采用多目标评价方法。

（6）选择方案。计划工作的第五步是选定方案。这是在前四步工作基础上做出的关键一步，也是决策的实质性阶段——抉择阶段。可能遇到的情况是，有时会发现同时有两个可取的方案。在这种情况下，必须确定出先采取哪个方案，而将另一个方案也进行细化和完善，并作为后备方案。

（7）拟订派生计划。派生计划就是总计划下的分计划。总计划要靠派生计划来保证，派生计划是总计划的基础。

（8）编制预算。计划工作的最后一步是把计划转化为预算，使之数字化。预算实质上是资源的分配计划。预算工作做好了，可以成为汇总和综合平衡各类计划的一种工具，也可以成为衡量计划完成进度的重要标准，对这后一点，在本书第六篇中还要详细讨论。

【任务小结】

恭喜你顺利完成本任务的学习，现就任务完成过程中所运用到的具体知识点进行以下回顾：

1. 计划的含义

名词意义上——用文字和指标等形式所表述的，在未来一定时期内组织以及组织内不同部门和不同成员，关于行动方向、内容和方式安排的管理文件。

动词意义上——为了实现决策所确定的目标，预先进行的行动安排。

2. 计划的特点

目的性、首要性、普遍性、效率性、创造性。

3. 计划工作的任务

做什么（What to do it）？为什么做（Why to do it）？何时做（When to do it）？何地做（Where to do it）？谁去做（Who to do it）？怎么做（How to do it）？简称为"5W1H"。

4. 计划的分类

（1）长期计划和短期计划；（2）业务计划、财务计划和人事计划；（3）战略性计划与战术性计划；（4）具体性计划与指导性计划；（5）程序性计划与非程序性计划。

5. 计划工作的原理：限定因素原理、许诺原理、灵活性原理和改变航道原理。

6. 计划工作的程序

估量机会→确定目标→确定前提条件→拟订可供选择的方案→评价各种备选方案→选择方案→拟订派生计划→编制预算。

任务三 决策

【学习目标】

1. 知识目标：了解决策的定义，按不同标准对决策的分类，决策过程通常所包括的步骤，以及常用的决策方法。
2. 能力目标：能够运用风险分析法为企业面临的具体问题进行分析并作出正确决策。
3. 素质目标：能够形成基本的分析问题、提出对策的思维习惯。

【下达任务】

任务书					
任务名称	决策模拟游戏				
任务内容	任务描述： 出牌共进行六轮，每一次交易双方同时出牌，若双方均为红牌，则各得利润30万元；若双方均为黑牌，则双方各亏20万元；若一方为红一方为黑，则红方亏50万元，黑方得50万元。出牌游戏的第3轮和第6轮损益值加倍。各方每一次出什么牌，由各方团队成员集体决策。 任务：决策每一轮出什么牌，最终实现利益最大化并在全班出牌游戏中胜出				
任务要求	1. 围绕任务，以小组形式开展讨论并解决问题，每组6~8人。 2. 讨论过程中及时与老师进行沟通，确保任务能够在规定时间内完成。 3. 整个交易结束后，各小组总结经验教训，进行交流				
完成任务所需知识点	知识点1：认识决策的类型 知识点2：掌握决策的程序及方法				
任务评价标准	考核项目	考核标准	分值	得分	备注
	团队协作	成员分工负责、协作配合	20分		
	整体形象	精神饱满，举止自然得体。语言流畅，思路清晰	10分		
	搜集资料能力	及时查找资料并互相学习	40分		
	分析和处理问题	思路清晰，分析准确；有创意	30分		
参考资料	书　　名：《决策的艺术》 作　　者：约翰·S.哈蒙德，拉尔夫·L.基尼，霍华德·雷法 出 版 社：中国人民大学出版社 出版时间：2017年1月				
团队构成 （学生填写）	团队组长				
	团队成员				
时间要求 （学生填写）	任务领取时间				
	要求完成时间				

任务讨论结果及启示 （团队成员共同填写）	
任课教师反馈	
任务最终得分	_____分

【核心知识讲解】

3.1 决策的概念

现代管理学界流行这样一句话："管理的重心在经营，经营的关键是决策的。""决策"一词的英语表述为 Decision Making，意思就是做出决定或选择。决策是人类社会自古就有的活动，决策科学化是在 20 世纪初开始形成的。第二次世界大战以后，决策研究在吸引了行为科学、系统理论、运筹学、计算机科学等多门科学成果的基础上，结合决策实践，到 20 世纪 60 年代形成了一门专门研究和探索人们如何作出正确决策规律的科学——决策学。决策学研究决策的范畴、概念、结构、决策原则、决策程序、决策方法、决策组织等，并探索这些理论与方法的应用规律。随着决策理论与方法研究的深入与发展，决策逐渐渗透到社会经济、生活各个领域，尤其应用在企业经营活动中，从而出现了经营管理决策。时至今日，对决策概念的界定不下上百种，但仍未形成统一的看法，诸多界定归纳起来，基本有以下三种理解：

（1）把决策看作是一个包括提出问题、确立目标、设计和选择方案的过程。这是广义的理解。

（2）把决策看作是从几种备选的行动方案中做出最终抉择，是决策者的拍板定案。这是狭义的理解。

（3）认为决策是对不确定条件下发生的偶发事件所做的处理决定。这类事件既无先例，又没有可遵循的规律，做出选择要冒一定的风险。也就是说，只有冒一定的风险的选择才是决策。这是对决策概念最狭义的理解。

以上对决策概念的解释是从不同的角度做出的，要科学地理解决策概念，有必要考察决策专家赫伯特·西蒙在决策理论中对决策内涵的看法。

正确理解决策概念，应把握以下几层意思：

1）决策要有明确的目标

决策是为了解决某一问题，或是为了达到一定目标。确定目标是决策过程的第一步。决策所要解决的问题必须十分明确，所要达到的目标必须十分具体。没有明确的目标，决策将是盲目的。

2）决策要有两个以上备选方案

决策实质上是选择行动方案的过程。如果只有一个备选方案，就不存在决策的问题。至少要有两个或两个以上方案，人们才能从中进行比较、选择，最后选择一个满意方案为行动方案。

3）选择后的行动方案必须付诸实施

如果将选择后的方案束之高阁，不付诸实施，这样的决策也等于没有决策。决策不仅是一个认识的过程，也是一个行动的过程。

【知识延伸】

多余的惩罚

很久以前，一个人偷了一袋洋葱，被人捉住后送到了法官面前。法官提出了三个惩罚方案让这个人自行选择：① 一次性吃掉所有的洋葱。② 鞭打一百下。③ 缴纳罚金。

这个人选择了吃掉所有的洋葱。一开始，他信心百倍，可是吃下几个洋葱以后，他的眼睛像火烧一样，嘴像火烤一般，鼻涕不停地流淌。他说："我一口洋葱也吃不下了，你们还是鞭打我吧。"可是在被鞭打了十几下之后，他就受不了了，在地上翻滚着躲避皮鞭。她哭喊道："不要再打了，我愿意交罚金。"

后来这个人成了全城人的笑柄，因为他本来只需要接受一种惩罚的，却将三种惩罚都尝遍了。其实，生活中许多人都有这样的经历，由于对自己的能力缺乏足够的了解，导致决策失误，而尝到了许多不必要的苦头。

3.2 决策的分类

3.2.1 长期决策与短期决策

从决策影响的时间看，可把决策分为长期决策与短期决策。

长期决策是指有关组织今后发展方向的长远性、全局性的重大决策，又称长期战略决策，如投资方向的选择、人力资源的开发和组织规模的确定等。

短期决策是为实现长期战略目标而采取的短期策略手段，又称短期战术决策，如企业日常营销、物资储备以及生产中资源配置等问题的决策都属于短期决策。

3.2.2 战略决策、战术决策与业务决策

从决策的重要性看，可把决策分为战略决策、战术决策与业务决策。

战略决策对组织最重要，通常包括组织目标、方针的确定，组织机构的调整，企业产品

的更新换代、技术改造等，这些决策牵涉组织的方方面面，具有长期性和方向性。

战术决策又称管理决策，是在组织内贯彻的决策，属于战略决策执行过程中的具体决策。战术决策旨在实现组织中各环节的高度协调和资源的合理使用，如企业生产计划和销售计划的制订、设备的更新、新产品的定价以及资金的筹措等都属于战术决策的范畴。

业务决策又称执行性决策，是日常工作中为提高生产效率、工作效率而作出的决策，牵涉范围较窄，只对组织产生局部影响。属于业务决策范畴的主要有工作任务的日常分配和检查、工作日程（生产进度）的安排和监督、岗位责任制的制订和执行、库存的控制以及材料的采购等。

3.2.3　集体（群体）决策与个人决策

从决策的主体看，可把决策分为集体决策与个人决策。

集体决策是指多个人一起作出的决策，个人决策则是指单个人作出的决策。

相对于个人决策，集体决策有一些优点：①能更大范围地汇总信息；②能拟订更多的备选方案；③能得到更多的认同；④能进行更好的沟通；⑤能作出更好的决策等。但集体决策也有一些缺点，如花费较多的时间、产生"从众现象"以及责任不明或出现冒险转移现象等。

3.2.4　初始决策与追踪决策

从决策的起点看，可把决策分为初始决策与追踪决策。

初始决策是零起点决策，是在有关活动尚未进行从而环境未受到影响的情况下进行的。

随着初始决策的实施，组织环境会发生变化，这种情况下所进行的决策就是追踪决策。因此，追踪决策是非零起点决策。

3.2.5　程序化决策与非程序化决策

从决策所涉及的问题看，可把决策分为程序化决策与非程序化决策。

组织中的问题可被分为两类：一类是例行问题，另一类是例外问题。例行问题是指那些重复出现的、日常的管理问题，如管理者日常遇到的产品质量、设备故障、现金短缺、供货单位未按时履行合同等问题；例外问题则是指那些偶然发生的、新颖的、性质和结构不明的、具有重大影响的问题，如组织结构变化、重大投资、开发新产品或开拓新市场、长期存在的产品质量隐患、重要的人事任免以及重大政策的制订等问题。

赫伯特·A.西蒙根据问题的性质把决策分为程序化决策与非程序化决策。程序化决策涉及的是例行问题，而非程序化决策涉及的是例外问题。

3.2.6　确定型决策、风险型决策与不确定型决策

从环境因素的可控程度看，可把决策分为确定型决策、风险型决策与不确定型决策。

确定型决策是指在稳定（可控）条件下进行的决策。在确定型决策中，决策者确切知道自然状态的发生，每个方案只有一个确定的结果，最终选择哪个方案取决于对各个方案结果的直接比较。

风险型决策也称随机决策，在这类决策中，自然状态不止一种，决策者不能知道哪种自

然状态会发生，但能知道有多少种自然状态以及每种自然状态发生的概率。

不确定型决策是指在不稳定条件下进行的决策。在不确定型决策中，决策者可能不知道有多少种自然状态，即便知道，也不能知道每种自然状态发生的概率。

3.3 决策的影响因素

3.3.1 组织外部环境因素

组织是存在于社会这个大背景中的实体，组织的生存和发展不同程度上受到环境的影响。当环境趋于有利于组织的方向发展时，决策便轻松得多；当环境趋于不利于组织的方向发展时，决策可能变得异常复杂和困难。进行环境评估主要通过以下三个角度：环境的稳定性、市场的结构和买卖双方的市场地位。具体来说，决策应根据环境变化程度、组织在市场的竞争力和同行的垄断程度以及市场需求进行决策。例如，当环境剧烈变动时，决策者应对决策的方向、内容与形式进行及时调整；当竞争程度激烈时，决策者应密切关注市场动向推出新产品；当市场需求大时，决策者应提高自身的生产能力和生产条件；当市场需求不足时，决策应根据市场的需求状况，改变产品生产等。

组织的社会环境分析内容包括以下几点：① 政治环境。它包括社会的一般政治气氛、政权集中的程度等；② 经济环境。它包括社会的经济发展状况、财政政策、银行体制、投资水平、消费特征等；③ 法律环境。它包括法律的性质、关于组织的组成及控制方面的特殊法律；④ 科技环境。它包括与组织生产相关的技术、工艺等科技技术力量；⑤ 社会文化环境。它包括人力资源的数量、性质，教育科学文化水平，民族文化传统，社会的伦理道德、风俗习惯、价值取向等；⑥ 自然环境。它包括自然资源的性质、数量和可利用性；⑦ 市场环境。它包括市场的需求状况、发展变化的趋势等。

3.3.2 组织自身因素

决策是为组织服务的，同时组织自身也存在着促进和制约决策制定的因素。第一，组织对决策的影响首先是组织文化带来的影响。在保守型的组织文化中，决策者趋于保守，他们不会轻易容忍失败，他们的决策旨在维持现状。相反，进取型的组织文化则欢迎变化，决策通过创新宽容地对待失败。第二，组织的信息化程度对决策也会产生巨大的影响，影响决策的效率。一个信息化程度较高的组织能够快速获取高质量信息，并通过有限的信息做出较好的决策。第三，组织对环境的应变能力影响决策。对一个组织而言，其对环境的应变是有规律可循的，随时间的推移一个组织的应变能力趋于平稳，形成组织对环境的特有的应变模式。

组织文化、组织的信息化程度、组织对环境的应变模式都影响着决策者的决策，有时他们中的一个起作用或起主导作用，另两个起辅助作用共同影响着决策。

3.3.3 决策问题的性质

问题的性质涉及两方面内容：问题的紧迫性和重要性。当问题十分紧急的时候，快速解决问题比如何解决问题更重要。相反，当问题不是十分紧急的时候，决策者可以从容应对。当问题十分重要的时候，决策就需要群策群力，而且决策需要十分慎重。

3.3.4 决策主体的因素

决策的主体始终是人。在决策中，人是最为复杂的因素，因此决策的制定很大程度上受到决策者的影响。决策者的知识与经验、战略眼光、民主作风、偏好与价值观、对风险的态度、个性习惯、责任和权力等都会直接影响决策的过程和结果。决策主体对决策的影响主要分为四个方面：个人对待风险的态度、个人的能力、个人的价值观和决策群体的关系的融洽度，而这里面决策能力以及个人对待风险的态度尤其重要。前面说过组织文化对决策有影响，分为进取型文化与保守型文化，这里个人对待风险的态度也一样。当决策者属于风险爱好型时，决策可能更具改革性会为企事业带来巨大的变动。当决策者属于风险厌恶型时，决策可能趋于保守或者很保守。决策者个人对信息的获取能力、对问题的认识能力、沟通能力、组织能力深刻地影响着决策。决策者的个人能力决定决策的质量，因此组织应当加强上层团体的教育，以便提高决策的质量。决策者的能力来源于渊博的知识和丰富的实践经验，一个人的知识越渊博、经验越丰富、思想越解放，就越乐于接受新事务、新观念，越容易理解新问题，使之能拟订出更多更合理的备选方案。

【知识延伸】

哈默的"金币"酒

1898年5月，阿曼德·哈默出生于美国纽约。1917年，哈默在修完两年的医学预科之后考上了哥伦比亚医学院，而此时他父亲的小药厂已经陷入困境。父亲要他接管制药厂，但又不许他退学，哈默接受了，当时他刚19岁。

哈默很善于经营，很有经济头脑，他把父亲的药厂从小制药厂发展到大制药厂，再发展到西方石油公司，年营业额200亿美元，拥有资产几十亿美元，获得了巨大成功。哈默成功的要诀在那里？这与他能够审时度势地判断形势，并做出正确的决策有很大的关系。

第二次世界大战爆发后，由于战争造成了食物紧张，美国政府下令不许用谷物酿酒。哈默知道这个信息后，立即预测到威士忌酒要紧缺。当时美国酿酒厂的股票为每股90元，而且以一桶烈性威士忌酒作为股息。哈默立即买下了5500股，因此得到了作为股息的5500桶烈性威士忌酒。

果不出哈默所料，市场上威士忌酒很快便短缺，哈默不失时机地把桶装威士忌酒改为瓶装，并贴上了"制桶"的商标卖出。于是，哈默的"制桶"牌威士忌酒大受欢迎，买酒的人排起了长龙般的队伍。当哈默的5500桶卖掉2500桶的时候，一位叫艾森柏路的化学工程师前来拜访哈默。他告诉哈默，如果在威士忌酒中加上80%的廉价土豆酒精，数量就可以增加5倍，而且这种混合酒的味道也不错。接着，哈默遵照这位工程师的建议做了试验和科学的分析，证实他说得不错。于是，哈默将所剩的3000桶威士忌酒变成了15 000桶，并把这种酒定为"金币"商标。

在那个缺酒的年代，"金币"酒十分畅销。哈默用这3000桶掺入价钱极便宜的土豆酒精的威士忌，赚了更多的钱。不久，他干脆买下一间土豆酒精厂，大量生产土豆酒精，继续大量生产"金币"混合酒。但是，形势忽然发生转变。美国政府从1944年8月1日起决定谷物开放，不再限制用谷物酿酒，这对哈默来说简直就是一场灾难。但是，哈默立即对形势做了全面的分析，他认为第二次世界大战不会马上结束，即使马上结束了，美国的经济也不会很快地好转，因此，谷物的开放时间并不会很长。

哈默为了验证预测是否正确，特意请了一批经济学家及有关人士对这个问题进行预测分析，大家的看法与他的结论完全一致，于是哈默下决心继续廉价收购无人问津的烂土豆以生产酒精，用来混配"金币"酒。果然，"谷物开放"政策只持续了一个月就宣告失败，而哈默的"金币"酒比以前更为畅销了。

问题讨论：结合这个案例，说明一下应怎样依据环境进行正确决策？

3.4 决策的程序（见图2.3）

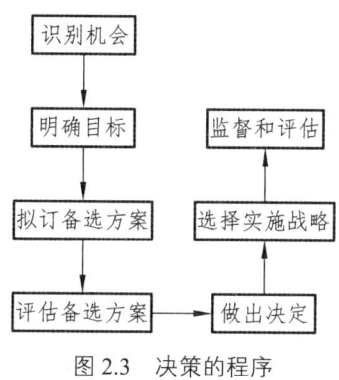

图2.3 决策的程序

3.4.1 识别机会（诊断问题）

识别机会是制定决策的第一步。首先要研究组织的外部环境，明确组织面临的挑战和机会；然后要分析组织的内部条件，清醒地认识到组织的优势与劣势。在分析组织存在的问题时，应当明确造成问题的原因，也就是说，要把现象和原因两者区分清楚。现象是指首先引起人们注意到存在问题的某种特征或事态发展，如某公司出现亏损。然而亏损并不是该公司的问题所在，而是问题的现象或后果。那么，该公司的问题到底是什么？答案有许多个，如产品质量不好、产品定价太高、广告宣传做得不好、员工士气低下等。最终的研究结果可能是公司的生产和销售总额低于该产品的盈亏平衡点。

3.4.2 明确目标

目标体现的是组织想要获得的结果。所想要结果的数量和质量都要明确下来，因为目标的这两个方面最终指导决策者选择合适的行动路线。

目标的衡量方法有很多种，如我们通常用货币单位来衡量利润或成本目标，用每人时的产出数量来衡量生产率目标，用次品率或废品率来衡量质量目标。

确定决策目标很关键。目标不当，必然会影响到其后一系列措施和行动的合理性。组织在经营过程中的目标很多，但在一定时期内，应以一两个目标为重点。要分清并处理好长期目标和短期目标、主要目标和次要目标之间的关系。

3.4.3 拟订备选方案

一旦机会或问题被正确地识别出来，管理者就要提出达到目标和解决问题的各种方案。管理者常常借助其个人经验、经历和对有关情况的把握来提出方案。为了提出更多、更好的方案，需要从多种角度审视问题，这意味着管理者要善于征询他人的意见。

备选方案可以是标准的和明显的，也可以是独特的和富有创造性的。标准方案通常是指组织以前采用过的方案。通过头脑风暴法、名义组织技术和德尔菲技术等，可以提出富有创造性的方案。

3.4.4 评估备选方案

决策过程的第四步是确定所拟订的各种方案的价值或恰当性，即确定最优方案。为此，管理者起码要具备评价每种方案的价值或相对优势/劣势的能力。在评估过程中，要使用预定的决策标准（如所想要的质量）以及每种方案的预期成本、收益、不确定性和风险。最后对各种方案进行排序。例如，管理者会提出以下问题：该方案会有助于我们质量目标的实现吗？该方案的预期成本是多少？与该方案有关的不确定性和风险有多大？

3.4.5 做出决定

在决策过程中，管理者通常要做出最后选择。但做出决定仅是决策过程中的一个步骤。尽管选择一个方案看起来很简单，只需要考虑全部可行方案并从中挑选一个能解决问题的最优方案，但实际上，做出选择是很困难的。由于最好的决定通常建立在仔细判断的基础上，所以管理者要想做出一个好的决定，必须仔细考察全部事实、确定是否可以获取足够的信息并最终选择最优方案。

3.4.6 选择实施战略

方案的实施是决策过程中至关重要的一步。在方案选定以后，管理者就要制订实施方案的具体措施和步骤。实施过程中通常要注意做好以下工作：

（1）制订相应的具体措施，保证方案的正确实施。
（2）确保与方案有关的各种指令能被所有相关人员充分接受和彻底了解。
（3）应用目标管理方法把决策目标层层分解，落实到每一个执行单位和个人。
（4）建立重要的工作报告制度，以便及时了解方案进展情况，及时进行调整。

3.4.7 监督和评估

一个方案可能涉及较长的时间，在这段时间内，形势可能发生变化，而初步分析建立在对问题或机会的初步估计上，因此，管理者要不断对方案进行修改和完善，以适应已变化的形势。

由于组织内部条件和外部环境的不断变化，管理者要不断修正方案来减少或消除不确定性，定义新的情况，建立新的分析程序。具体来说，职能部门应对各层次、各岗位履行职责情况进行检查和监督，及时掌握执行进度，检查有无偏离目标，及时将信息反馈给决策者。决策者则根据职能部门反馈的信息，及时追踪方案实施情况，对与既定目标发生部分偏离的，应采取有效措施，以确保既定目标的顺利实现；对客观情况发生重大变化，原先目标确实无法实现的，则要重新寻找问题或机会，确定新的目标，重新拟订可行的方案，并进行评估、选择和实施。

需要说明的是，管理者在以上各个步骤中都要受到个性、态度和行为，伦理和价值，以及文化等诸多因素的影响。

【知识延伸】

从"宠儿"到"弃儿"

1962 年，英法航空公司开始合作研制"协和"式超音速民航客机，其特点是快速、豪华、舒适。经过十多年的研制，耗资上亿英镑，终于在 1975 年研制成功。十几年时间的流逝，情况发生了很大变化。能源危机、生态危机威胁着西方世界，乘客和许多航空公司都因此而改变了对客机的要求。乘客的要求是票价不要太贵，航空公司的要求是节省能源、多载乘客、噪音小。但"协和"式飞机却不能满足消费者的这些要求。首先是噪音大，飞行时会产生极大的声响，有时甚至会震碎建筑物上的玻璃。其次由于燃料价格增长快，运行费用也相应大大提高。这些情况表明，消费者对这种飞机需求量不会很大。因此，不应大批量生产。但是，由于公司没有决策运行控制计划，也没有重新进行评审，而且，飞机是由两国合作研制的，公司雇用了大量人员参加这项工作，如果中途下马，就要解雇大量人员。上述情况使得飞机的研制生产决策中断，后来两国对是否要继续协作研制生产这种飞机发生了争论，但由于缺乏决策运行控制机制，只能勉强将决策继续实施下去。结果，飞机生产出来后卖不出去，原来的"宠儿"变成了"弃儿"。

案例启示：企业决策运行控制与企业的命运息息相关。一项决策在确定后，最后能否取得成功，除了受决策本身性质的优劣影响，还要依靠对决策运行的控制与调整，包括在决策执行过程中的控制以及在决策确定过程中各阶段的控制。

3.5 决策方法

3.5.1 定性决策方法

定性决策方法指在决策过程中充分发挥专家集体的智慧、能力和经验，在调查、研究分析的基础上，根据掌握的情况与资料，进行决策的方法。

1）头脑风暴法

头脑风暴法是比较常用的集体决策方法，是由英国心理学家奥斯本首次提出来的。它通常是将对解决某一问题有兴趣的人集合在一起，在完全不受约束的条件下，使他们敞开思路，畅所欲言。奥斯本还为该决策方法的实施提出了四项原则：① 延迟批评（对别人的建议不作任何评价，将相互讨论定在最低限度内；）② 以量求质（建议越多越好，在这个阶段，参与者不要考虑自己建议的质量，想到什么就应该说出来；）③ 自由思考（鼓励每个人独立思考，广开思路，想法越新颖、奇异越好；）④ 结合改善（可以补充和完善已有的建议以使它更具说服力）。

头脑风暴法的目的在于创造一种畅所欲言、自由思考的氛围，诱发创造性思维的共振和连锁反应，产生更多的创造性思维。这种方法的时间安排应在 1~2 小时，参加者以 5~6 人为宜。

2）名义小组技术

在集体决策中，如对问题的性质不完全了解且意见分歧严重，则可采用名义小组技术。在这种技术下，小组的成员互不通气，也不在一起讨论、协商，因而小组只是名义上的。这种名义上的小组可以有效地激发个人的创造力和想象力。

在这种技术下，管理者首先召集一些有知识的人，告诉他们要解决的问题的关键内容，并请他们独立思考，要求每个人尽可能地把自己的备选方案和意见写下来。然后让他们一个接一个地陈述自己的方案和意见。在此基础上，由小组成员对提出的全部备选方案进行投票，根据投票结果，赞成人数最多的备选方案即为所要的方案，当然，管理者最后仍有权决定是接受还是拒绝这一方案。

3）德尔菲技术

德尔菲法也称专家预测法，是在 20 世纪 40 年代由兰德公司提出的，被用来听取有关专家对某一问题或机会的意见。德尔菲是古希腊传说中的神谕之地，据说城中有座阿波罗神殿，可以预卜未来，故借用其名。如管理者面临着一个有关用煤发电的重大技术问题时，运用这种技术的第一步是要设法取得有关专家的合作（专家包括大学教授、研究人员以及能源方面有经验的管理者）。然后把要解决的关键问题（如把煤变成电能的重大技术问题）分别告诉专家们，请他们单独发表自己的意见并对实现新技术突破所需的时间做出估计。在此基础上，管理者收集并综合各位专家的意见，再把综合后的意见反馈给各位专家，让他们再次进行分析并发表意见。在此过程中，如遇到差别很大的意见，则把提供这些意见的专家集中起来进行讨论并综合意见。如此反复多次，最终形成代表专家组意见的方案。

运用该技术的关键是：①选择好专家，这主要取决于决策所涉及的问题或机会的性质；②选择适当的专家人数，一般以 10 ~ 50 人较好；③拟订好意见征询表，因为它的质量直接关系到决策的有效性。

【知识延伸】

阿斯旺水坝：伟大造就的灾难

规模在世界上数得着的埃及阿斯旺水坝于 20 世纪 70 年代初竣工了。表面上看，这座水坝给埃及人带来了廉价的电力，控制了水旱灾害，灌溉了农田。然而，它实际上却破坏了尼罗河流域的生态平衡，造成了一系列灾难：尼罗河的泥沙和有机质沉积到水库底部，使尼罗河两岸的绿洲失去肥源——几亿吨淤泥，土壤日益盐碱化；尼罗河河口供沙不足，河口三角洲平原向内陆收缩，使工厂、港口、国防工事有跌入地中海的危险；缺乏来自陆地的盐分和有机物，致使沙丁鱼的年捕获量减少 1.8 万吨；大坝阻隔，使尼罗河下游的活水变成相对静止的"湖泊"，为血吸虫和疟蚊的繁殖提供了条件，致使水库区一带血吸虫病流行。面对埃及造此大坝带来的灾难性后果，埃及人这样说："决定建设阿斯旺大坝的纳赛尔总统是一个伟大人，决定拆除阿斯旺大坝的人将是一个更伟大的人。"只是，这个更伟大的人在哪里？

思考：阿斯旺水坝采用了什么类型的决策？基于当前的理论知识，对于这个水坝建或者不建，应如何做决策？

3.5.2 定量决策方法

1）确定型决策方法

确定型决策指决策面对的问题的相关因素是确定的，从而建立的决策模型中的各种参数是确定的解。确定型决策的方法有线性规划、非线性规划、动态规划等。它必须具备四个条件：①具有决策者希望达到的目标；②客观条件相对稳定；③有两个以上可供选择的方案；

④ 各方案执行的结果是明确的。确定型决策一般用于程序化的管理性或业务性的决策。

2) 不确定型决策方法

不确定型决策的条件与风险型决策基本相同，只是无法测算各种状态出现的概率。这时的决策主要取决于决策者的经验、智能和思维判断。由于决策者面临哪一种自然状态是完全不确定的，因而决策的结果也是完全不确定的，所以称为非确定型决策。不确定型决策的方法有乐观准则、悲观准则、乐观系数准则、机会均等准则、后悔准则。

（1）乐观准则（大中取大）。

这是决策者对客观情况抱乐观态度。它是先找出各种行动方案在各种自然状态下的最大收益值，并选取最大收益中的最大值所对应的行动方案作为决策方案。这种方法的特点是，决策者对决策事件未来前景的估计乐观并有成功的把握，因此愿意以承担风险的代价去获得最大收益。

（2）悲观准则（小中取大）。

这种决策方法与乐观准则正相反，它要先算出各种许多方案在各种自然状态下可能有的收益值，再找出各种自然状态下的最小收益值，把最小收益值中的最大值对应的方案作为决策方案。

（3）乐观系数准则（折衷准则）。

乐观系数准则是介于上述两种准则之间的一种准则，把自然状态好和差的概率变成人为地估计一种可能性，对乐观和悲观出现的可能性估计就是乐观系数。

（4）机会均等准则（等可能准则）。

假定各个自然状态发生的概率相等，计算各个方案的损益期望值，再以损益期望值为决策标准。

（5）后悔值准则。

这是因决策的失误造成机会损失而后悔的一种推测。其目的是使折衷后悔值减至最小，故以各个方案机会损失大小来判定方案的优劣。决策过程是在计算出各个方案在各种自然状态下的后悔值以后，从中选择每个方案的最大后悔值，然后从最大后悔值中选取最小者为决策方案。

3) 风险型决策方法

如果决策问题涉及的条件中有些是随机因素，它虽然不是确定型的，但我们知道它们的概率分布，这类决策被称为风险型决策。该决策的常用方法是决策树。

（1）决策树定义。

决策树是以图解方式分别计算各个方案在不同自然状态下的期望值，通过综合期望值的比较分析，做出决策的一种决策方法。由于这种方法所用的图形像树状，故叫决策树。该方法最大的优点是能够形象地显示出整个决策问题在不同时间和不同阶段的决策过程，逻辑思维清晰，层次分明，对复杂的多级决策尤为适用。

（2）决策树构成（三点两枝）。

决策结点：通常用"□"表示，它是要选择的点。

状态结点：通常用"○"表示，代表方案将会遇到的不同状态。

方案枝：由决策点引出的线段，连接决策点和状态点，每一线段代表一个方案。

概率枝：由状态点引出的线段，连接状态点和结果点，每一线段代表一种状态。

终结点：通常用"△"表示，代表每一种状态所得到的结果。末梢处应标明每一个方案在不同的自然状态下的损益值。

决策树举例，如图 2.4 所示。

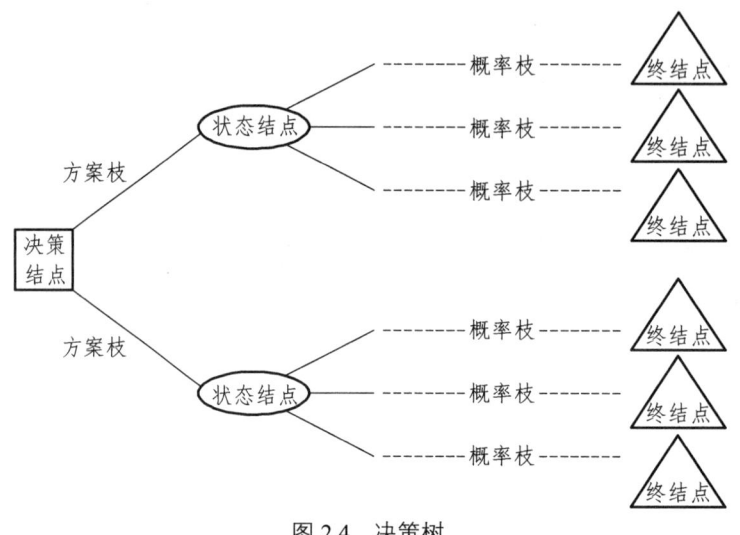

图 2.4 决策树

（3）决策树计算。

某企业为提高其产品在市场上的竞争力，现拟订三种改革方案：A. 公司组织技术人员逐渐改进技术，使用期是 10 年；B. 购买先进技术，这样前期投入相对较大，使用期是 10 年；C. 前四年先组织技术人员逐渐改进，四年后再决定是否需要购买先进技术，四年后买入技术相对第一年便宜一些，收益与前四年一样。预计该种产品前四年畅销的概率为 0.7，滞销的概率为 0.3。如果前四年畅销，后六年畅销的概率为 0.9；若前四年滞销，后六年滞销的概率为 0.1。相关的收益数据如表 2.2 所示。

表 2.2 投资收益表　　　　　　　　　　　　　　单位：万元

方案	投资额		每年收益			
			前四年		后六年	
	第一年	四年后	畅销	滞销	畅销	滞销
A	200	0	80	20	80	20
B	500	0	200	-30	200	-30
C	100	200	80	20	80	20
					200	-30

解（1）画出决策树如图 2.5 所示。R 为总决策，R_1 为二级决策。

节点①表示第一种方案：公司组织技术人员逐渐改进技术，使用期是 10 年的收益期望值节点。

节点②表示第二种方案：购买先进技术，使用期是 10 年的收益期望值节点。

节点③表示第三种方案：前四年先组织技术人员逐渐改进，四年后购买先进技术的收益值节点。

节点④、⑤、⑥、⑦分别是在三种方案下的分枝结点。

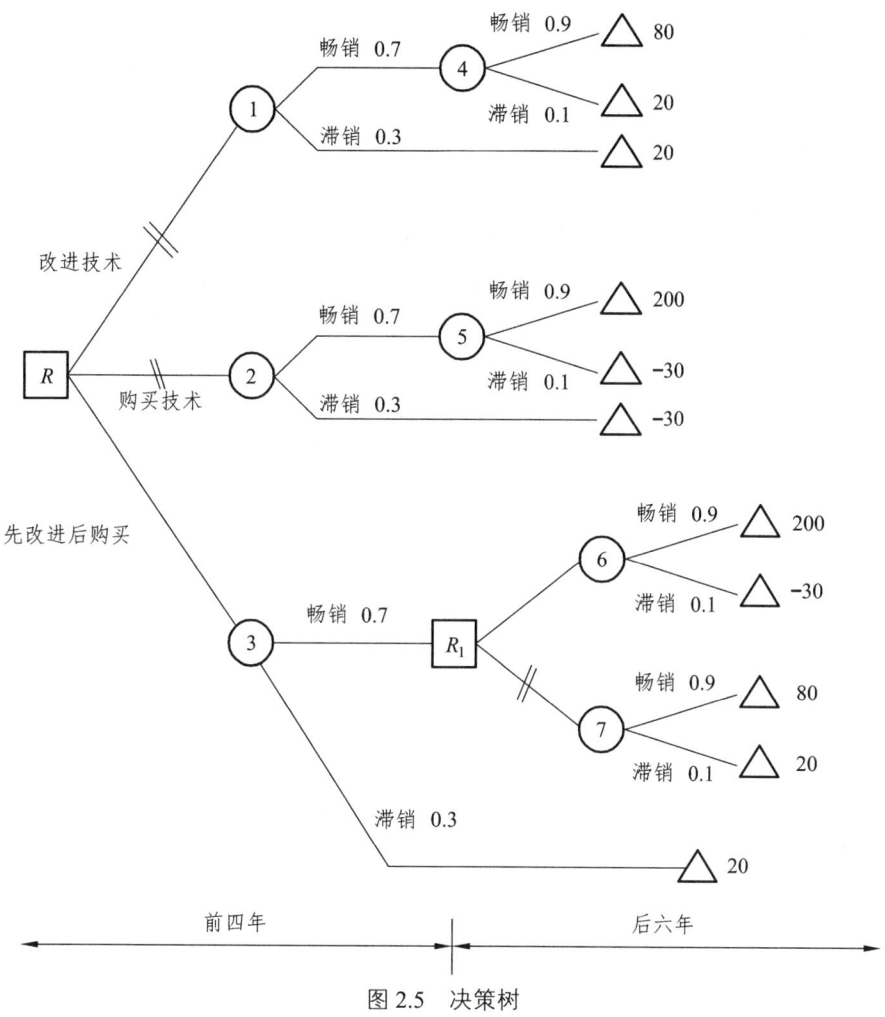

图 2.5 决策树

（2）各节点的期望值计算从最右边开始：

节点④：(80×0.9+20×0.1)×6=444（万元）

节点①：(80×4+444)×0.7+20×0.3×10-200=394.8（万元）

节点⑤：(200×0.9-30×0.1)×6=1062（万元）

节点②：(200×4+1062)×0.7-30×0.3×10-500=713.4（万元）

节点⑥：(200×0.9-30×0.1)×6-200=862（万元）

节点⑦：(80×0.9+20×0.1)×6=444（万元）

由于 444＜862，所以将⑦这一枝剪掉。

节点③：(80×4+862)×0.7+20×0.3×10-100=787.4（万元）

将决策点①、②、③的期望收益值进行比较，决策点③的期望收益值最大，所以应选择方案 C，即先采取公司组织技术人员逐渐改进，然后再引进技术的方案。

【任务小结】

👍 恭喜你顺利完成本任务的学习，现就任务完成过程中所运用到的具体知识点进行以下回顾：

1. 决策的含义：做出决定或选择。

2. 决策的分类：长期决策与短期决策；战略决策、战术决策与业务决策；集体（群体）决策与个人决策；初始决策与追踪决策；程序化决策与非程序化决策；确定型决策、风险型决策与不确定型决策。

3. 决策的程序：识别机会或诊断问题；识别目标；拟订备选方案；评估备选方案；做出决定；选择实施战略。

4. 决策的影响因素：组织外部环境因素；组织自身的因素；决策问题的性质；决策主体的因素。

5. 决策的方法：定性决策方法（头脑风暴法、名义小组技术、德尔菲技术）；定量决策方法（确定型决策方法、不确定型决策方法、风险型决策方法——决策树）。

【课外拓展】

拓展一：母亲节促销方案

一、学习目标

1. 提高学生对计划内容的掌握程度，能够利用所学知识进行组织经营活动的计划制订。
2. 培养学生的团队协作能力、运用多种途径表达核心思想的能力。
3. 培养学生的演讲能力。

二、内容与要求

1. 根据所学计划的内容及计划工作的流程，从身边选择一个店铺以"更好地弘扬中华民族的传统美德——孝道，促进销售，提高客单价，进一步提升 A 超市的企业形象"为目的制订一个母亲节促销计划。
2. 分组要求：以自愿为原则，男女搭配，5~7 人为一组，为小组设计口号和组名。
3. 任务完成过程要求：学生利用课下时间相互配合完成计划工作的制定。

三、成果与验收

1. 制作过程拍摄照片及花絮。
2. 设计出的作品需要辅以图片展示，每组派 2~3 位代表上台进行任务完成过程的解说及成果展示。
3. 全程流利使用普通话，并且体现小组的团结协作精神。

拓展二：在困境中决策

一、学习目标

1. 培养学生提炼、界定问题的能力。
2. 培养学生设计备选方案的能力。
3. 培养从多种方案中进行抉择的能力。

二、内容与要求

情景：

怎样扭转生产率下降的局面？

赵先生是一家大电子厂的制造经理。该公司的管理部门最近安装了一批新机器，实行了一种简化的工作系统，但让每一个人感到惊讶的是，提高生产率的期望并未实现。实际上，生产开始下降，质量降低，离职的雇员数目增多！

他认为机器没有任何故障。通过对同样也在使用这种机器的其他公司的情况分析，他坚定了自己的想法。他也曾要求机器制造方对机器进行过仔细检查，他们报告说，机器运行正处于最高效率。

赵先生怀疑，问题可能出在新的工作系统上。但是，他的直接下属并非都持有这种看法，他们是四个基层主管人，每人负责一个科组，还有一个是他的物资供应经理。他们对生产率下降的原因看法不同，分别认为是由于操作工训练差、缺乏适当的经济刺激体制和士气低落造成的。显然，对这一问题各人有各人的想法，下属中存在着分歧。

这天早晨，赵先生接到分部经理的一个电话，他刚刚得到最近 6 个月的生产数字，打电话表示他的关切。分部经理指示，应以赵先生认为的最好方式解决这一问题，他很想在一周内知道计划采取什么步骤。赵先生和部门经理同样关心生产率的下降。其问题在于采取什么步骤扭转这种情况。

思考：

1. 试分析这位制造经理所面临的问题。
2. 赵先生应该通过何种决策方式找到提高生产效率的方案？
3. 如果你是赵先生，你会建议采取什么方法提高生产率？

要求：

1. 学生在教室以座位形成临时组织，4~6 个人为一个小组，商讨问题的答案。
2. 所有小组成员均需参与到讨论过程中。

三、成果与检测

1. 每个临时小组必须针对各个问题形成统一的答案，并且均需提供一份问题回答书面材料。
2. 采取抢答的方式由各小组派代表进行本组方案的陈述，回答必须有理有据。

拓展三：身边的目标管理

一、学习目标

1. 提高学生对目标管理的重要性的认知。
2. 培养学生设定目标、分解任务的能力。
3. 锻炼学生分析问题的能力。

二、内容与要求

内容：每位同学选择自己近期最重要的一个任务进行目标的拟订，进行目标分解书的写作。

要求：

1. 说明该任务的意义与重要性。
2. 分析该任务完成过程中会面临的阻碍。
3. 拟订支撑本任务完成的子目标。

三、成果与检测

1. 每位同学撰写一份目标分解书，要求条理清晰，总目标分解合理，对阻碍因素分析逻辑清晰。
2. 鼓励学生主动起来分享自己的目标分解方案，并且由教师检查每位同学的书面材料。

模块三　组织设计

【教学总目标】

＊知识目标：

了解组织的概念、要素和职能；了解组织设计的概念、任务以及组织设计的原则；了解管理层次与管理幅度的关系以及影响管理幅度的因素；弄清各结构形式的特点；了解组织变革的原因等。

＊能力目标：

能够对模拟公司进行组织层级化及管理幅度设计；分析组织结构的各种类型及其适用范围；能对中小企业进行简单的组织结构设计。

＊素质目标：

培养学生的团队意识，查找并整理资料的能力，以及思考分析问题的能力。

【知识导图】

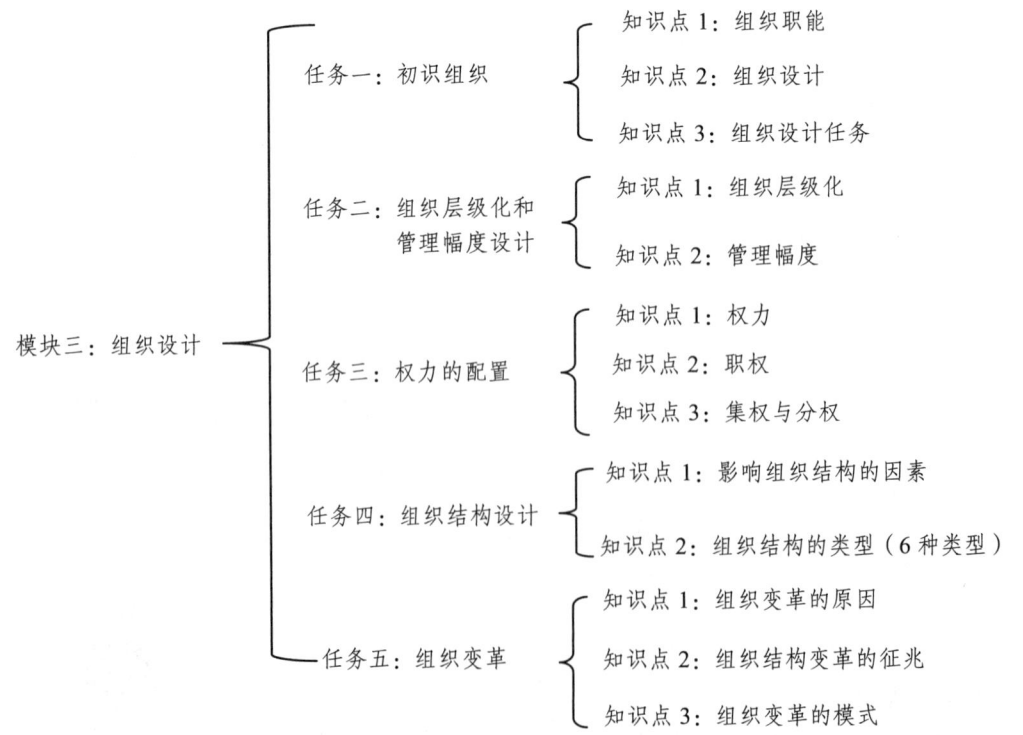

【案例导入】

用人之道

相传在很久以前，弥勒佛和韦陀佛分别掌管不同的庙。弥勒佛热情待客，谁来都是笑脸相迎，香火旺盛，进庙拜佛的人挤破庙门。但是弥勒不会理财，搞得庙里入不敷出，生意是好，但赚不到钱。韦陀虽然管账是一把好手，但成天阴着个脸，太过严肃，搞得门前冷落车马稀，寺院里一副破败不堪的景象。佛祖在查香火的时候发现了这个问题。

案例思考：佛祖将如何解决这个问题？

案例启示：案例中弥勒佛和韦陀佛各有优缺点，正如组织中的每个人都有各自的优缺点。管理者如何将员工安排在合适的岗位，并发挥其特长，对每个公司或组织都是至关重要的。一个组织的优与劣在于能否调动组织成员的主动性和积极性为组织服务。

任务一　初识组织

【学习目标】

1. 知识目标：了解组织的概念、职能，组织设计的概念、任务和原则。
2. 能力目标：依据组织设计的原则，能够分析某公司的组织设计存在的问题，并提出相应建议。
3. 素质目标：培养学生思考问题、分析问题的能力。

【下达任务】

任务书	
任务名称	三个和尚没水喝
任务内容	背景描述： 从前有座山，山上有一个破庙。有一天，一个小和尚来到了这座庙，他看见庙里的水缸没水了，就挑来水倒满了水缸，还给观音瓶子里加满了水，干枯的柳枝终于恢复了生机。他每天挑水、念经、敲木鱼，夜里不让老鼠来偷东西，生活过得安稳自在。 不久，来了个高和尚。他渴极了，他一到庙里，就把半缸水喝光了。小和尚让他去挑水，高和尚心想一个人去挑水太吃亏了，他要小和尚和他一起去抬水。于是两个人抬着一只水桶去山下取水，抬水的时候水桶必须放在扁担的中央。不久，又来了个胖和尚。他也想喝水，但恰好缸里没有水。小和尚、高和尚让他自己去挑，胖和尚挑来一担水，放下水桶就立刻喝了个精光。后来谁也不去挑水，从此三个和尚就没水喝了。大家各念各的经，各敲各的木鱼，观音菩萨面前的净水瓶也没人添水，柳枝枯萎了。 一天夜里，老鼠偷吃贡品时，打翻了贡台上点燃的蜡烛，顿时贡台上的桌布被点燃了，火势越燃越旺。三个和尚谁都没有动手去灭火，他们都想，为什么他们不弄，要我去弄啊？就这样，火越烧越大，最后整个贡台都烧起来了，而且看这火的架势，很快会把整座庙都烧着的，这下和尚们慌了神，三个和尚都不约而同地起了身，准备去水缸里面取水灭火，哪知道水缸里面根本没有水，他们跑到观音菩萨面前的净水瓶，发现柳枝都已经枯萎了，更别说水了，这下三个和尚更慌了。看着火越来越大，三个和尚都争相挑着水桶去挑水来灭火，这样，在三个和尚的齐心协力下，火终于灭了。火灭后，三个和尚灰头土脸地坐在地上相互看着，都不好意思地笑了。

任务内容	任务： 1. 从管理学角度分析为什么三个和尚没水喝。 2. 通过这个寓言故事分析组织对公司的重要性。 3. 尝试就挑水问题，为此寺庙进行初步的组织设计（包括：组织结构图、《职位说明书》）
任务要求	1. 围绕任务，以小组形式开展以上问题的讨论，每组人数4~6人。 2. 讨论过程中及时与老师进行沟通，确保任务能够在规定时间内完成。 3. 讨论结束后，教师以抽查的形式，随机抽取小组成员汇报讨论结果
完成任务所需知识点	知识点1：组织的职能 知识点2：组织设计的原则
任务评价标准	<table><tr><th>考核项目</th><th>考核标准</th><th>分值</th><th>得分</th><th>备注</th></tr><tr><td>语言表达</td><td>语言表达流畅，字清晰，声音洪亮</td><td>10分</td><td></td><td></td></tr><tr><td>整体形象</td><td>精神饱满，举止自然得体</td><td>10分</td><td></td><td></td></tr><tr><td>应变能力</td><td>面对压力具有一定的心理承受力</td><td>20分</td><td></td><td></td></tr><tr><td>分析和处理问题</td><td>思路清晰，分析准确；有创新</td><td>40分</td><td></td><td></td></tr><tr><td>团队协作</td><td>成员分工负责、协作配合</td><td>20分</td><td></td><td></td></tr></table>
参考资料	书　　名：《管理与组织研究必读的40个理论》 作　　者：杰弗里·A.迈尔斯 出 版 社：北京大学出版社 出版时间：2017年10月
团队构成 （学生填写）	团队组长　 团队成员
时间要求 （学生填写）	任务领取时间　 要求完成时间
任务讨论结果及启示 （团队成员共同填写）	
任课教师反馈	
任务最终得分	＿＿＿＿＿＿分

【核心知识讲解】

1.1 组织的概念

组织是为了达到某些特定目标，在分工合作的基础上构成的人的集合。组织作为人的集合，不是简单的毫无关联的个人的加总，它是人们为了实现一定目标，有意识地协同劳动而产生的群体。

理解组织的含义，包括以下几点：

第一，组织是一个人为的系统。"人为"的系统是以人为主体组成的具有特定功能的整体。由于组织是人为的系统，系统的功能差异较大，相同要素组成的系统可能因结构的不同而直接影响系统的功能。

第二，组织必须有特定目标。目标是组织存在的前提。任何组织都是为特定目标而存在的。组织目标反映了组织的性质和其存在的价值。

第三，组织必须有分工与协作。组织的本质在于协作。正是人们聚集在一起，协同完成某项活动才产生了组织。组织功能的产生是人类协作劳动的结果。

第四，组织必须有不同层次的权利与责任制度。责权关系的统一，能使组织内部形成反映自身内部有机联系的不同管理层次。这种联系是在分工协作的基础上形成的，是实现合理分工协作的保障，也是实现企业目标的保障。组织规模越大，权责关系的处理越重要。

在管理学中，组织被看作是反映一些职位和一些个人之间的关系的网络式结构。

从以上定义可以看出，在管理学中，组织的含义可以从静态与动态两个方面来理解。静态的组织是指组织结构，即反映人、职位、任务及它们之间特定关系的网络。这一网络可以把分工的范围、程度、相互之间协调配合关系、各自的任务和职责等用部门和层次的方式确定下来，成为组织的框架体系。动态的组织是指维持与变革组织结构，以完成组织目标的过程。正是从组织的动态方面理解，组织被作为管理的一种基本功能。通过组织机构的建立与变革，将生产经营活动的各个要素、各个环节，从时间上、空间上科学地组织起来，使每个成员都能接受领导、协调行动，从而产生新的、大于个人和小于集体功能简单加总的整体功能。

【知识延伸】

名人名言

1. 若拿走我的财产——但留给我这个组织，五年之内，我就会卷土重来。

——小阿尔弗莱德·斯隆（GE总裁）

2. 为了使人们能为实现目标而有效地工作，就必须设计和维持一种职务结构，这就是组织职能的目的。

——哈罗德·孔茨

3. 组织的目的在于让平凡的人做不平凡的事。

——彼得·德鲁克

1.2 组织的职能

组织职能是指为有效实现组织目标，建立组织结构，配备人员，使组织协调运行的一系列活动。它主要体现在以下几个方面。

（1）组织结构设计与建立。

组织结构设计与建立包括组织内横向管理部门的设置和纵向管理层次的划分。

（2）适度分权和正确授权。

分权适度和授权成功有利于组织内各层次、各部门为实现组织目标而协同工作。

（3）人员的选择和配备。

人员的选择和配备包括人员的招聘和定岗、训练和考核、奖惩制度，以及对人的行为的激励等。

（4）组织文化的培育和建设。

组织文化的培育和建设指为创造良好的组织氛围而进行的团队精神的培育和组织文化的建设。

（5）组织运作和组织变革。

组织运作是指管理者组织运作怎样使已设计好的组织系统目标有效地运转，它包括制定和落实各种规章制度以及建立组织内部的信息沟通模式。组织变革是指为不断适应实现目标的需要，对组织工作进行必要的调整、改革与再设计。

1.3 组织设计

1.3.1 组织设计的概念

组织的目标确定后，如何使这些目标得以顺利实现，就必须对组织内部的任务进行分工，再按一定的协作关系使它们联结起来形成框架结构，这种框架通常被称为组织结构。

组织设计（Organizational Design）是指管理者将组织内各要素进行合理组合，建立和实施一种特定组织结构的过程。它是有效管理的必备手段之一，是一个动态的工作过程，包含众多的工作内容。科学的组织设计，要根据组织设计的内在规律性有步骤地进行，才能取得良好的效果。

组织设计可能有三种情况：新建的企业需要进行组织结构设计；原有组织结构出现较大的问题或企业的目标发生变化，原有组织结构需要进行重新评价和设计；组织结构需要进行局部的调整和完善。

1.3.2 组织设计的原则

在组织设计的过程中，应经常对照组织设计原则进行检查。人们在长期的管理理论研究与管理实践中探索总结出如下组织设计的原则。

1）分工协调原则

公司的整体行为并不是孤立的，各职能部门要明确分工，在分工明晰的基础上协调一致，让每一个员工明确自身的职责及其从事工作所获得的收益，同时明确如何协调部门间的工作。这样才有助于降低交易成本，提高组织效率。

2）指挥统一原则

指挥统一原则是由法约尔提出来的，他认为无论什么工作，一个下级只能接受一个上级的指挥，如果两个或两个以上主管同时对一个下级或一项工作行使权力，就会出现混乱局面。指挥统一原则对于保证组织目标的实现和绩效的提高有很大的作用。只有在组织设计的过程中贯穿这条原则，才有可能最大限度地防止"政出多门"、遇事推诿等现象，同时不给一些不想做事的下级利用矛盾来逃避做事责任的机会。

3）系统运作原则

组织运作整体效率是一个系统性过程。组织设计应简化流程，有利于信息畅通、决策迅速、部门协调；充分考虑交叉业务活动的统一协调；考虑过程管理的整体性。同时，组织设计应紧扣企业的发展战略，充分考虑企业未来所要从事的行业、规模、技术以及人力资源配置等，为企业提供一个几年内相对稳定且实用的平台。

4）讲究效率原则

组织的目标是追求利润，同时将成本降低到最低点，效率原则是衡量任何组织结构的基础。组织结构，如果能使人们（指有效能的人）以最小的失误或代价（它超出了人们通常以货币或小时等计量的指标来衡量费用的含义）来实现目标，就是有效的。

5）管理层级原则

管理层级与管理幅度的设置受到组织规模的制约；在组织规模一定的情况下，管理幅度越大，管理层级越少；组织设计应在管理有效的控制幅度之下，尽量减少管理层级，以利于精简编制，促进信息流通。

6）突出重点原则

随着企业的发展和环境的变化，组织中各项工作完成的难易程度以及对组织目标实现的影响程度发生变化，企业的工作重心和职能部门的重要性亦随之变化，因此在进行企业组织结构设计时，要突出企业现阶段的重点工作和重点部门。

7）以人为本原则

设计企业组织结构前，要综合考虑企业现有的人力资源状况以及企业未来几年对人力资源素质、数量等方面的需求，要以人为本进行设计，切忌拿所谓"先进的框架"往企业身上套，更不能因人设岗、因岗找事。

8）适应创新原则

组织结构设计应综合考虑公司的内外部环境、组织的理念与文化价值观、组织的当前以及未来的发展战略、组织使用的技术等以适应组织的现实状况；并且，随着组织的成长与发展，组织结构应有一定的拓展空间。

【知识延伸】

一封辞职信

尊敬的钟院长：

您好！

我叫李×，是医院内科的护士长，我当护士长已经有半年了，但我再也无法忍受这种工作了，我实在干不下去了。我有两个上司，他们有不同的要求，都要求我优先处理他们布置的事情。然而我只是一个凡人，没有分身术，我已经尽了自己最大的努力来适应这样的工作要求，但看来我还是失败了，让我给您举个例子吧。

昨天早上 8:00，我刚到办公室，医院的主任护士叫住我，告诉我她下午要在董事会上作汇报，现急需一份床位利用情况报告，让我 10:00 前务必完成。而这样一份报告至少要花一个半小时才能写出来。30 分钟以后，我的直接主管，基层护士监督员王×走进来突然质问我为什么有两位护士未上班。我告诉她外科李主任因急诊外科手术正缺人手，从我这要走了她们两位借用一下，尽管我表示反对，但李主任坚持说只能这么办。王×听完我的解释，叫我立即让这些护士回到内科来，并告诉我一个小时以后，他回来检查我是否把这事办好了！像这样的事情举不胜举，每天都要发生好几次。

这样的工作我实在无法胜任，特向您辞职，请批准！

李×
2018-03-20

案例思考：结合组织设计的原则性，谈谈案例中李×所在的这家医院在组织结构的运行上合理吗？为什么？如果要避免案例中的这种结局，谈谈你的建议。

1.3.3 组织设计的任务

组织设计的任务是设计清晰的组织结构，规划和设计组织中各部门的职能和职权，确定组织中职能职权、参谋职权、直线职权的活动范围并编制职务说明书。

1）组织结构

所谓组织结构，是指组织的框架体系，是对完成组织目标的人员、工作、技术和信息所做的制度性安排。就像人类由骨骼确定体型一样，组织也是由结构来决定其形状的。组织结构可以用复杂性、规范性和集权性三种特性来描述。

2）组织设计的内容

尽管组织结构日益复杂、类型演化越来越多，但任何一个组织结构都存在三个相互联系的问题，即职权如何划分；部门如何确立；管理层次如何划分。组织内外部环境的变化影响着这三个相互关联的问题，使得组织结构的形式始终围绕三个问题发展变化。因此，要进行组织结构的设计，首先要正确处理这三个问题。

3）组织设计的成果

组织结构设计的成果表现为组织结构图、职位说明书和组织手册。

【任务小结】

恭喜你顺利完成本任务的学习，现就任务完成过程中所运用到的具体知识点进行以下回顾：

1. 组织的含义：组织是为了达到某些特定目标，在分工合作的基础上构成的人的集合。组织作为人的集合，不是简单的毫无关联的个人的加总，它是人们为了实现一定目标，有意识地协同劳动而产生的群体。

2. 组织的职能：组织结构设计与建立、适度分权和正确授权、人员的选择和配备、组织文化的培育和建设、组织运作和组织变革。

3. 组织设计的原则：分工协调原则、指挥统一原则、系统运作原则、讲究效率原则、管理层级原则、突出重点原则、以人为本原则、适应创新原则。

4. 组织设计的任务：设计清晰的组织结构，规划和设计组织中各部门的职能和职权，确定组织中职能职权、参谋职权、直线职权的活动范围并编制职务说明书。

5. 组织设计任务主要包括组织结构、组织设计的内容、组织设计的成果。

任务二　组织层级化与管理幅度设计

【学习目标】

1. 知识目标：了解管理层次与管理幅度的关系以及影响管理幅度的因素。
2. 能力目标：能够依据公司的情况，运用组织层级化和管理幅度进行组织结构设计。
3. 素质目标：培养学生的调查、调研能力，分析和运用资料的能力。

【下达任务】

任务书					
任务名称	诸葛孔明谋臣术缺失				
任务内容	背景描述： 　　早期，三国鼎立，西蜀最弱，诸葛孔明攻城略地，神机妙算，胜赤壁、得荆州、取西川、定汉中，盛极一时。随着地盘的扩大，孔明越来越操劳，就连任免一个县官这样的芝麻小事，孔明也要亲自处理。事无巨细、亲力亲为、日理万机、鞠躬尽瘁。司马懿评价说："孔明食少事烦，其能久乎？"反观曹操，他广纳天下贤才，达到人才的整合效应，让贤士分工与协作来治理国家。 　　任务：结合管理幅度与组织层次，谈谈孔明与曹操在治理国家方面有何不同。你觉得哪个更可取？为什么				
任务要求	1. 围绕任务，以小组形式开展以上问题的讨论，每组人数4～6人。 2. 讨论过程中及时与老师进行沟通，确保任务能够在规定时间内完成。 3. 讨论结束后，教师以抽查的形式，随机抽取小组成员汇报讨论结果				
完成任务所需知识点	知识点1：组织层级化 知识点2：管理幅度设计				
任务评价标准	考核项目	考核标准	分值	得分	备注
	语言表达	语言表达流畅，字清晰，声音洪亮	10分		
	整体形象	精神饱满，举止自然得体	10分		
	应变能力	面对压力具有一定的心理承受力	20分		
	分析和处理问题	思路清晰，分析准确；有创新	40分		
	团队协作	成员分工负责、协作配合	20分		
参考资料	书　　名：《组织能力的杨三角：企业持续成功的秘诀》 作　　者：杨国安 出　版　社：机械工业出版社 出版时间：2015年6月				
团队构成 （学生填写）	团队组长				
	团队成员				

时间要求 （学生填写）	任务领取时间	
	要求完成时间	
任务讨论结果及启示 （团队成员共同填写）		
任课教师反馈		
任务最终得分	＿＿＿＿＿＿分	

【核心知识讲解】

2.1 组织层级化

组织层级化，也称管理层次或管理层级，是指组织在纵向结构设计中需要确定层级数目和有效的管理幅度，从组织的最高领导到最低的基层工作人员之间形成组织的层次。它规定了纵向各层级之间的权责关系，最终形成了一个能够对内外部环境要求做出动态反应的有效组织结构形式。但无论哪一种层次组建方式，其上下之间都有比较明确和严格的统属关系，都是自上而下的金字塔结构。

随着组织规模以及业务的发展，组织的层次通常也会增加。例如，一家冰箱企业原来只有厂长、车间主任、工人三个层次，如图 3.1 所示。后来，企业规模扩大了，业务也从单纯生产冰箱发展到生产冰箱、空调的集团公司，组织层次也增加了，如图 3.2 所示。

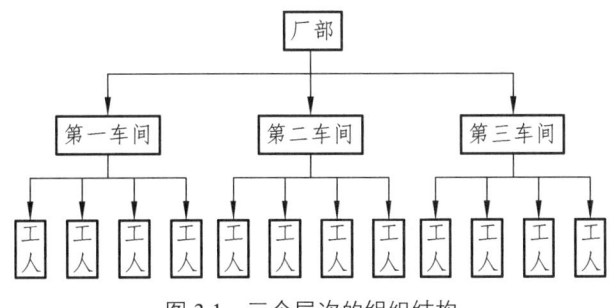

图 3.1 三个层次的组织结构

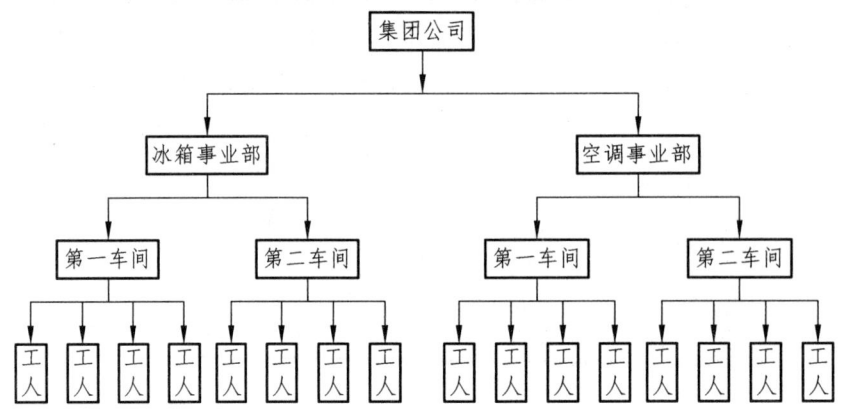

图 3.2 四个层次的组织结构

【知识延伸】

案例：A 公司的组织结构变革

A 公司是一家年销售额 2 亿元左右的生产制造企业，主要产品为包装用铁罐，产品种类繁多但技术含量不高，现有组织结构是典型的金字塔型职能结构，层次多、管理比较粗放。以制造部为例，组织结构为"总经理→生产副总→制造部经理→制造分部经理→车间→班组"，指挥链很长。变格前的组织结构如图 3.3 所示。

随着企业内外部环境的变化、竞争加剧，现有的组织结构形式已经不能适应公司的进一步发展，公司决定通过改变原来的组织结构提升公司的竞争力。经过认真的调查分析，A 公司决定先实行"可拓展型组织结构"的变革，将原有的 8 个部门划分为 32 个部门，设置 32 个部门经理，另增加 6 个总监分管 32 个部门经理，员工按照个人特长和部门需要进行细分。变革后的组织结构如图 3.4 所示。

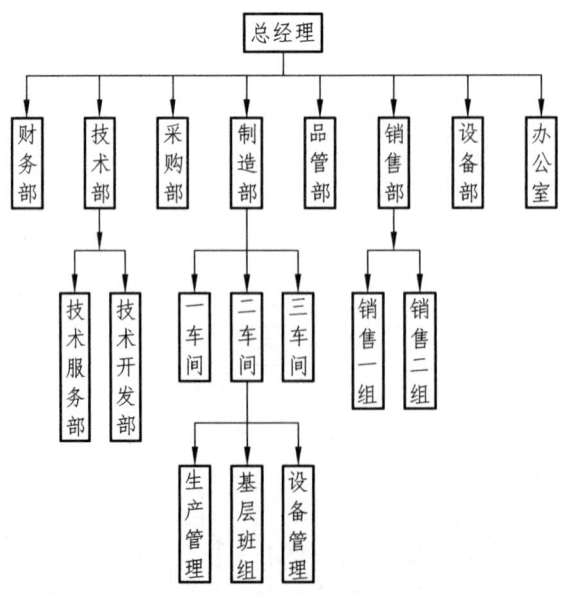

图 3.3 公司变革前的组织结构图

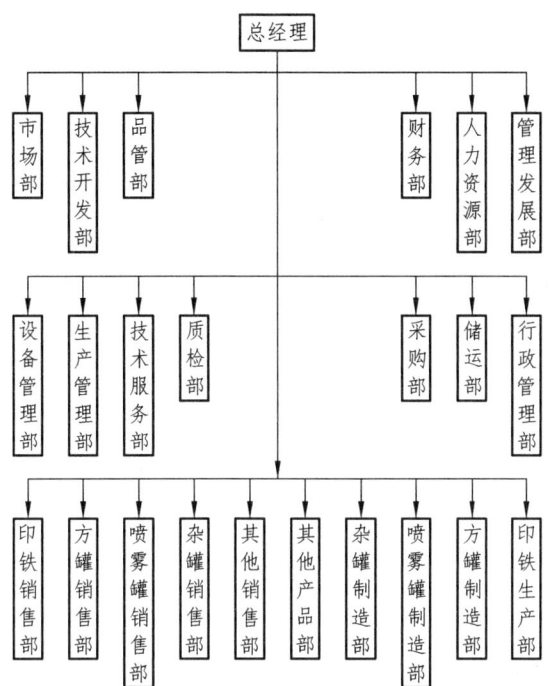

图 3.4 公司变革后的组织结构图

实行组织变革后,部门经理大量增加,管理费用支出也明显增多,但员工和经理都在工作中得到了培养和锻炼。由于部门细化,责任明确,公司业务额比原来增加了 30%,公司利润增加了 50%,企业将朝着更加健康的方向发展。

案例思考:

1. 请简述案例中 A 公司组织变革的原因。
2. 你认为 A 公司的组织结构变革是否成功?请说明你的观点。

2.2 组织的管理幅度

2.2.1 管理幅度

1) 管理幅度的概念

与组织层次密切相关的另一个概念是管理幅度,也叫管理宽度或管理跨度。管理幅度是指一个上级主管直接指挥的下属的数目。在组织结构的每一个层次上,根据任务的特点、性质以及授权情况,决定出相应的管理幅度。

在操作工人数量一定的情况下,管理幅度越大,管理层次就越少;反之,管理幅度越小,管理层次就越多。

管理层次和管理幅度直接影响着组织的结构。管理层次少、管理幅度宽的组织结构呈扁金字塔型,是"扁平组织结构"(见图 3.5);而管理层次多、管理幅度窄的行政组织结构呈高金字塔型,是"锥形组织结构"(见图 3.6)。扁平组织结构与锥形组织结构优缺点比较如表 3.1 所示。

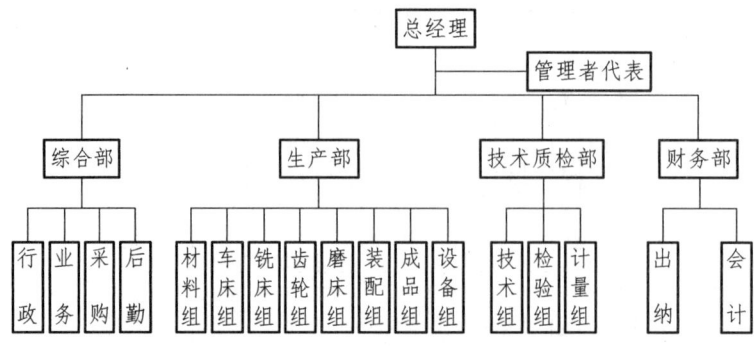

图 3.5　某制造公司的扁平组织结构

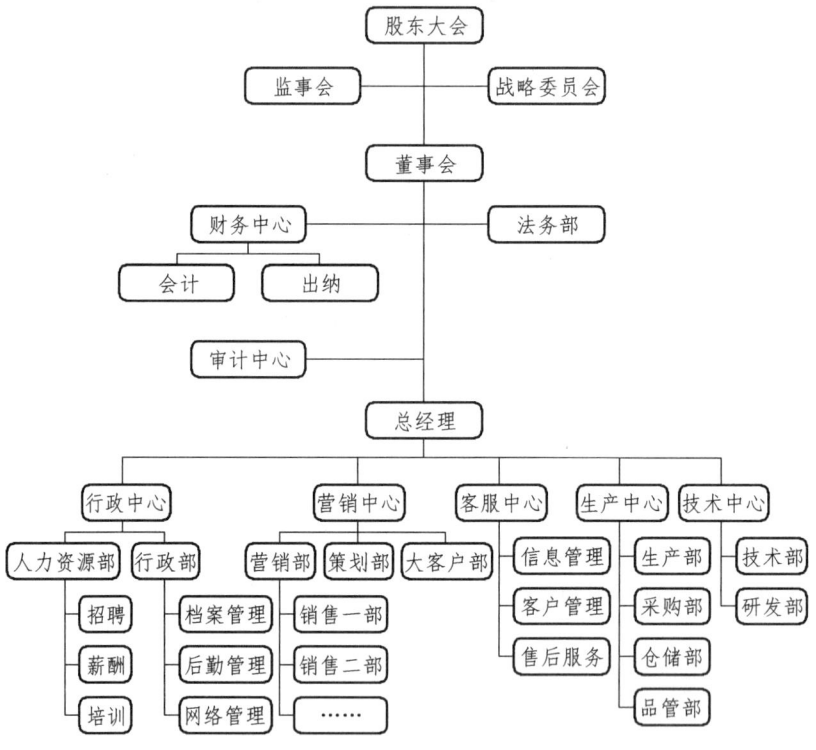

图 3.6　锥形组织结构

表 3.1　扁平与锥形组织结构优缺点比较

扁平型组织结构	优点	1. 及时发现信息所反映的问题并及时采取相应的纠偏措施。 2. 由于层次较少，所以信息失真的可能性较小。 3. 有利于下属主动性和首创精神的发挥
	缺点	1. 主管不能对每位下属进行充分、有效的指导和监督。 2. 每位主管从较多的下属那里取得信息，可能会淹没最重要、最有价值的信息，并影响信息的及时利用
锥形组织结构	优点	1. 管理幅度减少，管理难度减少。 2. 下属提升机会增加
	缺点	1. 管理人员多，易造成官多兵少。 2. 协调工作会大量增加。 3. 有可能会出现职能交叉，推诿扯皮。 4. 管理严密，等级森严，影响下属积极性

2）影响管理幅度的因素

（1）管理者和下属人员的技能和能力。

一个人的能力是有限的，其能直接管理的下属数也是有限的。一个管理者的能力如果强一点，管理宽度可以大一些，反之就要小一些。另外，如果下属的能力强一些，管理宽度也可以大一些。

（2）管理工作的复杂度。

管理工作的复杂度越高，需要投入的时间和精力就越多，管理跨度就要相应变窄，反之则变宽。

（3）下属工作任务的相似性。

如果下属的工作具有相似性，即使比较复杂，管理起来也不会太困难，管理跨度则可以适当加宽。

（4）授权。

适当的授权可以减少主管的监督时间和精力，使管辖人数增加。责权明确划分，有助于各级管理者的办事效率，也可以增大管理宽度。

（5）计划。

事前有良好的计划，使员工都明白自己的工作任务和目标，减少管理者知道工作及纠正偏差的时间，可以增加管理宽度，促成层次的简化。

【知识延伸】

GE 的组织结构改革[①]

美国通用电气公司（GE）总裁韦尔奇 1981 年上任后，首先根治大公司常有的通病——"恐龙症"。GE 公司原有 40 多万职工，其中有"经理"头衔的就达 2.5 万人，高层经理 500 多人，副总裁就有 130 人，管理层次有 12 层，工资级别多达 29 级。韦尔奇很风趣地说："12 个管理层次，就像我穿了 12 件衣服，我已经没法感受外界温度的变化，我的行动很困难，必须把多余的衣服脱掉。"

从 1981 年到 1992 年，GE 公司至少砍掉了 350 多个部门，将公司职工裁减为 27 万，管理机构由 12 层扁平化至 5 层，副总裁减到 13 名，对于这次改革，40 万职工当中，只有一人支持他，这个人就是他自己，可见改革之艰难。

扁平化的结果：12 年里，销售收入增长了 2.5 倍，税后净利润翻了三番。为此《金融世界》将韦尔奇称为 1992 年年度的"最佳总裁"。

案例解析：在扁平化的过程中，大量中间管理层次被取消，使得组织结构简洁，能够充分利用人力资源，提高效率。

2.2.2 管理幅度与组织层级的关系

传统的"组织结构"理论认为，管理幅度和管理层次是两个起决定作用的影响因素。其中管理幅度理论指出，一个管理者由于精力、知识、能力、经验的限制，所能管理的下属人

[①] 张立文. 美国通用电气公司组织结构及其变革研究[J]. 商场现代化，2010（9）：14-15.

数是有限的。随着下属人数的增加,可能存在的相互人际关系数将呈指数型增加。信息量和管理难度也是如此,当下属人数增加到一定程度时,就超越了管理者所能有效管理的范围。而且越往管理高层,一个管理者所能有效管理的下属就越少。幅度构成组织的横向结构,层次构成组织的纵向结构,横向和纵向相结合就构成了组织的整体结构。

现代公司主要有两种基本的管理组织结构形态,即扁平组织结构与锥形组织结构(见图3.7)。

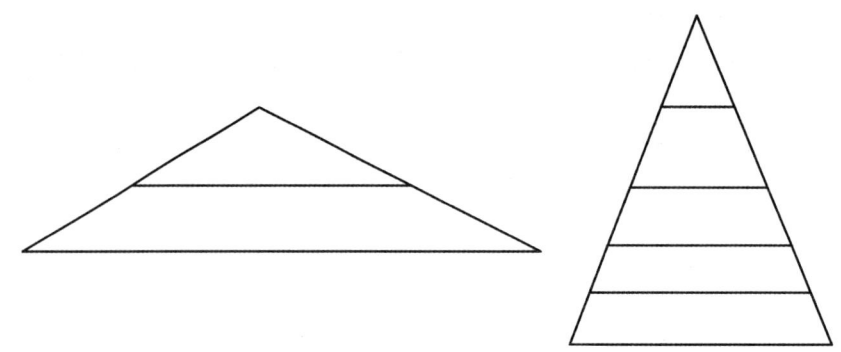

图 3.7 扁平组织结构与锥形组织结构

管理层次与组织规模成正比例关系。组织规模越大,包括的成员越多,则层次越多。在同一组织内部,越往组织上层,管理幅度越小;越往组织下层,管理幅度越大(见图3.8)。

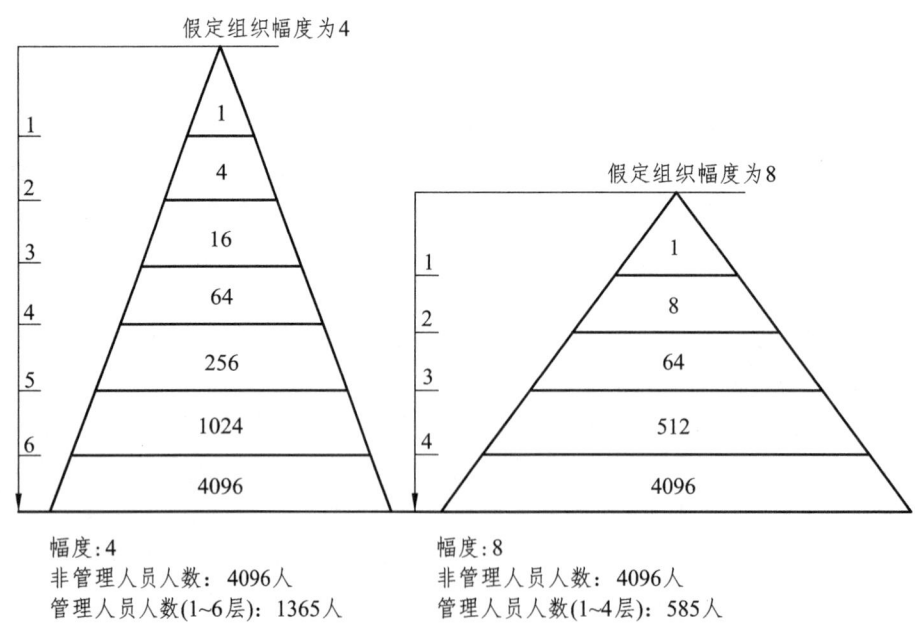

图 3.8 管理幅度与组织层级的关系

从图3.8可以分析出管理层次与管理幅度的关系:管理层次与管理幅度在某一特定规模的组织内呈反比例关系。管理层次多,则每一层行政机构的管理幅度就窄;反之,管理层次少,则每一层行政机构的管理幅度就宽。

不同形态的组织结构具有不同的功能特点。一般来说,传统的企业结构倾向于高耸型,偏重于控制和效率，比较僵硬。而近年来企业组织结构有一种由高耸向扁平演化的趋势，扁平型结构被认为比较灵活，容易适应环境，组织成员的参与程度也相对较高。

【知识延伸】

DY 公司的组织问题

　　DY 公司是一家新兴企业，六年前以房地产开发业务起家，公司初创时资产 1500 万元，从只有几个人发展到现在的 1300 余人，5.8 亿元资产。涉及业务以房地产开发为主，集娱乐、餐饮、咨询、汽车维护、百货零售等领域。

　　随着公司的不断发展，人员数量不断增加，部门设置日益复杂。例如，总公司下设五个分公司及一个娱乐中心，娱乐中心下设嬉水、餐饮、健身、保龄球、滑冰等项目。另外，总公司所属的房屋开发公司、装修公司、汽车维修公司和物业公司又都自成体系。管理层次也不断增加，总公司有三级，各分公司又各有三级以上的管理层，最突出的是娱乐中心，其管理层次多达七级。职能部门重叠设置，总公司有人力资源部，而下属公司也相应设立人力资源部门，管理混乱。此外，财务管理也很混乱，各个分部独立核算后，都有自己的账户，总公司可控制的资金越来越少。事实表明，多角化经营的复杂业务格局，原有的直线职能制已不适应公司的发展了，DY 公司需要进行组织变革。但是组织变革意味着利益的重新分配，可能引起管理层的震荡。DY 公司的领导层正面临诸多考验。

　　案例思考：

　　1. 目前，公司产生以上问题的最重要原因是什么？

　　2. 说明管理层次与管理幅度之间的关系，分析本案例中导致管理层次过多的原因。

　　案例解析：

　　1. 产生目前问题的最重要原因是原有的组织结构不适应复杂业务和快速膨胀的规模，DY 公司当前管理的中心应该是进行组织结构变革。

　　2. 管理层次与管理幅度呈反比例关系，即规模一定时，管理幅度小了，层次就增加了。本案例中导致管理层次过多的原因是组织结构不合理。正因为管理层次与管理幅度呈反比，因此在确定合适的管理层次时，必须一并考虑影响管理宽度的诸多因素，如管理者和下属人员的技能和能力、管理工作的复杂度、下属工作任务的相似性、授权、计划、组织的稳定性。

【任务小结】

　　恭喜你顺利完成本任务的学习，现就任务完成过程中所运用到的具体知识点进行以下回顾：

　　1. 组织层级化：也称管理层次或管理层级，是指组织在纵向结构设计中需要确定层级数目和有效的管理幅度，从组织的最高领导到最低的基层具体工作人员之间形成了组织的层次，它规定纵向各层级之间的权责关系，最终形成一个能够对内外环境要求做出动态反应的有效组织结构形式。

　　2. 管理幅度：是指一个上级主管直接指挥的下属的数目。在组织结构的每一个层次上，根据任务的特点、性质以及授权情况，决定出相应的管理幅度。

3. 影响管理幅度的因素：（1）管理者和下属人员的技能和能力；（2）管理工作的复杂度；（3）下属工作任务的相似性；（4）授权；（5）计划；（6）组织的稳定性。

4. 管理层次与管理幅度的关系：管理层次与管理幅度在某一特定规模的组织内呈反比例关系。管理层次多，则每一层行政机构的管理幅度就窄；反之，管理层次少，则每一层行政机构的管理幅度就宽。

任务三　权力的配置

【学习目标】

1. 知识目标：了解职权和授权的含义，掌握职权形式、集权和分权的优缺点以及两者间关系。

2. 能力目标：能够结合公司实际情况分析是集权还是分权，能区分直线职权和参谋职权，并能分析其利弊，提出改进措施。

3. 素质目标：树立学生团队协作意识，培养学生思考问题、分析问题的能力。

任务书					
任务名称	印加效应				
任务内容	任务背景： 　　历史上，南美洲的印加帝国在经济、政治、生活上都在统治者高度而严格的控制之下，即便是一件小事也要请示最高当局。 　　有一天，西班牙征服者皮萨罗带领一支168人的分遣队来攻打印加，强大的印加帝国虽然拥有20万军队，但必须经过层层请示才可出兵。西班牙人抓住时机，先活捉了印加皇帝。印加大军赶到时，看到皇帝被捉，便群龙无首，乱成一团，被几十名西班牙骑兵追杀。最终印加帝国战败了，这一战中被杀死的印加人不下七千，而西班牙人却损失很小，管理学家将印加帝国的灭亡称为"印加效应"。 任务： 1. 为何西班牙能以少胜多？ 2. 请归纳总结"印加效应"的含义。 3. 印加效应存在于现代企业管理中，请收集资料，举实例加以阐述				
任务要求	1. 围绕任务，以小组形式开展以上问题的讨论，每组人数4~6人。 2. 讨论过程中及时与老师进行沟通，确保任务能够在规定时间内完成。 3. 讨论结束后，教师以抽查的形式，随机抽取小组成员汇报讨论结果				
完成任务所需知识点	知识点1：组织的职权 知识点2：组织的集权与分权 知识点3：授权				
任务评价标准	考核项目	考核标准	分值	得分	备注
	语言表达	语言表达流畅，字清晰，声音洪亮	10分		
	整体形象	精神饱满，举止自然得体	10分		
	应变能力	面对压力具有一定的心理承受力	20分		
	分析和处理问题	思路清晰，分析准确；有创新	40分		
	团队协作	成员分工负责、协作配合	20分		
参考资料	书　　名：《沃顿商学院权力与组织管理课》 作　　者：拉里·格雷纳，维吉尼亚·沙因 出 版 社：中国青年出版社 出版时间：2014年8月				

团队构成 （学生填写）	团队组长	
	团队成员	
时间要求 （学生填写）	任务领取时间	
	要求完成时间	
任务讨论结果及启示 （团队成员共同填写）		
任课教师反馈		
任务最终得分	_____分	

【核心知识讲解】

3.1 权力

3.1.1 权力的概念

"权力"通常被描述为组织中人与人之间的一种关系，是指处在某个管理岗位上的人对整个组织或所辖单位与人员的一种影响力，或简称管理者影响别人的能力。权力是组织内部授予的指导下属活动及其行为的决定权，这些决定一旦下达，下属必须服从。职权跟组织层级化设计中的职位紧密相关，跟个人特质无关。

3.1.2 权力的来源

从广泛的意义上讲，权力是个人或团体提供建议、影响别人或其他团体的信念或行动的能力，也就是影响力。这样的一种影响力，除了来自上述职位（即职权）外，还有许多非职位来源。

一般认为，权力（或影响力）的来源有：

（1）强制权力。强制权力指一种依赖于惧怕的权力（在一定条件下，员工也可以对老板实施这种强制权力）。

（2）奖赏权力。权力指能给他人施以他们认为有价值的奖赏的能力。

（3）合法权力。合法权力指处于某一职位所相应得到的一种权力（即职权）。

（4）专家权力。专家权力指来自专长、特殊技能或知识的一种影响力。

（5）感召权力。感召权力指一个人由于拥有独特智慧或特质而对他人产生的一种影响力，它产生于对这个人的钦佩和希望与他同等的心理。

【知识延伸】

周恩来的感召力[①]

1976年1月9日，联合国降半旗七天。第一次应用于一位现职去世的国家领导人，甚至突破了《旗典》中关于降半旗最多两天的规定，一个星期时间联合国总部上空没有升起任何一个会员国的国旗，这件事情在联合国是非常少有的，没有想到引起别的国家代表的抗议，他们说，他们元首逝世了，他们的总统和总理逝世了，联合国也没降半旗，怎么中国的周恩来逝世了联合国就降半旗？

当时的联合国秘书长瓦尔德海姆站出来，在联合国大厦门前的台阶上发表了一次极短的演讲，总共不过一分钟。他说："为了悼念周恩来，联合国下半旗，这是我决定的，原因有二：一是中国是一个文明古国，这个国家金银财宝多得不计其数，人民币多得我们数不过来。可是周总理没有一分钱存款！二是中国有10亿人口，占世界人口的1/4，可是周总理没有一个孩子。你们任何国家的元首，如果能做到其中一条，在他逝世之日，总部将照样为他降半旗。"说完，他转身就走，广场上外交官各个哑口无言，随后响起雷鸣般的掌声。

中国的周恩来先生在联合国里面被认为是一个很值得尊敬的人，所以他去世时联合国为哀悼这位深受世界人民尊敬的中国伟人而降半旗，这就是个人魅力。

3.2 职权

3.2.1 职权的含义

在组织设计时，需要考虑权力在组织中的分布。这里的权力是指在组织结构中赋予某一管理职位作出决策、发布命令并为保证命令能得到执行而进行奖惩的权力。这样的权力也被称为职权。职权与组织内的一定职位相关，而与占据这个位置的人无关。职权通常被称作制度权力或法定权力。

关于职权的几个含义：

（1）职权是以组织为基础的，离开了组织这种特定的社会环境，就不存在职权。

（2）职权是由于处于更高层次的管理者按照一定的程序授权而获得的，因此存在着一条权力链。

（3）所有的权力的本质都是支配资源的能力。

（4）权力具有相对性。

不同的组织，由于其形成的基础不同，其职权的最终来源也可能是不同的。一般认为，企业中一切职权的基础或来源是产权。

[①] 蒋光宇. 人格的力量[J]. 政工研究动态，2001（7）：46.

3.2.2 职权的形式

职权的形式有三种,即直线职权、参谋职权和职能职权。管理中职权来源于三个方面:在层级组织中居于某一特殊职位所拥有的命令指挥权;由于个人具备某些核心专长或高级技术知识而拥有的技术能力职权;由于个人能够有效地激励、领导和影响他人而拥有的管理能力职权。

1)直线职权

直线职权是直线人员所拥有的作出决策、发布命令、执行决策的权利,它由决策权、命令权、执行权组成。直线职权又被称为决策指挥权。

直线职权是上级指挥下级工作的权力,表现为上下级之间的命令权力关系,包括领导、指挥、监督、决策、管理下属的权力,这种命令关系从组织的最高层一直延伸到最基层。在组织命令链上的成员一般都拥有直线职权,每个成员一方面受上级指挥,另一方面有指挥下级的权力,每个成员都要按直线向上级汇报工作,而且都是直线组织的一部分。

直线职权的特点有:

直线职能制是集权和分权相结合的组织结构形式,它在保留直线制统一指挥优点的基础上,引入管理工作专业化的做法,既能保证统一指挥,又可以发挥职工管理部门的参谋、指导作用,弥补领导人员在专业管理知识能力方面的不足,协助领导人员决策。

(1)厂长(经理)对业务和职能部门均实行垂直式领导,各级直线管理人员在职权范围内对直接下属有指挥和命令的权力,并对此承担全部责任。

(2)职能管理部门是厂长(经理)的参谋和助手,没有直接指挥权,它与业务部门的关系只是一种指导关系,而非领导关系。直线职权主要适用于中等规模的企业。

2)参谋职权

参谋职权是指参谋人员所拥有的提出咨询建议,或提供服务与便利,协助直线机构和直线人员进行工作的权力,是一种辅助性职权。参谋职权具有顾问型和服务性的性质,旨在协助直线职权有效地完成组织目标,减轻直线人员的负担。具有参谋职权的管理人员可以给直线管理人员提供专门的技术顾问或服务,充当助手;参谋人员可以向直线人员推荐自己的意见和建议,但不能把他们的意见和建议等强加给直线人员。参谋人员必须认识他们的职责是咨询性的,直接管理的职权应由直线人员来承担。

参谋职权的特点有:

(1)参谋职权不具有指挥权,他们的意见和建议只有经直线人员采纳、通过直线职权向下发布。

(2)参谋职权从属于直线职权,他们的意见也只有经直线人员采纳才有影响力。

(3)参谋职权直接对他的上一级领导负责。

(4)参谋人员只能在其职责范围内行使参谋职权。

3)职能职权

职能职权是指参谋人员或某部门的主管人员所拥有的原属直线主管的那部分权力。在纯粹参谋的情形下,参谋人员所具有的仅仅是辅助性职权,并无指挥权。但是,随着管理活动的日益复杂,主管人员仅依靠参谋的建议还很难做出最后的决定,为了改善和提高管理效率,主管人员就可能将职权关系作某些变动,把一部分原属自己的直线职权授予参谋人员或某个部门的主管人员，这便产生了职能职权。

职能职权大部分是由业务或参谋部门的负责人来行使的，这些部门一般由一些职能管理专家所组成。例如，一个公司的总经理统揽全局管理公司的职权，他为了节约时间，加速信息的传递，就可能授权财务部门直接向生产经营部门的负责人传达关于财务方面的信息和建议，也可能授予人事、采购、公共关系等顾问一定的职权，让其直接向直线组织发布指示等。由此可看出，职能职权是组织职权的一个特例，可以认为它介于直线职权和参谋职权之间。

【知识延伸】

谁拥有权力

王某近来感到十分沮丧。一年半前，他获得某名牌大学工商管理硕士学位后，在毕业生人才交流会上，凭着满腹经纶和出众的口才，他力挫群芳，荣幸地成为某大公司的高级管理人员。由于其卓越的管理才华，一年后，他又被公司委以重任，出任该公司下属的一家面临困境的企业的厂长。当时，公司总经理及董事会希望王某能重新整顿企业，使其扭亏为盈，并保证王某拥有完成这些工作所需的权力。考虑到王某年轻，且肩负重任，公司还为他配备了一名高级顾问严某（原厂主管生产的副厂长），为其出谋划策。

然而，在担任厂长半年后，王某开始怀疑自己能否控制住局势。他向办公室李主任抱怨道："在我执行管理改革方案时，我要各部门制定明确的工作职责、目标和工作程序，而严某却认为，管理固然重要，但眼下第一位的还是抓生产、开拓市场。更糟糕的是他原来手下的主管人员居然也持有类似的想法，结果这些经集体讨论的管理措施执行受阻。倒是那些生产方面的事情推行起来十分顺利。有时我感到在厂里发布的一些命令，就像石头扔进了水里，我只看见了波纹，过不了多久，所有的事情又回到了发布命令以前的状态，什么都没改变。"

案例思考：

1. 王某和严某的权力各来源于何处？
2. 严某在实际工作中行使的是什么权力？你认为，严某作为顾问应该行使什么样的职权？
3. 这家下属企业在管理中存在什么问题？请就案例中该企业存在的问题提出你的建议。

案例解析：

1. 王某和严某的权力各来源于直线职位和参谋职位。
2. 严某在实际工作中行使的是职能职权。作为顾问，严某应该行使参谋职权。
3. 这家下属企业在管理中存在的主要问题：

分析：在管理工作中，应处理好直线职权、参谋职权和职能职权三者的关系：参谋职权无限扩大，容易削弱直线人员的职权和威信；职能职权无限扩大，则容易导致多头领导，导致管理混乱、效率低下。在该案例中正是直线人员与参谋人员的关系未处理好。

建议：第一，明确参谋人员的参谋职权和参谋作用，并理顺参谋和直线间的关系。从直线与参谋的关系来看，直线人员掌握的是命令和指挥的职权，而参谋人员拥有的是协助和顾问的职权。参谋的职责是建议而不是指挥，他只是为直线主管提供信息，出谋划策，配合直线人员工作的。由此可知，二者之间的关系是"参谋建议、直线命令"的关系。因此，发挥参谋作用时，应注意：直线人员不为参谋人员所左右，参谋人员应独立地提出建议，职能职权不应越过直线职权。第二，明确直线人员的直线职权并落实到位，对直线人员来说要用足自己的直线职权。

3.3 集权

3.3.1 集权概念

集权是指决策权在组织系统中较高层次的一定程度的集中；分权是指决策权在组织系统中较低层次的一定程度的分散。

采用集权式管理模式的企业集团，财权绝大部分集中于母公司，母公司对子公司采取严格控制和统一管理。采用分权式管理模式的企业集团，子公司拥有充分的财务管理决策权，而母公司对子公司的管理以间接管理为主。

3.3.2 集权的优缺点

1）集权式管理的优点

第一，便于指挥和安排统一的财务政策，降低行政管理成本。第二，有利于母公司发挥财务调控功能，完成集团统一财务目标。第三，有利于发挥母公司财务专家的作用，降低公司财务风险和经营风险。第四，有利于统一调剂集团资金，保证资金头寸，降低资金成本。

2）集权式管理的缺陷

第一，财务管理权限高度集中于母公司，容易挫伤子公司经营者的积极性，抑制子公司的灵活性和创造性。第二，高度集权虽能降低或规避子公司的某些风险，但决策压力集中于母公司，一旦决策失误，将产生巨大损失。

【知识延伸】

被淋湿的衣服

丈夫不论做什么事，总是被妻子埋怨一番。

丈夫说："那我应该怎么办？"

妻子很有权威地说："要先问我，然后按照我说的去办！没问过的绝对不要做！"

"行！"丈夫决定按照妻子的要求办事。

第二天，妻子下班回家后，看到白天晾晒的衣服全都被大雨淋湿了，而丈夫只是安安稳稳地坐在沙发上看报纸。看见妻子回来后，丈夫立刻起身问道："老婆，你终于回来了，请问我能收衣服了吗？"

3.4 分权

3.4.1 分权的必要性

在过度集权的情况下，权利集中在少数人手里，决策的民主性、科学性不够，不利于合理决策。过度集权还不利于调动下属的积极性，基层人员会觉得一切由高层说了算。过度集权有阻碍信息交流、助长组织中的官僚主义等弊端，因此需要适度的分权。

适度分权一方面可以使组织的决策更加合理、科学，另一方面还有利于管理人才的培养。衡量分权程度的标志有决策的数量、决策的范围、决策的重要性以及作出的决策是否需要审核等。

3.4.2 分权管理的优缺点

1）分权式管理的优点

第一，子公司有充分的积极性，决策快捷，易于捕捉商业机会增加创利机会。第二，减轻母公司的决策压力，减少母公司直接干预的负面效应。

2）分权式管理的缺陷

第一，难以统一指挥和协调，有的子公司因追求自身利益而忽视甚至损害公司整体利益。第二，弱化母公司财务调控功能，不能及时发现子公司面临的风险和重大问题。第三，难以有效约束经营者，从而造成子公司"内部控制人"问题，挫伤广大职工的积极性。

【知识延伸】

企业的分权管理

一家酒店的老总在一次酒店行业发展研讨会上做报告时，一位听众问："你在事业上取得了巨大的成功，请问，对你来说，最重要的是什么？"酒店老总没有直接回答，他拿起粉笔在黑板上画了一个圈，只是没有把圈画圆满，留下了一个缺口。他反问道："这是什么？"台下听众七嘴八舌地报出答案，却没有说出他的本意。他笑了笑说："其实，这只是一个未画完整的句号。你们问我为什么会取得辉煌的业绩，道理很简单，我不会把事情做得很圆满，就像画个句号，一定要留个缺口，让我的下属去填满它。"

案例解析：通过权力下放留给每一位职员自主发挥的空间，让下属去补上老板决策后没能画完整的圆。留个缺口给他人，并非是管理者的能力不强，实际上，这是一种管理的智慧，是一种更高层次上的带有全局性的圆满。最优秀的领导并不需要大包大揽、事必躬亲，其关键作用在于如何把人员合理地进行统筹安排。

3.5 集权与分权的关系

在现代组织中，极端的集权和极端的分权都是不现实的，在组织工作中需要找到分权或集权的度。在现实中，相对分权而成功的组织不少，相对集权而成功的组织同样也不少。因此，还是那句话：适合自己的才是最好的。

集权和分权作为一对矛盾，是两个对立的方面，但绝对的集权制与分权制是根本不存在的，它们互相依存、缺一不可，具有统一性，并在一定条件下可以相互转化。当集权超过一定限度时，就要向分权的方向转化，如果不主动采取和平转化，就可能会发生强制性转化事件；当分权发展到优点不明显、缺点非常严重的时候也会向集权的方向转化。过度的集权与分权都不利于企业的管理，那么对于企业来说，企业管理应将集权制与分权制相互融合以求经济成本最小化。一般来说，事关企业发展大局的决策，如决定经营方针和投资计划、批准企业财务预算、确定企业发展战略等，其权力就配置给企业高层管理人员；而企业的日常经营决策权，如拟订各种具体的项目计划、控制现金流量、进行管理与报告分析、落实财务预算等，就配置给企业的中层管理人员；对于一般成本费用的控制、采购方式的选择等日常活动，其权力可直接配置给基层有关从业人员。

发挥集权与分权最大的政体协调效应，应遵循以下两条原则：

首先，在战略上实行集权，在战术上实行分权。具体到企业管理中，就是少数重要决策权要高度集中，如客户、财务、人事等应由高层集中掌控；多数运行权力要彻底分开，如品种开发、生产、营销等由基层自行掌控。

其次，要实行因时而变的弹性交错。企业对集权与分权的划分，不能拘泥于一成不变，而应根据企业内外形势的变化作相应的权变，权变思想的关键在于"兵有分聚，各贵适宜"。

【知识延伸】

通用公司的分权与集权的结合[①]

美国通用电气公司是超大型的跨国公司，是传统企业向高技术企业转换的成功典范。它采取了较灵活的集权和分权相结合的"全球中心体制"。一方面，母公司在财务、人事和研究开发三大关键领域对子公司进行严密控制；另一方面，母公司又在营销决策、劳动关系、生产关系等方面赋予各子公司较大的自主权。美国通用电气公司在财务管理上实行"集权为主，分权为辅"的方式。总公司设有财务部，是全公司的中央机构，各集团根据各自的不同业务构成来设置其财务机构，直接向公司的财务副总裁负责。子公司只能在总部制定的财务制度范围内活动，在遵守财务制度的情况下，享有完全的财务自主权。

通用公司把事关企业命运的重大决策权集中在公司总部，而把需要灵活反应的具体安排和经营业务分散在各子公司。这种管理模式使集中管理在协作中节约资源、提高效率，并通过分散经营充分发挥了子公司各级人员的积极性，提高了经营的灵活性，从而获得了良好的经济效益。

案例解析：就美国通用公司而言，它将涉及公司重要的、影响面较大的如财务、人事和研究开发等方面的决策采用集权的方式，进行严密的控制，可以统筹全局，兼顾其他，使指挥方便。而对于重要程度较低如营销决策、劳动关系、生产关系等方面的决策赋予各子公司较大的自主权，但还是在总部制定的财务制度范围内活动，这样既可以不造成各自为政的情况，又可以充分调动下级的主观能动性，从而具体问题具体分析，因时、因地制宜地制定适合自己发展的政策。

3.6 授权

3.6.1 授权的含义

所谓授权，就是指上级管理者随着职责的委派而将部分职权委让给对其直接报告工作的部属的行为。授权的本质是管理者不要去做别人能做的事，而只做那些必须由自己来做的事。（一个人不可能事必躬亲去承担实现组织目标所必需的全部任务）

【知识延伸】

名人名言

古典管理理论的主要代表人物之一，管理过程学派的创始人亨利·法约尔指出："管理所

[①] 赵杰. 美国通用电气的集权与分权[J]. 政策与管理，2000（10）：50-52.

处的时代背景已经发生了很大的变化，没有一个领导人有足够的知识、精力、时间来解决一个大企业、大公司面临的所有问题，授权式的管理成为必需。"

3.6.2 授权过程

科学、合理的授权过程由4个有机联系的环节构成：

1）任务的分派

管理者在进行授权的时候，需要确定接受授权的人即授权人所应承担的任务是什么。正是从实现组织目标而执行相应任务的需要出发才产生了授权。

2）职权的授予

根据受权人开展工作、实现任务的需要，授予其采取行动或者指挥他人行动的权力。

3）职责的明确

有效的授权必须做到使受权者"有职就有权，有权就有责，有责就有利"，并且授权前要遵循"因事择人，施能授权"和"职以能授，爵以攻授"的原则正确地选择受权者，做到职、责、权、利、能相互平衡。

4）监控权的确认

授权者应该明白自己对授予下属完成任务执行情况负有最终的责任，为此需要对受权者的工作情况和权力使用情况进行监督检查，并根据检查结果调整所授权力或者收回权力。（建立反馈机制、加强监督控制）

3.6.3 授权的六个层次

第一层：告诉我一切有关的情况，我将自行制定决策。
第二层：让我了解包含正反意见的各种可行途径，并建议其中的一个途径供我取舍。
第三层：让我了解你希望怎么做，在我同意之前不要采取行动。
第四层：让我了解你希望怎么做，除非我表示不同意，否则可照你的意思去做。
第五层：你可采取行动，但事后应让我知道你的所作所为。
第六层：你可采取行动，而不需要与我进行联系。

【知识延伸】

子贱放权

孔子的学生子贱有一次奉命担任某地方的官吏。当他到任以后，却时常弹琴自娱，不管政事，可是他所管辖的地方却治理得井井有条，民兴业旺。这使那位卸任的官吏百思不得其解，因为他每天即使起早摸黑，从早忙到晚，也没有把地方治理好。于是他请教子贱："为什么你能治理得这么好？"子贱回答说："你只靠自己的力量去进行，所以十分辛苦；而我却是借助别人的力量来完成任务。"

管理启示：现代企业中的一些领导者喜欢把一切事揽在身上，事必躬亲，从来不放心把一件事交给手下人去做，这样，他整天忙忙碌碌不说，还会被公司的大小事务搞得焦头烂额。其实，一个聪明的领导者，应该是子贱这样，正确地利用部属的力量，发挥团队协作精神，不仅能使团队很快成熟起来，同时也能减轻管理者的负担。

在公司的管理方面，可运用"少就是多"的道理：你抓得少些，反而收获就多了。

【任务小结】

恭喜你顺利完成本任务的学习，现就任务完成过程中所运用到的具体知识点进行以下回顾：

1. 权力的来源：强制权力、奖赏权力、合法权力、专家权力、感召权力。

2. 职权的含义：在组织结构中赋予某一管理职位做出决策、发布命令并为保证命令能得到执行而进行奖惩的权力。

3. 职权的形式：分工协调原则、指挥统一原则、系统运作原则、讲究效率原则、管理层级原则、突出重点原则、以人为本原则、适应创新原则。

4. 职权的形式有三种，即直线职权、参谋职权和职能职权。（1）直线职权是直线人员所拥有的做出决策、发布命令、执行决策的权力，它由决策权、命令权、执行权组成。直线职权又被称为决策指挥权。（2）参谋职权是指参谋人员所拥有的提出咨询建议，或提供服务与便利，协助直线机构和直线人员进行工作的权力，是一种辅助性职权。（3）职能职权是指参谋人员或某部门的主管人员所拥有的原属直线主管的那部分权力。

5. 集权的优缺点

（1）集权式管理的优点。

第一，便于指挥和安排统一的财务政策，降低行政管理成本。第二，有利于母公司发挥财务调控功能，完成集团统一财务目标。第三，有利于发挥母公司财务专家的作用，降低公司财务风险和经营风险。第四，有利于统一调剂集团资金，保证资金头寸，降低资金成本。

（2）集权式管理的缺陷。

第一，财务管理权限高度集中于母公司，容易挫伤子公司经营者的积极性，抑制子公司的灵活性和创造性。第二，高度集权虽能降低或规避子公司某些风险，但决策压力集中于母公司，一旦决策失误，将产生巨大损失。

6. 分权管理的优缺点

（1）分权式管理的优点在于：第一，子公司有充分的积极性，决策快捷，易于捕捉商业机会增加创利机会。第二，减轻母公司的决策压力，减少母公司直接干预的负面效应。

（2）分权式管理的缺陷在于：第一，难以统一指挥和协调，有的子公司因追求自身利益而忽视甚至损害公司整体利益。第二，弱化母公司财务调控功能，不能及时发现子公司面临的风险和重大问题。第三，难以有效约束经营者，从而造成子公司"内部控制人"问题，挫伤广大职工的积极性。

7. 集权与分权的关系：集权和分权作为一对矛盾，是两个对立的方面，但绝对的集权制与分权制是根本不存在的，它们互相依存、缺一不可，具有统一性，并在一定条件下可以相互转化。

8. 授权：上级管理者随着职责的委派而将部分职权委让给对其直接报告工作的部属的行为。

任务四　组织结构设计

【学习目标】

1. 知识目标：了解组织结构设计的影响因素，掌握组织结构的基本类型。
2. 能力目标：能够对模拟公司进行组织结构设计。
3. 素质目标：培养学生的团队意识，查找、分析以及分析资料的能力。

任务书	
任务名称	组织结构设计
任务内容	背景描述： 一、企业概况 （一）企业规模 　　这是一个 270 人的 IT 企业，包括两个业务部门（分公司）及相关职能管理机构。其中数字生产服务人员有 180 人，真正的管理人员和另一业务部门的人员实际只有 90 人。 （二）业务 　　该公司主要有两个业务，一是专业软件的开发应用，二是数字生产服务。业务结构相对简单也比较稳定。这两块业务无论从产品的相似性、人员要求（前者需要高科技人才，后者只需初高中技工）、业务性质（前者是开发型，后者属生产型）、组织模式（前者适用于团队管理，后者适用于流程管理）、产品用户（互不相干）等各个方面来看，都是完全不同的，几乎没有共性，也没有可共享的资源。 （三）管理团队 　　由六个人组成，即董事长兼任 CEO、总经理助理、COO、CTO、两个业务部门总经理。其中，董事长是一个关注技术多于关注管理的人。 二、当前公司组织结构分析 　　公司全部管理层、职能部门、软件开发业务部门及数字生产业务的管理部门在一个地点（以下称总部）。数字生产业务的生产基地则设在距总部 10 多公里的另一个地点，因此为方便管理，该基地自行设置相关职能部门，职能部门的设置包括人事、行政、设备、生产、安全等几乎一个公司的大部分职能，比如直接影响生产效率的现场生产人员就只能由他们自己招聘；设备不足，靠自己加大库存、延长申购周期来解决等。在编制上，生产基地仍是一个部门。 　　公司目前设计的组织结构是典型的矩阵型组织结构。其中，办公室、人力资源部、财务部、公关部设置在总部，独立于业务部门，是公司的职能部门；软件开发和数字生产业务分别成立了独立核算的公司，是业务部门，也是公司的两个利润中心。这是一种把按职能划分的部门和按产品或服务划分的部门相结合起来组成的一个矩阵结构。 任务： 1. 该公司在组织结构设计上存在哪些问题？ 2. 请提出对该公司组织结构的修改建议
任务要求	1. 围绕任务，以小组形式开展以上问题的讨论，每组人数 4~6 人。 2. 讨论过程中及时与老师进行沟通，确保任务能够在规定时间内完成。 3. 讨论结束后，教师以抽查的形式，随机抽取小组成员汇报讨论结果
完成任务所需知识点	知识点 1：组织结构的设计的影响因素 知识点 2：组织结构的类型

任务评价标准	考核项目	考核标准	分值	得分	备注
	语言表达	语言表达流畅，字清晰，声音洪亮	10分		
	整体形象	精神饱满，举止自然得体	10分		
	应变能力	面对压力具有一定的心理承受力	20分		
	分析和处理问题	思路清晰，分析准确；有创新	40分		
	团队协作	成员分工负责、协作配合	20分		

参考资料	书　　名：《第五项修炼：学习型组织的艺术与实践》 作　　者：彼得·圣吉 出 版 社：中信出版社 出版时间：2009年10月

团队构成 （学生填写）	团队组长	
	团队成员	

时间要求 （学生填写）	任务领取时间	
	要求完成时间	

任务讨论结果及启示 （团队成员共同填写）	

任课教师反馈	

任务最终得分	＿＿＿＿＿分

【核心知识讲解】

4.1　组织结构的含义

组织结构（Organizational Structure）是指对于工作任务如何进行分工、分组和协调合作。它是表明组织各部分排列顺序、空间位置、聚散状态、联系方式以及各要素之间相互关系的一种模式,是整个管理系统的"框架"。组织结构是组织的全体成员为实现组织目标,在管理工作中进行分工协作,在职务范围、责任、权利方面所形成的结构体系。

从实现组织目标的过程来看,组织结构是组织将它的工作划分为具体的任务,并且在这些任务中实现合作的方式。组织结构不仅静态地描述了组织的框架体系,而且动态地描述了这个框架体系是如何在分工与合作的过程中把个体和群体结合起来去完成任务的。

4.2 组织结构的影响因素

组织结构是组织的"框架",而"框架"的合理完善,很大程度上决定了组织目标能否顺利实现。对组织结构精心设计的同时,还要考虑组织结构的影响因素。组织结构的影响因素有以下几个方面。

4.2.1 组织层次与宽度

组织结构设计的内容之一是划分组织层次,解决组织的纵向结构问题,这样组织层次就必然成为影响组织结构的因素之一。随着生产的发展、科技的进步和经济的增长,组织的规模越来越大,管理者与被管理者的关系越来越复杂。为处理这些错综复杂的关系,管理者需要花费大量的时间与精力。而每个管理者的能力、精力与时间都是有限的,主管人员为有效地领导下属,必须考虑如何有效地管理直接下属的人数问题。当直接管理的下属人数超过某个限度时,就必须增加一个管理层次,通过委派工作给下一级主管人员而减轻上层主管人员的负担。如此,就形成了有层次的组织结构。

1)组织层级化

组织在纵向结构设计中需要确定层级数目和有效的管理幅度,需要根据组织集权化的程度,规定纵向各层级之间的权责关系,最终形成一个能够对内外部环境要求做出动态反应的有效组织结构形式。

2)管理幅度

管理幅度是主管人员能够直接领导、指挥和监督的下级人员或下级部门的数量及范围。

4.2.2 人员配备

人员配备是组织有效活动的保证。人是组织最重要的资源,但在组织的所有人员中,最重要的是主管人员。主管人员在整个管理过程中起着举足轻重的作用,是实现目标的关键人物。主管人员既是组织中的"建筑师",又是指挥者、集合者,同时还是一个执行者。有效地为组织机构配备各级主管人员是组织活动取得成效的最好保证之一。主管人员配备得恰当与否,与组织的兴衰存亡密切相关。所以一个组织结构是否合理,与人员配备密不可分。

4.2.3 组织战略

战略是实现组织目标的各种行动方案、方针和方向选择的总称。在组织结构与战略的关系上:一方面,战略的制定必须考虑企业组织结构的现实;另一方面,一旦战略形成,组织结构应作相应的调整，以适应战略实施的要求。

战略选择的不同，将在两个层次上影响组织的结构：不同的战略要求开展不同的业务活动，这会影响管理职务的设计；战略重点的改变，会引起组织的工作重点及各部门与职务在组织中重要程度的改变，因此要求对各管理职务及部门之间的关系作相应的调整。

4.2.4 职权划分

职权划分是组织结构设计的内容之一，主要解决组织结构的职权问题。职权是经由一定的正式程序赋予某一职位的一种权力。同职权共存的是职责，职责是某项职位应该完成的某项任务的责任。在组织结构内要遵循责权一致的原则。责权一致原则是指在组织结构设计中，职位的职权和职责越对等一致，组织结构就越有效。

作为主管人员，在组织中占据一定的职位，从而拥有一定职务、一定职权，必然要负一定责任，即职务、职责和职权三者是对等的。随着组织层次的提升，若要建立职务、职权和职责关系和责任范围便日益困难；由于活动日趋广泛和复杂，事情因果距离就越远，权与责更难明确。为坚持责权对等，法约尔认为，避免滥用职权和克服领导人弱点的最佳方法在于提高个人素质，尤其是必须具备高度的道德素质。

4.3 组织结构的类型

组织的部门划分，也称部门化，是按照一定的方式将相关的活动加以细分和组合，形成若干个易于管理的组织单位。部门划分方式的不同，导致形成各种不同的组织结构。下面我们来介绍几种常见的组织结构形式。

4.3.1 直线制组织结构

直线制组织中各级职位是按垂直系统直线排列的，各级行政领导人执行统一指挥和管理职能，不设专门的职能机构，自上而下形同直线。直线制组织结构如图 3.9 所示。

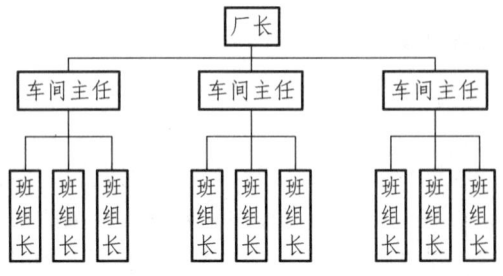

图 3.9 直线制组织结构

1）直线制组织结构的优点

结构简单、权责分明、信息沟通便捷，便于统一指挥、集中管理。

2）直线制组织结构的缺点

由于缺少横向的协调关系，没有职能机构作为领导的助手，容易产生忙乱的现象。厂部不另设职能机构（可设职能人员协助主管人工作），一切管理职能基本上都由行政主管执行。

由于直线制组织结构不设专门的职能机构辅助直线领导，因此它要求行政负责人要通晓多种知识和技能，亲自处理各种业务。这在业务比较复杂、规模比较大的企业中，把所有管理职能都集中到最高主管一人身上，显然是难以胜任的。

3）适用范围

直线制只适用于规模较小、生产技术比较简单的企业，对生产技术和经营管理比较复杂的企业并不适宜。

4.3.2 职能制组织结构

职能制组织结构也称 U 型组织，它以工作方法和技能作为部门划分的依据，或按职能来组织部门分工，即从企业高层到基层，均把承担相同职能的管理业务及其人员组合在一起，设置相应的管理部门和管理职务。例如把所有同财务有关的业务工作和人员都集中起来，成立财务部门。职能制组织结构如图 3.10 所示。

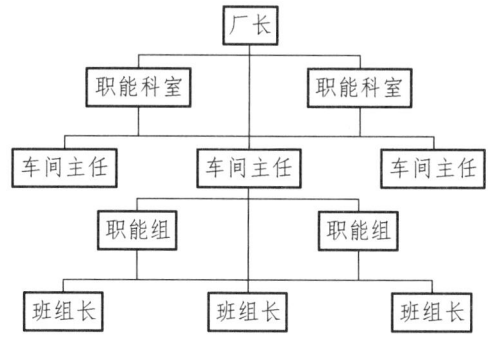

图 3.10　职能制组织结构

在职能制组织结构中，各级管理机构和人员实行高度的专业化分工，各自履行一定的管理职能。每一个职能部门所开展的业务活动将覆盖整个组织。一般来说，在这种组织结构中，普遍实行直线-参谋制。整个管理系统划分为两大类机构和人员，一类是直线指挥机构和人员，对其直属下级有发号施令的权力；另一类是参谋机构和人员，其职责是为同级直线指挥人员出谋划策，对下级单位不能发号施令，而是起业务上的指导、监督和服务的作用。由于各个职能部门和人员都只负责某一个方面的职能工作，唯有最高领导层才能纵观企业全局，所以，企业生产经营的决策权必然集中于最高领导层，主要在经理身上。因此，在职能制组织结构中，权力高度集中。

1）职能制组织结构的优点

第一，职能部门任务专业化，可以避免人力和物资的重复配置；第二，便于发挥职能专长，对职能人员有激发力；第三，由于各项职能的规模经济性，可以降低管理费用。

2）职能制组织结构的缺点

第一，用狭窄的职能眼光看待管理中的问题，不利于企业满足迅速变化的顾客需要；第二，一个部门难以理解另一个部门的目标和要求；第三，各职能部门之间的协调性较差；第四，不利于管理队伍中培养全面的管理人才，因为每个人都力图向自己专业的纵深方向发展自己。

3）适用范围

职能制组织结构主要适用于劳动密集、重复劳动的大中型企业。

4.3.3 直线职能制

在上述直线制和职能制的基础上，吸取这两种形式的优点形成了直线职能制，如图 3.11 所示。

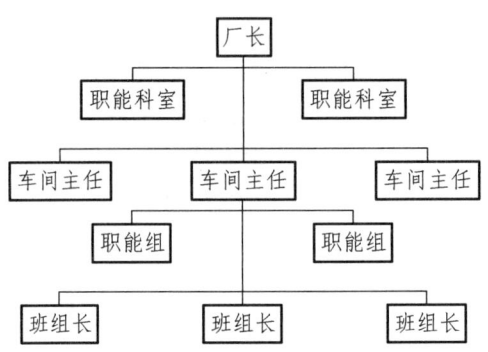

图 3.11　直线职能制组织结构

直线职能制组织结构把组织管理机构和人员分为两类，一类是直线领导机构和人员，按统一命令原则对各部门行使指挥权；另一类是职能机构和人员，按专业化原则，从事组织的各项职能管理工作。直线领导机构和人员在自己的职责范围内有一定的决定权和对所属下级的指挥权，并对自己部门的工作负全部责任。而职能机构和人员，则是直线指挥人员的参谋，不能对直接部门发号施令，只能进行业务指导。

1）直线职能制组织结构的优点

直线职能制既保持了直线制的集中统一指挥的优点，又吸取了职能制发挥专业管理的长处，从而提高了管理工作的效率。

2）直线职能制组织结构的缺点

第一，权力集中于最高管理层，下级缺乏必要的自主权；第二，各职能单位自成体系，横向联系较差，容易产生脱节与冲突；第三，各参谋部门与指挥部门之间的目标不一致，容易产生矛盾，若授权职能部门过大，易干扰直线指挥命令系统；第四，信息传递线路较长，反馈较慢，难以适应环境变化。

3）适用范围

直线职能制组织结构主要适用于中小型企业，以及产品和技术比较单一、市场需求比较稳定的企业。

【知识延伸】

企业的组织结构改革

某地方生产传统工艺品的 A 企业，伴随着我国对外开放政策逐渐发展壮大起来，销售额和出口额近十年来平均增长 15% 以上，员工也由原来的不足 200 人增加到 2000 多人。企业还是采用过去的类似直线型的组织结构，企业一把手王厂长既管销售又管生产，是一个全能型的管理者。

最近，企业发生了一些事情，令王厂长应接不暇。其一，生产基本是按订单生产，基本由厂长传达生产指令。碰到交货紧，往往是厂长带头，和员工一起挑灯夜战。虽然按时交货，但质量不过关，产品被退回，并被要求索赔。其二，以前企业需要招聘的人员人数少，所以王厂长一人就可以决定。现在每年要招收大中专学生近50人，还要牵涉到人员的培训等。其三，过去总是王厂长临时抓人去做后勤等工作，现在这方面工作太多，临时抓人去做，已经做不好了。凡此种种，以前有效的管理方法已经失去作用了。

案例思考：

1. 案例中，此公司现在采用的是什么组织结构形式？这种组织结构有什么优缺点？
2. 企业要采用什么组织结构才能解决公司现在存在的问题？改进后的组织结构有哪些优缺点？

4.3.4 事业部制组织结构

事业部制是指以某个产品、地区或顾客为依据，将相关的研究与开发、采购、生产、销售等部门结合成一个相对独立单位的组织结构形式。事业部制组织结构如图 3.12 所示。

在事业部制组织结构中，各事业部有各自独立的产品或市场，在经营管理上有很强的自主性，实行独立核算，是一种分权式管理结构。在战略管理中，事业部被看作是一个战略经营单位。事业部制又称 M 型组织结构，即多单位企业、分权组织，或部门化结构。尽管各事业部有相对独立性，但执行的是总公司或者集团的统一政策，因此事业部制体现了"集中政策，分散经营"的原则。

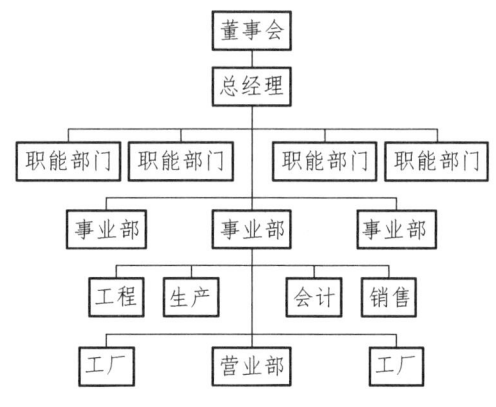

图 3.12 事业部制组织结构

1）事业部制组织结构的优点

第一，提高了管理的灵活性和适应性；第二，有利于最高管理层摆脱日常行政事务，集中精力做好有关企业大政方针的决策；第三，便于组织专业化生产。

2）事业部制组织结构的缺点

第一，增加了管理层次，并造成了机构重叠，管理人员和管理费用增加；第二，各事业部独立经营，各自为战，相互支援较差；第三，各事业部往往从本部门出发，容易滋生不顾公司整体利益的本位主义和分散主义倾向。

3）适用范围

事业部制组织结构适用于品种多样化、市场环境变化较快的大型企业。此种公司的权力分配科学、责任界定明确、指标考核多元化。此外，超事业部结构适合于规模巨大的跨国公司。

4.3.5 模拟分权制

模拟分权制是介于直线职能制和事业部制之间的一种结构形式。模拟分权制组织结构如图 3.13 所示。

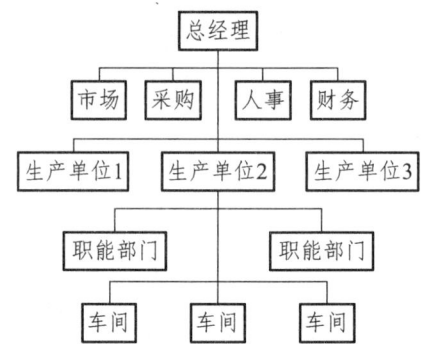

图 3.13　模拟分权制组织结构

所谓模拟，就是模拟事业部制的独立经营，单独核算，而不是真正的事业部，实际上是一个个"生产单位"。这些生产单位有自己的职能机构，享有尽可能大的自主权，负有"模拟性"的盈亏责任，其目的是要调动它们的生产经营积极性，达到改善企业生产经营管理的目的。

不过，各生产单位由于生产上的连续性，很难截然分开。

以连续生产的石油化工为例，甲单位生产出来的"产品"直接就成为乙生产单位的原料，这其中无须停顿和中转。因此，它们之间的经济核算，只能依据企业内部的价格，而不是市场价格，也就是说这些生产单位没有自己独立的外部市场，这也是与事业部的差别所在。

1）模拟分权制组织结构的优点

模拟分权制组织结构既能调动各生产单位的积极性，也可以解决企业规模过大不易管理的问题。高层管理人员将部分权力分给生产单位，减少了自己的行政事务，从而把精力集中到战略问题上来。

2）模拟分权制组织结构的缺点

这种组织结构很难为各生产单位明确任务，造成考核上的困难；各生产单位领导人难以了解企业的全貌，在信息沟通和决策权力方面也存在着明显的缺陷。

3）适用范围

模拟分权制组织结构主要适用于大型的钢铁、化学、铝业、玻璃、造纸等企业。

4.3.6 矩阵制组织结构

在直线职能制垂直形态组织系统的基础上，再增加一种横向的领导系统，形成了矩阵制组织结构，如图 3.14 所示。

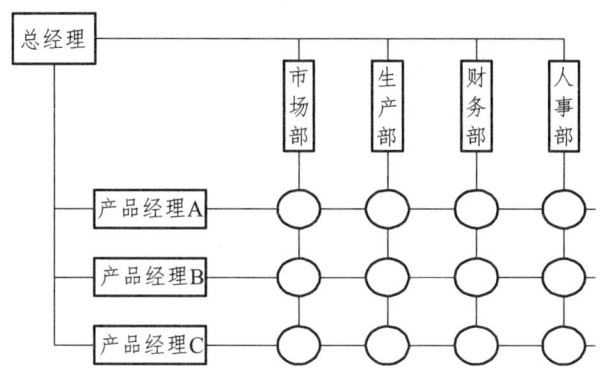

图 3.14 矩阵制组织结构

矩阵制组织结构比较多地应用在项目管理中。通常，一个项目团队需要具备多种技能的人员，这种人员是由各相关部门派出的。在项目团队中的人员受到了双重领导：一是原隶属部门主管的领导，二是现所在项目团队主管的领导。因此，协调好这两方面的领导是矩阵制组织结构成功的关键。

1）矩阵制组织结构的优点

第一，将组织的纵向联系和横向联系有机地结合起来，有利于加强各职能部门之间的协作和配合，及时沟通，解决问题；第二，机动性较强，能根据特定需要和环境变化，保持高度的适应性；第三，结合不同部门、不同专长的人员，有利于互相启发，集思广益。

2）矩阵制组织结构的缺点

第一，在资源管理方面具有复杂性；第二，组织稳定性差，一般的项目团队在项目完成后即消亡，团队成员可以回到原先的部门；第三，权责不清。

3）适用范围

矩阵制组织结构主要适用于技术发展迅速、产品品种较多而创新性强、管理复杂的企业，如军工、航天工业企业。

4.3.7 学习型组织结构

学习型组织是指通过营造整个组织的学习气氛，充分发挥员工的创造性思维能力，而建立起来的一种有机的、高度柔性化的、横向网络式的、符合人性的、能持续发展的组织。学习型组织突破了原有方法论的模式，以系统思考代替机械思考，以整体思考代替片段思考，以动态思考代替静态思考。由于所有组织成员都积极参与到与工作有关问题的识别与解决中，从而使组织形成了能持续适应和具有变革能力的一种组织。

在学习型组织中，员工们通过不断获取和共享新知识，参与到组织的知识管理中来，并有意愿将其知识用于制定决策或者做好他们的工作。这种在完成工作任务过程中的学习以及应用所学知识的能力，被一些组织理论家高度评价为组织持续性竞争优势的唯一源泉。

总之，对于有一定规模的组织来说，组织结构可能比较复杂，在组织结构设计中应综合采用上述组织结构中的几种。

【知识延伸】

水上漂

有一个博士被分到一家研究所工作，成为研究所中学历最高的职员。有一天他到单位后面的小池塘去钓鱼，正好所长、副所长也在钓鱼。博士只是微微点了点头，以示礼貌。

不一会儿，所长放下钓竿，伸伸懒腰，"蹭蹭蹭"，水面上如飞地走到对面上厕所。博士生眼睛瞪得都快掉下来了。水上漂？不会吧？这可是一个池塘啊。所长上完厕所回来的时候，同样也是从水上漂回来的。怎么回事？博士生又不好去问，自己是博士生哪！过一阵，副所长也站起来，走几步，蹭蹭蹭，飘过水面上厕所。这下子博士更是差点昏倒："不会吧，到了一个江湖高手集中的地方？"

过了一会儿，博士生也内急了。这个池塘两边有围墙，要到对面厕所非得绕十分钟的路，而回单位上又太远，怎么办？博士生也不愿意去问两位所长，憋了半天后，也起身往水里跨："我就不信本科生能过的水面，我博士生不能过。"只听咚的一声，博士生栽到了水里。

两位所长将他拉了出来，问他为什么要下水，他问："为什么你们可以从水上漂过去，我就不行呢？"两所长相视一笑，回答道："这池塘里有两排木桩子，由于这两天下雨涨水，所以木桩被淹没在水面了。我们都知道这木桩的位置，所以可以踩着桩子过去。你怎么不问一声呢？"

启示：学历代表过去，只有学习力才能代表将来。尊重经验的人，才能少走弯路。一个好的团队，也应该是学习型的团队。

【任务小结】

恭喜你顺利完成本任务的学习，现就任务完成过程中所运用到的具体知识点进行以下回顾：

1. 组织结构的含义：对于工作任务如何进行分工、分组和协调合作。它是表明组织各部分排列顺序、空间位置、聚散状态、联系方式以及各要素之间相互关系的一种模式，是整个管理系统的"框架"。

2. 组织结构的影响因素：组织层次与宽度、人员配备、组织战略、职权划分。

3. 组织结构的类型：直线制组织结构、职能制组织结构、直线职能制组织结构、事业部制组织结构、矩阵制组织结构、学习型组织结构。

任务五　组织变革

【学习目标】

1. 知识目标：了解组织变革的含义、原因，理解组织变革的影响因素，掌握组织变革的两种模式。
2. 能力目标：通过网上查资料或企业调研，能够了解最新企业的组织类型以及组织变革。
3. 素质目标：培养学生查找资料、分析资料的能力，思考并分析问题的能力。

任务书	
任务名称	蜜蜂与苍蝇
任务内容	背景描述： 科学家做过这样一个实验：如果把六只蜜蜂和六只苍蝇装进一个玻璃瓶中，然后将瓶子平放，让瓶底朝着窗户，会发生什么情况？ 实验的结果是蜜蜂不停地想在瓶底上找到出口，一直到它们力竭倒毙或饿死；而苍蝇则会在不到两分钟之内，穿过另一端的瓶颈逃逸。究其原因，蜜蜂认为囚室的出口必然在光线最明亮的地方，它们不停地重复着这种合乎逻辑的行动。对蜜蜂来说，玻璃是一种超自然的神秘之物，它们在自然界中从没遇到过这种突然不可穿透的大气层，而它们的智力越高，这种奇怪的障碍就越显得无法接受和不可理解。正是由于蜜蜂对光亮的喜爱，以及它们的智力，蜜蜂才灭亡了。而那些苍蝇则对事物的逻辑毫不留意，全然不顾亮光的吸引，四下乱飞，结果误打误撞地碰上了好运气，并因此获得了自由。 任务： 从组织变革角度看，从这个寓言故事中可以得到什么启示
任务要求	1. 围绕任务，以小组形式开展以上问题的讨论，每组人数4~6人。 2. 讨论过程中及时与老师进行沟通，确保任务能够在规定时间内完成。 3. 讨论结束后，教师以抽查的形式，随机抽取小组成员汇报讨论结果
完成任务所需知识点	知识点1：组织变革的影响因素 知识点2：组织变革的原因 知识点3：组织变革的模式选择
任务评价标准	<table><tr><td>考核项目</td><td>考核标准</td><td>分值</td><td>得分</td><td>备注</td></tr><tr><td>语言表达</td><td>语言表达流畅，字清晰，声音洪亮</td><td>10分</td><td></td><td></td></tr><tr><td>整体形象</td><td>精神饱满，举止自然得体</td><td>10分</td><td></td><td></td></tr><tr><td>应变能力</td><td>面对压力具有一定的心理承受力</td><td>20分</td><td></td><td></td></tr><tr><td>分析和处理问题</td><td>思路清晰，分析准确；有创新</td><td>40分</td><td></td><td></td></tr><tr><td>团队协作</td><td>成员分工负责、协作配合</td><td>20分</td><td></td><td></td></tr></table>

参考资料	书　　名:《组织的反思》 作　　者：曼弗雷德·凯茨·德·弗里斯 出　版　社：中国人民大学出版社 出版时间：2017 年 5 月	
团队构成 （学生填写）	团队组长	
	团队成员	
时间要求 （学生填写）	任务领取时间	
	要求完成时间	
任务讨论结果及启示 （团队成员共同填写）		
任课教师反馈		
任务最终得分	＿＿＿＿＿＿＿分	

【核心知识讲解】

5.1　组织变革的概念

组织变革（Organizational Change）是指运用行为科学和相关管理方法，对组织的权利结构、组织规模、沟通渠道、角色设定、组织与其他组织之间的关系，以及对组织成员的观念、态度和行为，成员之间的合作精神等进行有目的的、系统的调整和革新，以适应组织所处的内外部环境、技术特征和组织任务等方面的变化，提高组织效能。企业的发展离不开组织变革，内外部环境的变化、企业资源的不断整合与变动都给企业带来了机遇与挑战，这就要求企业关注组织变革。

【知识延伸】

卡那定理

法国组织学家 N. D. 卡那提出卡那定理：一个组织不是一台静止的机器，而是一个演变着的社会系统。

卡那定理说明了两个方面的问题：第一，企业是一个复杂的组织，一个"社会系统"；第二，随着外界环境的变化，企业并不是"我自岿然不动"。

5.2 组织变革的征兆及原因

5.2.1 组织变革的征兆

1）企业经营成绩的下降

如市场占有率下降，产品质量下降，消耗和浪费严重，企业资金周转不灵等。

2）企业生产经营缺乏创新

如企业缺乏新的战略和适应性措施，缺乏新的产品和技术更新，没有新的管理办法或新的管理办法推行起来困难等。

3）组织机构本身病症的显露

如决策迟缓，指挥不灵，信息交流不畅，机构臃肿，职责重叠，管理幅度过大，扯皮增多，人事纠纷增多，管理效率下降等。

4）职工士气低落，不满情绪增加

如管理人员离职率增加，员工旷工率增加，病、事假率增加等。

当一个企业出现以上征兆时，应及时进行组织诊断，以判定企业组织结构是否有加以变革的必要。

【知识延伸】

"土虱"与组织变革

喜欢钓鱼的朋友都知道，如果把鱼钓上来超过个把小时，放在篓子里的鱼往往会奄奄一息。擅长钓鱼的朋友经常在鱼篓里放一尾土虱，由于土虱生性喜欢攻击身边的鱼，鱼群必须持续跳、躲、闪以避免其攻击，因此即使经过数个小时，钓上来的鱼还是很新鲜。

管理启示：组织里一片和谐也不见得是一件好事，若有人能适当地扮演"土虱"，刺激组织成员的生存力，也未尝不是一件好事，只不过鱼与土虱的比率一定要控制好，否则易弄巧成拙。为了增加组织的战斗活力、延续组织的生命力，领导者不妨在组织中安排一些"土虱"。

5.2.2 组织变革的原因

任何组织在其生存、发展和壮大过程中，都必须适应内外部环境及条件的变化，对组织的目标、结构及组成要素等适时而有效地进行各种调整和修正，即实行组织变革。

1）组织外部环境的变化

企业组织结构是实现企业战略目标的手段，企业外部环境的变化必然要求企业组织结构做出适应性的调整。诸如国民经济增长速度的变化、产业结构的调整、政府经济政策的调整、科学技术的发展引起产品和工艺的变革等。

2）组织内部条件的变化

组织自身内部环境的变化也会导致组织变革，主要包括以下方面：① 技术条件的变化，如企业实行技术改造，引进新的设备要求技术服务部门的加强以及技术、生产、营销等部门的调整；② 人员条件的变化，如人员结构和人员素质的提高等；③ 管理条件的变化，如实行计算机辅助管理，实行优化组合等。

3）企业本身成长的要求

企业处于不同的生命周期对组织结构的要求也各不相同，如小企业成长为中型或大型企业，单一品种企业成长为多品种企业，单厂企业成为企业集团等。

【知识延伸】

如何补充国库

有一次，安东尼皇帝派使者询问朱丹拉比一个问题："帝国的国库快要空了，你能给我一个补充国库的建议吗？"

朱丹拉比听后，对使者一句话没有说，直接把他带到了他的菜园，然后默默地干起活来。他把大的甘蓝拔掉，种上小甘蓝。对甜菜和萝卜也是如此。使者看到朱丹拉比无意回答他的问题，心中大为不悦，没好气地对他说："你总得给我一句话吧，我回去也有个交代。""我已经给你了。"朱丹拉比不紧不慢地说道。

使者满脸愕然，无奈之下，只好返回到安东尼那儿。

"朱丹拉比给我回信了吗？"

"没有。"

"他给你说什么了吗？"

"也没有。"

"那他做了什么？"

"他只是把我领到他的菜园里，然后他把那些大的蔬菜拔掉，种上小的。"

"噢！他已经给我建议了！"皇帝兴奋地说。

第二天，安东尼立刻遣散了他所有的官员和税收大臣，换成少量的有能力、诚实的人。不久，国库就得到了补充。

管理启示：要想提高企业效率，就要下狠心"减肥"，裁去不必要的机构和人员，将那些没有能力却依旧待在重要岗位的人撤下，代之以有干劲、有活力的新锐。

5.3 组织变革成功的影响因素

在组织变革时，管理者应考虑到一些影响变革的主要因素，针对不同因素采取不同方法将决定变革是否获得成功。

5.3.1 变革推动者

变革推动者可能是上层管理者本身，也可能是受聘的顾问，作为一个成功的变革推动者，他必须具备专门的技能，这些技能包括：决定一项变革将如何开展；解决变革带来的相关问题；熟练使用行为科学的工具去适当影响员工；能准确估计有多少员工能承受此项变革等。其中，估计员工承受力是最为重要的一项技能。

5.3.2　决定变革的内容

管理者可以根据人员因素、技术因素和结构因素三方面实施变革计划：① 技术变革强调改变管理系统的技术水平，它包括技术装备、工作流程、工作顺序、信息处理系统以及自动化方面的变革。② 结构变革通过改变现有组织的结构来进一步明确工作内容与工作目标，使信息传递更畅通，并减少沟通成本，增加部门之间的协作能力，提高员工工作积极性以及更大的组织柔性。③ 人员变革是从改革组织成员的角度出发，但它经常包括一些结构与技术变革的内容。

5.3.3　个人对变革的影响

作为管理人员，为了获得员工对变革的支持，他必须考虑如下一些因素：

（1）常见的员工阻碍变革的原因。员工反对变革的原因一般有五个：① 关心个人得失。在这方面，老员工比新员工更加反对变革。② 不确定性。组织员工无法预测变革后的组织结构会给员工带来什么样的结果。③ 认为变革不符合组织目标和最佳利益。④ 企业文化、员工价值观的影响。企业历史越长，它长期沉淀下来的文化、观念越深，反对变革的阻力也就越大。⑤ 过去成功的经验。一个曾经取得过成功的企业，往往容易陶醉于昔日的荣耀之中，并将过去的成功经验作为企业未来制胜的法宝。事实上，由于环境的急剧变化，过去的经验可能不再适用于今天的条件，而管理人员往往忽视这一点，坚信成功经验是万能的。

（2）降低阻力的措施。常见的有六种措施：① 教育与沟通；② 参与和融合；③ 促进与支持；④ 商谈和协商；⑤ 操纵与合作；⑥ 强制。

5.3.4　评价变革

评价变革的目的不仅是要对变革做出适当的修正以更好地提高组织成效，而且也是为下一次变革打好基础并提供经验。

【知识延伸】

老鹰喂食与组织变革

老鹰是所有鸟类中最强壮的种族，根据动物学家所做的研究，这可能与老鹰的喂食习惯有关。老鹰一次生下四、五只小鹰，由于他们的巢穴很高，所以猎捕回来的食物一次只能喂食一只小鹰，而老鹰的喂食方式并不是依平等的原则，而是哪一只小鹰抢得凶就给谁吃，在此情况下，瘦弱的小鹰吃不到食物都死了，最凶狠的存活下来，代代相传，老鹰一族愈来愈强壮。

管理启示：这个故事告诉我们，"公平"不能成为组织中的公认原则，组织若无适当的淘汰制度，常会因小仁小义而影响了进化，在竞争的环境中将会遭到自然淘汰。

5.4　企业组织变革的模式

对于企业组织变革的必要性，有这样一种流行的认识：企业要么实施变革，要么灭亡。

然而事实并非总是如此，有些企业进行了变革，反而加快了灭亡。这就涉及组织变革模式的选择问题。这里将比较两种典型的组织变革模式：激进式变革和渐进式变革。激进式变革力求在短时间内，对企业组织进行大幅度的全面调整，以彻底打破初态组织模式并迅速建立目的态组织模式。渐进式变革则通过对组织进行小幅度的局部调整，力求通过一个渐进的过程，实现初态组织模式向目的态组织模式的转变。

5.4.1 激进式变革

激进式变革能够以较快的速度达到目的态，因为这种变革模式对组织进行的调整是大幅度的、全面的，可谓超调量大，所以变革过程就会较快。与此同时，超调量大会导致组织的平稳性差，严重的时候会导致组织崩溃。这就是为什么许多企业的组织变革反而加速了企业灭亡的原因。

激进式变革的一个典型实践是"全员下岗、竞争上岗"。改革开放以来，为适应市场经济的要求，国内许多企业进行了大量的管理创新和组织创新。"全员下岗、竞争上岗"的实践即是其中之一。为了克服组织保守，一些企业在组织实践中采取全员下岗，继而再竞争上岗的变革方式。这种方式虽有些极端，但体现了深刻的系统思维。稳定性对于企业组织至关重要，但是当企业由于领导超前意识差、员工安于现状而陷于超稳定结构时，企业组织将趋于僵化、保守，会影响企业组织的发展。此时，小扰动不足以打破初态的稳定性，也就很难达到目的态。"不过正不足以矫枉"，只有通过全员下岗，粉碎长期形成的关系网和利益格局，摆脱原有的吸引子，才能彻底打破初态的稳定性。进一步再通过竞争上岗，激发企业员工的工作热情和对企业的关心，只要竞争是公平、公正、公开的，就有助于形成新的吸引子，把企业组织引向新的稳定态。此类变革如能成功，其成果往往是彻底性的。

在这个过程中关键是建立新的吸引子，如新的经营目标、新的市场定位、新的激励约束机制等。如果打破原有组织的稳定性之后，不能尽快建立新的吸引子，那么组织将陷于混乱甚至毁灭。而且应当意识到变革只是手段，提高组织效能才是目的。如果为了变革而变革，那么会影响组织功能的正常发挥。

5.4.2 渐进式变革

渐进式变革是通过局部的修补和调整来实现的。渐进式变革依靠持续的、小幅度变革来达到目的态，即超调量小，但波动次数多，变革持续的时间长，这样利于维持组织的稳定性。

例如，美国一家飞机制造公司原有产品仅包括四种类型的直升机。每一种直升机有专门的用途。从技术上来看，没有任何两架飞机是完全相同的，即产品间的差异化程度大，标准化程度小。在激烈的市场竞争条件下，这种生产方式不利于实现规模经济。为了赢得竞争优势，该公司决定变革组织模式。其具体措施是对个部门进行调整组合。首先，由原来各种机型的设计人员共同设计一种基本机型，使之能够与各种附件（如枪、炸弹发射器、电子控制装置等）灵活组合，以满足不同客户的需求。然后，将各分厂拥有批量生产经验的员工集中起来从事基本机型的生产。原来从事各类机型特殊部件生产的员工，根据新的设计仍旧进行各种附件的专业化生产。这样，通过内部调整，既有利于实现大批量生产，也能够满足市场的多样化需求。这种方式的变革对组织产生的震动较小，而且可以经常性地、局部地进行调整，直至达到目的态。这种变革方式的不利之处在于容易产生路径依赖，导致企业组织长期不能摆脱旧机制的束缚。

比较企业组织变革的两种典型模式各有利弊，企业应当根据组织的承受能力来选择企业组织变革模式，也可以在实践中加以综合利用。在企业内外部环境发生重大变化时，企业有必要采取激进式组织变革以适应环境的变化，但是激进式变革不宜过于频繁，否则会影响企业组织的稳定性，甚至导致组织的毁灭，因而在两次激进式变革之间，在更长的时间里，组织应当进行渐进式变革。

【知识延伸】

螃蟹效应

"螃蟹效应"是指当螃蟹放到不高的水池里时，单个螃蟹可能凭着自己的本事爬出来，但是如果好几个螃蟹，它们就会叠罗汉，总有一个在上边，一个在下边，这时底下的那个就不干了，拼命爬出来，并且开始拉上面螃蟹的腿，结果谁也爬不高。

管理启示：组织中也应该留意与去除所谓的"螃蟹文化"。组织里常有一些人，不喜欢看到别人的成就与杰出表现，成天想尽办法破坏与打压，如果不予去除，久而久之，组织里就只剩下一群互相牵制、毫无生产力的螃蟹。

【任务小结】

恭喜你顺利完成本任务的学习，现就任务完成过程中所运用到的具体知识点进行以下回顾：

1. 组织变革的含义：运用行为科学和相关管理方法，对组织的权利结构、组织规模、沟通渠道、角色设定、组织与其他组织之间的关系，以及对组织成员的观念、态度和行为，成员之间的合作精神等进行有目的的、系统的调整和革新，以适应组织所处的内外环境、技术特征和组织任务等方面的变化，提高组织效能。

2. 组织变革的原因：组织外部环境的变化、组织内部条件的变化、企业本身成长的要求。

3. 组织结构变革的征兆：企业经营成绩的下降；企业生产经营缺乏创新；组织机构本身病症的显露；职工士气低落，不满情绪增加。

4. 企业组织变革的模式：激进式变革和渐进式变革。

【课外拓展】

拓展一：组织设计能力

一、学习目标

1. 培养分析组织结构的初步能力。
2. 培养分析与解决问题的一般能力。
3. 学会运用授权。

二、内容与要求

背景：

陷于困境的经理

王某作为一名有能力的工程师，开创了一个员工总人数为 50 人的小型生产企业。王某几乎全权负责公司所有的业务，包括从计划、采购、市场、人事到生产监督的每一项工作。王某处理的事务范围大致如下：

1. 企业计划。
2. 建立和保持与现有和潜在顾客的联系。
3. 招聘新员工。
4. 解决生产中的问题。
5. 临管库存、货物接收和发运。
6. 在秘书的帮助下管理日常的办公事务。

他在工厂投入相当多的时间，指导工人该做什么和不该做什么。几乎公司的每件事他都要过问，还要亲力亲为。最近进行体检时，他的医生告诉他："王先生，如果你再消瘦下去的话，你的心脏病可能很快发作。"王某必须考虑他的健康和公司的生存。

要求：

1. 以最初成立的小组为单位，小组内部合理分工，通过网络、书籍等方式查询信息，对该公司现有组织结构作简单分析，并从组织设计的角度出发，提出对该公司进行组织结构设计的思路。
2. 请讨论授权将怎样帮助王某呢？请提出授权建议方案。

三、成果与验收

1. 针对以上问题，每一小组形成纸质材料。
2. 每个小组还要制作 PPT，上讲台阐述本小组的组织结构设计图，并要阐述改进方案。
3. 改进方案的语言表达要准确，要有理有据。

拓展二：中小企业组织结构调查

一、学习目标

1. 增强对企业组织结构的感性认识。
2. 培养对企业组织结构分析的初步能力。
3. 搜集企业制度规范有关资料，为接下来制定制度的训练提供条件。

二、内容与要求

1. 到一家当地中小企业，对该企业的组织结构情况及其制度规范进行调查，并运用所学知识进行分析诊断。如时间安排有困难，也可利用网络、资料等途径搜集企业相关信息。
2. 主要需要搜集的信息
（1）企业的组织结构系统图。
（2）各主要职位、部门的职责权限及职权关系。
（3）企业主要的制度规范。
（4）由于组织结构、职权关系及制度等问题引起的矛盾。
3. 调研以课程模拟公司为单位组织实施。

4. 以模拟公司为单位，组织探讨与分析诊断。

5. 也可在班级上进行大组交流与研讨。

三、成果与检测

1. 每组派一位代表发言，分享调查后的收获和启发。

2. 各小组把调查所得信息，如照片、文字材料、影音资料等制作成资料包，班级共享。

拓展三：为模拟公司设计组织结构图

一、学习目标

通过设计公司组织结构图，进行科学、合理的权责分工，学生能熟悉企业组织结构设计的原则，掌握企业组织结构设计的程序、方法和内容。

二、内容与要求

1. 内容：

小米公司是近几年与用户保持零距离的"互联网+组织"的一个典型成功案例。小米公司2010年的4月底成立，不足五年时间，从MIUI开始到小米手机的推出，再到今天的智能家电的布局。小米公司已经成为中国互联网创新企业标杆。2018年第一季度，小米智能手机销售量达到2830万台，占全球市场份额的8%，跃居全球第四。

小米公司积极探索如何做到与用户零距离，为此，小米公司提出了"三三法则"，即三个战略和三个战术。明确三个战略："做爆品""做粉丝""做自媒体"；围绕着这三个战略，又构建了三个战术："开放参与结点""设计交互方式""扩散口碑事件"。基于此，小米公司围绕着怎样与用户做朋友，怎样充分地让用户参与到企业经营决策中，构建了它与用户保持零距离的一个扁平化的组织架构。

2. 要求：

每一小组分工协作，通过上网查找资料和查阅文献，画出小米公司的扁平化组织结构，并阐述这种组织结构的优缺点。

三、成果与检测

1. 每小组上交一份纸质的小米公司的组织结构设计方案，并阐述此方案的优缺点。

2. 每小组制作PPT，选一代表上台阐述小米公司的组织结构图。

模块四　人事管理

【教学总目标】

＊知识目标：

掌握工作分析的基本流程；熟悉员工招聘流程；掌握人员考评的基本方法；掌握员工培训方案的制订。

＊能力目标：

学会编制企业中常见岗位的工作说明书；能够设计企业招聘方案；运用量表法进行员工考评；能够制订简单的员工培训方案。

＊素质目标：

使学生对人力资源部门各岗位工作内容形成一定认知，增强学生对人力资源工作的适应能力。

【知识导图】

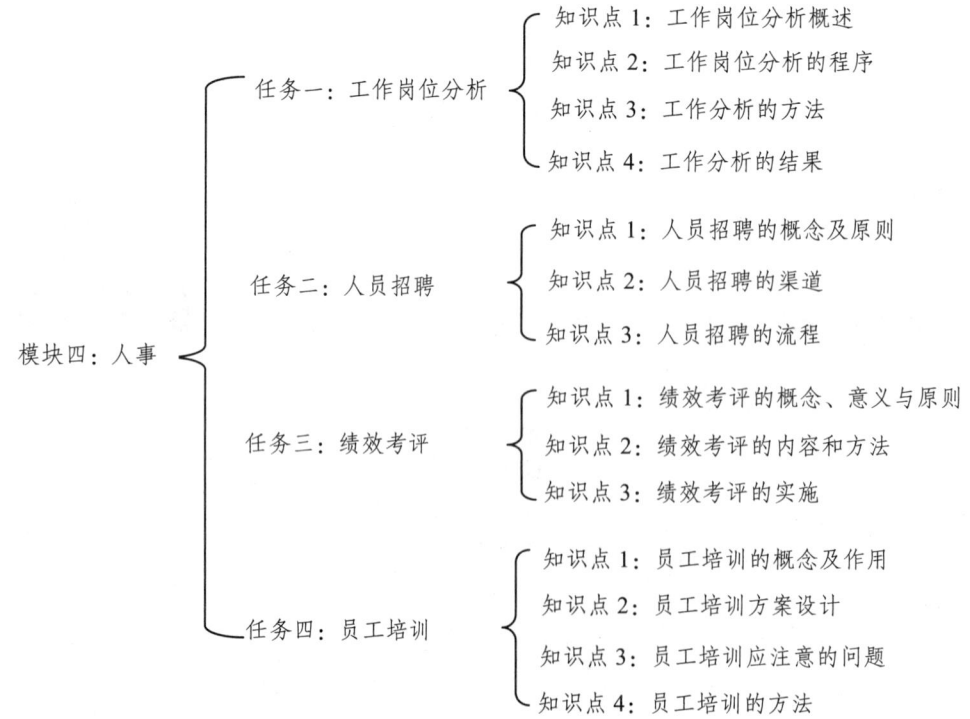

【案例导入】

福特汽车公司的沉浮①

亨利·福特于1899年开始创办汽车公司，后来他经营的福特汽车公司成为世界上最大的汽车制造企业，福特也成为誉满全球的汽车大王。然而到了1945年，第二次世界大战即将结束的时候，福特汽车公司却濒临破产。它不仅失去了世界第一大汽车公司的地位，而且每月亏损额高达900万美元。9月，亨利·福特下台让贤，由他的孙子小亨利·福特接管这个岌岌可危的家族企业。

小福特决心找出公司陷入困境的原因，重振福特公司昔日的雄风。原来，老福特在福特公司繁荣发展的时候，变得主观武断，放弃了任人唯贤的成功之道，实行家长式的管理作风，他变得不能容忍外人来插足其家族事业，决心"打扫房子"。于是，他接连辞退了一大批有才能的人，在1921年的某一天，他竟然赶走了30名经理。老福特最大的错误在于，1915年，他辞退了库兹恩斯。此人是汽车工业专家，精于管理，福特汽车公司之所以能成为世界头号的汽车制造企业，正与此人密切相关。1903年，老福特再度创业时，就是聘请他来担任总经理的。库兹恩斯苦心经营，认真调研市场，建立分销网，采用先进的管理方法，建成世界上第一条汽车装配流水线，使T型车的价格由780美元降至290美元，生产效率提高了十几倍，福特汽车公司由此一路高歌猛进，成为世界上汽车工业的龙头老大。辞退库兹恩斯使老福特付出了惨痛的代价，由于他的管理方式相对落后，而且独断专行，福特公司每况愈下，陷入困境，最后被通用汽车公司超过。

小福特对其祖父的失败原因有深刻的认识，决心启用有用之才。他从通用汽车公司挖来拥有高超管理才能的副总裁布里奇，由他主持公司的全面业务。布里奇又带来了通用公司的克鲁索，录用了十几位才华出众的年轻人，包括后来出任美国国防部长的麦克纳马拉。由精兵强将组成的领导群体，具有所向无敌的力量，先进的管理方法使福特公司老树发新芽，重新焕发出勃勃生机，当年公司就实现了扭亏为盈。

案例思考：福特汽车公司几度沉浮说明了什么？

案例启示：可见，一个优秀的人才对于一家陷入危机的公司具有多么大的作用。后来，小福特也犯了不会用人、独断专行的错误，使公司再次陷入危机，他的错误做法又一次证明了人才的重要性。被小福特辞退的艾柯卡来到克莱斯勒汽车公司，使这家陷入危机的公司重现光辉，成为美国第三大汽车公司。认识到了人才的重要性，就要设法招聘到高素质的人才，为此，首先必须从工作岗位分析开始。

任务一 工作岗位分析

【学习目标】

1. 知识目标：了解工作岗位分析的概念及作用，理解工作岗位分析的基本程序，掌握工作分析常用的几种方法，掌握工作说明书的内容。

---

① http://www.doc88.com/p-090909574840.html。

2. 能力目标：学会拟订常见职位的工作说明书。
3. 素质目标：培养学生逐步养成分析性思维能力。

【下达任务】

任务书					
任务名称	拟订《工作说明书》				
任务内容	任务描述： 选择你曾担任或熟悉的校内职位，如学生会会长、社团部长、劳动委员、宿舍长、班长、团支书等，也可选择你熟悉的企业某职位进行工作分析。 任务：拟订《工作说明书》一份				
任务要求	1. 紧密结合岗位实际情况，重点分析职位工作概要、内容或职责、任职资格。 2. 工作说明书条理清晰，内容完整。 3. 小组成员全部参与，组内分工明确				
完成任务 所需知识点	知识点1：工作岗位分析的概念 知识点2：工作分析的程序 知识点3：工作分析的方法 知识点4：工作分析的结果				
任务 评价标准	考核项目	考核标准	分值	得分	备注
	书写 规范程度	格式合理、规范； 文字编排工整，格式符合要求； 表达流畅，条理清楚，逻辑性强	30分		
	内容的 完整性	内容全面，有一定创新性； 主题明确，重点突出（突出岗位职责与任职资格要求）	50分		
	团队协作	具有高度的团队认同感； 团队成员分工负责、协作配合	20分		
参考资料	书　　名：《岗位分析与评价从入门到精通》 作　　者：杨岗松 出 版 社：清华大学出版社 出版时间：2015年2月				
团队构成 （学生填写）	团队组长				
	团队成员				
时间要求 （学生填写）	任务领取时间				
	要求完成时间				
任务启示 （团队成员 共同填写）					

任课教师反馈	
任务最终得分	_____分

【核心知识讲解】

1.1 工作岗位分析概述

1.1.1 工作岗位分析的概念

工作岗位分析是对各类工作岗位的性质、任务、职责权限、岗位关系、劳动条件和环境，以及员工承担本岗位任务应具备的资格条件所进行的系统研究，并制定出工作说明书等岗位人事规范的过程。

1.1.2 工作岗位分析的作用

第一，工作岗位分析为招聘、选拔、任用合格的员工奠定了基础。

通过工作岗位分析，能够系统地提出在岗人员的文化知识、专业技能、生理心理品质等方面的具体要求，并对本岗位的用人标准做出具体而详尽的规定，确保"能力匹配"的人力资源基本原则得以实现。

第二，工作岗位分析为人员的考评、晋升提供了依据。

员工的评估、考核、晋级和升职是关系到员工自身利益和长远发展的重要问题，如果缺少科学的依据将会挫伤各级员工的积极性，从而影响企业的正常经营。根据工作岗位分析的结果，人力资源管理部门可以制定出各岗位人员的考评指标和晋升条件，提高员工绩效考评和晋升的科学性。

第三，工作岗位分析是企业改进工作设计、优化劳动环境的必要条件。

通过工作岗位分析，企业可以找出工作设计中不合理、不科学的部分，发现劳动环境中危害员工生理或心理安全与健康的因素，从而有助于改善工作设计，创造健康、舒适的工作环境，最大限度地调动和激发员工的积极性。

第四，工作岗位分析是制定有效的人力资源规划的重要前提。

工作岗位分析的最终成果是制定工作说明书，即对组织中各类岗位的工作性质、工作任务、责任、权限、工作内容和方法、工作环境和条件，以及本职务任职人资格条件所做的统一要求。它应该说明任职者应做些什么、如何去做和在什么样的条件下履行其职责。这些都为企业有效地进行人才供需预测、编制企业人力资源规划提供了重要的前提。

【知识延伸】

人力资源规划

人力资源规划（Human Resource Planning，HRP）也叫人力资源计划，是指根据企业的发展规划和发展战略，通过对企业未来的人力资源的需要和供给状况的分析及估计对人力资源的获取、配置、使用、保护等各个环节进行职能性策划以确保组织在需要的时间和需要的岗位上获得各种必需的人力资源的规划。人力资源规划是各项具体人力资源管理活动的起点和依据，它直接影响着企业整体人力资源管理的效率，是企业规划中起决定性作用的规划。

第五，工作岗位分析是工作岗位评价的基础，为企业单位建立对外具有竞争力、对内具有公平性、对员工具有激励性的薪酬制度奠定了基础。

第六，工作岗位分析更有利于员工"量体裁衣"，结合自身的条件制定职业生涯规划。

【知识延伸】

职业生涯规划

职业生涯规划（Career Planning），又称职业生涯设计，是指个人与组织相结合，在对一个人职业生涯的主客观条件进行测定、分析、总结的基础上，对自己的兴趣、爱好、能力、特点进行综合分析与权衡，结合时代特点，根据自己的职业倾向，确定其最佳的职业奋斗目标，并为实现目标做出行之有效的安排。

一份完整的职业生涯规划通常包含以下几部分内容：前言、自我分析、专业分析、职业分析与职业目标设定、具体规划等。

前言：概括性论述该规划的意义、作用，并简要分析当前社会环境对人才的基本要求。

自我分析：包含对个人的性格、兴趣、价值观及能力分析。其目的是帮助个人正确认识自我并对今后的就业方向和目标职业进行准确定位。

专业分析：主要分析所学专业对应的岗位群及就业前景，为个人学习及提高指明方向。

职业分析与职业目标设定：确定第一目标职业及次要目标职业，并分析目标职业的行业要求及具体工作任务、工作职责所对应的素质、能力要求。通过SWOT分析阐述选择目标职业的理由，找出自身差距，为后续具体规划提供客观依据。

具体规划：通过之前的一系列分析拟订未来具体执行计划，要求目标明确，行动具体，易操作可执行。

1.2 工作岗位分析的程序

1.2.1 准备阶段

准备阶段的具体任务是，了解情况，建立联系，设计岗位调查的方案，规定调查的范围、对象和方法。

1）根据目标和任务掌握各种基本数据和资料

其中，对于信息的获取来源主要包括以下方面：

（1）书面资料。

企业中，一般都保存有各种类、各岗位现职人员的资料记录以及岗位职责要求，这些资料是进行工作岗位分析的重要信息来源，对岗位分析工作非常有用。

（2）任职者的报告。

主要通过访谈及查阅工作日志等方法得到任职者的相关工作信息。

（3）同事的报告。

同事的报告指从任职者的上级、同事等处获得资料，这些资料更加全面，可以弥补其他报告的不足。

（4）直接的观察。

到任职者的工作现场进行直接观察是一种获取有关工作岗位分析信息的有效方法。这种方法可以提供其他方法所不能提供的一些信息。

除此之外，岗位分析的资料还可以来自下属、顾客和专家等。岗位分析人员要结合实际状况选择最合适的信息来源。

2）设计岗位调查方案

（1）明确岗位调查的目的。

有了明确的目的，才能确定合适的调查范围、对象和内容，选定调查方式，弄清应当收集哪些资料，到哪儿去以及用什么方法去收集岗位信息。

（2）确定调查的对象和单位。

明确调查范围，确定具体调查对象和单位。如果以企业中的生产岗位作为调查对象，那么，每个操作岗位就是构成总体的调查单位。正确对待及确定调查对象和调查单位，直接关系到调查结果的完整性和准确性。

（3）确定调查项目。

调查项目中所包含的各种基本情况和指标，就是需要对总体单位进行调查的具体内容。

（4）确定调查表格和填写说明。

调查表格是工作分析中经常运用到的一种工具。为了保证调查问题得到统一的理解和准确的回答，便于汇总整理，必须根据调查项目，制定统一的调查表格（问卷）和填写说明。

（5）确定调查的时间、地点和方法。

调查时间包括调查的期限（即调查起止时间）和具体调查的日期、时点两方面。

调查地点是指登记资料、收集数据的地点。

调查方法的选择应当从实际出发，把握调查目的和内容，在保证质量的前提下，力求节省人力、物力和时间。因此能采用抽样调查、重点调查等方式，就不必进行全面调查。

3）做好调查动员工作

向员工说明工作岗位分析的目的和意义，建立友好合作的关系，使相关员工有良好的心理准备。

4）将目标工作岗位分解成若干工作单元和环节，以便逐项完成

5）组织有关人员进行相应培训

学习并掌握调查的内容，熟悉具体的实施步骤和调查方法，必要时可先对若干个重点岗位进行初步调查分析，以便获取经验。

1.2.2 调查阶段

调查阶段的主要任务是，依照调查方案对目标岗位进行认真细致的调查研究。

在调查中，应灵活运用访谈、问卷调查、直接观察、小组讨论等方法广泛搜集目标岗位的各种数据资料。它包括岗位的识别信息、岗位职责范围、岗位劳动负荷、岗位员工任职资格条件（生理和心理方面的要求）、劳动条件与工作环境等。同时，对各项调查事项的重要程度、发生频率（数）应予以详细记录。

1.2.3 总结分析阶段

总结分析阶段是岗位分析的最后环节，主要是指在对岗位调查的结果进行深入细致的分析基础上采用文字图表等形式做出全面的归纳和总结。

工作岗位分析并不是简单地收集和积累岗位信息，而是要对岗位的性质和要求做出全面深入的考察，充分揭示各岗位的主要任务结构和关键影响因素，在此基础上拟订《工作说明书》《岗位规范》等人力资源管理的规章制度。

1.3 工作岗位分析的方法

工作岗位分析的方法有很多种，这里重点介绍几种常用的工作岗位分析方法。

1.3.1 观察法

观察法就是岗位分析人员在不影响被观察人员正常工作的条件下，通过观察将有关工作的内容、方法、程序、设备、工作环境等信息记录下来，最后将取得的信息归纳整理为适合使用的结果的过程。利用观察法进行工作岗位分析时，应根据工作岗位分析的目的，利用现有的条件，确定观察的内容、观察的时间、观察的位置、观察所需的记录单等，做到省时高效。

1）观察法的种类

（1）直接观察法。即工作分析人员直接对员工工作的全过程进行观察。直接观察法适用于工作周期很短的职位。如保洁员，其工作基本上以一天为一个周期，职位分析人员可以一整天跟随保洁员进行直接工作观察。

（2）阶段观察法。有些工作具有较长的周期性，为了能完整地观察到员工的所有工作，必须分阶段进行观察。比如行政文员，他需要在每年年终时筹备企业总结表彰大会。职位分析人员就必须在年终时再对该职位筹备企业总结表彰大会的工作过程进行观察。

（3）工作表演法。对于工作周期很长和突发性事件较多的工作比较适合。如保安工作，除了有正常的工作程序，还有很多突发事件需要处理，如盘问可疑人员等，职位分析人员可以让保安人员表演盘问的过程，来进行该项工作的观察。

2）运用观察法的注意事项

（1）注意所观察的工作应具有代表性。

（2）观察人员在观察时尽量不要引起被观察者的注意。在适当的时候，工作岗位分析人员应该以适当的方式将自己介绍给员工。

（3）观察前应确定观察计划，计划工作中应包含观察提纲、观察内容、观察时刻、观察位置等。

（4）观察时思考的问题应结构简单，并反映工作内容，避免机械记录。采用观察法进行工作岗位分析的结果比较客观、准确，但需要工作岗位分析人员具备较高的素质。它适用于外部特征较明显的工作岗位，如生产线上工人的工作、会计人员的工作等。它不适合长时间的心理素质的分析，不适合工作循环周期很长的工作和脑力劳动的工作，偶然、突发性工作也不易观察，且不能获得有关任职者要求的信息。

1.3.2 访谈法

访谈法是访谈人员就某一岗位与访谈对象，按事先拟订好的访谈提纲进行交流和讨论。访谈分为个别访谈和群体访谈。个别访谈法是在各职位的工作职责之间有明显差别时使用；群体访谈法主要在多名员工从事同样的工作时使用。访谈对象包括该职位的任职者、对工作较为熟悉的直接主管人员、与该职位工作联系比较密切的工作人员、任职者的下属。为了保证访谈效果，一般要事先设计访谈提纲，事先交给访谈者准备。访谈提纲如表4.1所示。

表4.1 访谈提纲示例（部分）

序号	问题	记录
1	目前你做的是什么工作	
2	你所在岗位的工作目标是什么	
3	在工作中你的主要职责是什么	
4	你在完成工作职责时遇到的主要困难是什么	
5	衡量这份工作绩效的标准有哪些	
6	您的工作需要哪些相关的证书或执照	
7	在工作中你需要和哪些岗位的人员联系	
8	你接受过哪些跟工作相关的培训	
9	……	

进行访谈时应注意以下原则：① 明确面谈的意义；② 建立融洽的气氛；③ 准备完整的问题表格；④ 要求按工作重要性程度排列；⑤ 面谈结果让任职者及其上司审阅修订。

1.3.3 问卷调查法

问卷调查法就是根据工作岗位分析的目的、内容等，事先设计一套岗位调查问卷，由被调查者填写，再将问卷加以汇总，从中找出有代表性的回答，形成对工作岗位分析的描述信息。问卷调查的关键是问卷设计。问卷有开放型和封闭型两种形式。开放型问卷由被调查人根据问题自由回答，封闭型问卷由调查人事先设计好答案选项，由被调查人选择确认。

问卷调查法的具体实施步骤是：

1）问卷设计

设计问卷时要做到：① 提问要准确；② 问卷表格要精练；③ 语言通俗易懂，问题不可晦涩难懂；④问卷表前面要有指导语；⑤激发被调查人兴趣的问题放在前面，问题排列要有逻辑。

2）问卷发放

进行工作岗位分析问卷发放时，应该先集合各部门各级主管进行说明，说明内容有工作岗位分析目的、工作岗位分析问卷填答方法，并清楚告知此次活动的进行不会影响到员工权益，确定各主管皆明白如何进行后，由主管辅导下属进行工作岗位分析问卷的填答。

3）填答说明与解释

虽然在工作岗位分析问卷填答前有过详细的说明，也进行了问题解答，但是还可能有许多问题产生，因此，在此期间必须注意各部室的填写状况，并予以协助。

4）问卷回收及整理

对于回收的问卷，首先必须检查是否填写完整，并仔细查看是否有不清楚、重叠或冲突之处，若有，便由工作岗位分析与人力资源主管进行讨论，以确认资料收集的正确性。如果事先已请填写者将内容转换成计算机档案，则工作岗位分析员只需以原档案进行修改即可，不需再花费许多时间将问卷内容转换成计算机文书文件，且只要资料确认无误，即可完成职务说明书的撰写。工作岗位分析调查问卷范本如表4.2所示。

表4.2 工作岗位分析调查问卷范本

本问卷收集的是目前岗位的情况，而非个人的信息，这不是对您工作表现的评估，回答请详细、准确，不要有所保留或夸大，所提供的回答应适用于通常情况，而不仅仅适用于短期活动或临时工作。感谢您的大力协助和配合！

一、基本信息			
姓名：		填写日期：　　年　　月　　日	
岗位名称：		所属部门：	
上级岗位名称：		下级岗位名称：	
二、调查信息			
1. 请准确、简洁、归纳性地列举你目前的工作内容（如有交叉性工作也请一一罗列，若工作内容多于8条请自行往下填写）。 　　每日必做工作内容　　　　　　　　　　　　完成该任务花费的时间 （1）_____　　　_____ （2）_____　　　_____			
2. 一定时间内必做的工作 　　（季、月、周）　　　　工作内容　　　　　　完成该任务花费的时间 （1）_____　　_____　　_____ （2）_____　　_____　　_____			

续表

3. 偶尔要做的工作 　　工作内容　　　　　　　　　　　　　　　　完成该任务花费的时间 （1）_____　　　　_____ （2）_____　　　　_____
4. 请简明地描述你的直属领导是如何督查指导你的工作的。
5. 请列出你的哪些工作没有被你的直属领导督查到。
6. 请详细地描述你在工作中需要接触到哪些岗位的其他员工，并且讲明接触的原因（请按实际情况填写，若你接触的岗位多于4项，请自行往下补充）。 接触岗位一：　　　　　　　　原因： 接触岗位二：　　　　　　　　原因： 接触岗位三：　　　　　　　　原因：
7. 请一一列出你的工作需要接触到的外部单位以及该单位的名称。
8. 请简明地列举你经手的需要作为档案留存的文件名称： 名称一：　　　　　　　　　是否需要保密：是（ ）否（ ） 名称二：　　　　　　　　　是否需要保密：是（ ）否（ ）
9. 请列举工作中你需要用到的主要办公设施设备或用品： 一直使用　　　　　经常使用　　　　　偶尔使用
10. 请描述你在人事和财物方面的权限范围： 人事方面（例如安排人员工作、调动、任免等，若此项无任何权限则请填写"无"）： （1） （2） 财物方面（例如审批权限、大件资产的调配等，若此项无任何权限则请填写"无"）： （1） （2）
11. 你认为胜任这个岗位需要几年的相关工作经验？（请将你的选项打"√"） □不需要　□1年　□2年　□3年　□4年　□5年及以上　□不好估计
12. 你认为胜任这个岗位需要什么文化程度和专业背景？（请将你的选项打"√"） □初中　　□高中　　□大专　　□本科　　□硕士及以上　　□不好估计 所需要的专业（可多项填写）： 专业一：　　　　　　　专业二：　　　　　　　专业三：

续表

13. 你认为一位没有相关工作经验的应届大学毕业生，通过多长时间的培养能完全胜任该岗位的工作？（请将你的选项打"√"） □1个月以内　　□一个月以内　　□三个月以内　　□半年　　□一年 □两年　　　　□三年　　　　　□三年以上　　　其他：
14. 你认为什么样的性格、能力的人可以更好地胜任该岗位工作？（请将你的选项打"√"） 性格选项：□外向　□开朗　□阳光　□内向　□文静　□直爽　□稳重　□温和 　　　　　　其他性格： 能力选项：□沟通能力　□表达能力　□分析能力　□思考能力　□组织能力 　　　　　□总结能力　□执行能力　□影响能力　□承压能力　□创造能力 　　　　　□独立能力　□协调能力　其他能力：
15. 你认为什么样的心理素质的人能更好地胜任该岗位的工作？（请将你的选项打"√"） □自律　　□自信　　□自强　　□自立　　□能自我认识　　□好的敬业意识 □积极乐观的人生态度　　　□懂得自我调节　　　　□好的适应心理 其他心理素质：
16. 你认为该岗位应具备哪些工作经验和技能要求？（请一一罗列，若多于5条请自行往下填写） （1） （2）
17. 除了该岗位所必须要具备的岗位专业知识外，你认为什么样的知识范围能够让你更好地胜任该岗位的工作？（请将你的选项打"√"） □财务管理知识　　□人力资源管理知识　　□行政管理知识　　□采购管理知识 □预结算管理知识　其他知识范围：
18. 你认为该岗位的员工应该具备什么样的工作态度？（请将你的选项打"√"） □踏实　　□勤奋　　□敬业　　□廉洁自律　　□责任心　　□良好的职业道德 □配合　　□严谨　　其他工作态度：
19. 你认为该岗位应必须经历或接受哪些培训？（请一一罗列，若多于5项请自行往下填写） （1） （2）
20. 请描述该岗位的工作环境，你认为什么样的工作环境更合适该工作的进行？原因是什么？
21. 请列举与你同部门人员岗位的职位名称、姓名和主要工作内容（如下属较多也请务必一一列出）：
22. 请将该表没有列出、但你认为有必要的其他工作内容写在下面： （1）　　　　　　（2）　　　　　　（3）

续表

三、劳动强度
23. 你的正常工作时间从_____时开始至_____时结束。（请填写） 24. 你加班的频率一般为每周平均_____次，每次平均_____小时。（请填写） 25. 你平均每周在本地外出_____次，平均每次_____小时。（请填写） 26. 你所负责的岗位的工作量负荷程度如何？（请将你的选项打"√"） □超负荷　　　□满负荷　　　□半负荷　　　□无负荷 27. 从事该岗位的危险性？（请将你的选项打"√"） □无　　　　□有　　如有危险，有可能危及你的是：_____ 28. 从事该岗位有无职业病（请将你的选项打"√"） □无　　　　□有　　如有职业病影响，有可能产生的职业病是：_____ 29. 你的工作是：（请将你的选项打"√"） □相对独立　　　□需与他人协作完成
四、工作建议：你认为本岗位工作安排有哪些不合理的地方？应如何改善？ 不合理处： （1）　　　　　　　　　　　　　　　　（2） 改进建议： （1）　　　　　　　　　　　　　　　　（2）

感谢您填完本调查问卷，请再仔细核对一遍，确保没有漏答的地方，以免返工。

填写人签字：_____

直属上级复核确认：_____

1.3.4　关键事件法

关键事件法（Critical Incident Method，CIM）要求岗位工作人员或其他有关人员描述能反映其绩效好坏的"关键事件"，即对岗位工作任务造成显著影响的事件，将其归纳分类，对岗位工作有一个全面的了解。关键事件的描述包括：导致该事件发生的背景、原因；员工有效或多余的行为；关键行为的后果；员工控制上述后果的能力。

采用关键事件法进行岗位分析时，应注意三个问题：一是调查期限不宜过短；二是关键事件的数量应足够说明问题，事件数目不能太少；三是正反两方面的事件都要兼顾，不得偏颇。

关键事件法的主要优点是研究的焦点集中在职务行为上，因为行为是可观察的、可测量的。同时，通过这种职务分析可以确定行为的任何可能的利益和作用。关键事件法的主要缺点：一是费时，需要花大量的时间去搜集那些关键事件，并加以概括和分类；二是利用关键事件法，对中等绩效的员工就难以涉及，因而全面的职务分析工作就难以完成。该方法适用于同一职位员工较多，或者职位工作内容过于繁杂的工作。

1.3.5　参与法

参与法是指岗位分析人员直接参与某一岗位的工作，从而细致、全面地体验、了解和分析岗位特征及岗位要求的方法。与其他方法相比，参与法的优势是可获得岗位要求的第一手真实、可靠的数据资料。因此，参与法获得的信息更加准确。当然参与法也有缺点，由于分析人员本身的知识与技术的局限性，其运用范围有限，只适用于较为简单的工作岗位分析。

1.3.6 工作日志法

工作日志法是让员工以工作日记或工作笔记的形式记录日常工作活动而获得有关岗位工作信息资料的方法。举例范本如表 4.3 所示。

工作日志法的优点：如果记录很详细，那么经常会提示一些其他方法无法获得或者观察不到的细节。工作日志法最大的问题是工作日志内容的真实性。该方法适用于高水平、复杂工作的岗位分析。

表 4.3 某公司工作日志范本

填写说明			
在填写工作日志之前，请仔细阅读下面的说明： 1. 填写工作日志的目的是清楚地了解您的工作任务和职责，以便改进工作流程，提高工作效率。关注的焦点是工作本身，绝对不涉及对您工作表现的评价。 2. 关于工作日志中时间的填写方法： 开始时间：一项工作活动开始的时间（以分钟为单位）。 结束时间：一项工作活动结束的时间（以分钟为单位）。 所耗时间：从事一项工作活动总共所耗费的时间（以分钟为单位）。 当一项活动是延续一段时间的活动时，可以记下开始时间和结束时间及所耗时间（中间如果插入其他活动，另外记下时间）；当活动持续时间非常短暂，但是在一段时间内反复出现时，可以不记录每次的开始时间和结束时间，而记下一段时间内发生的次数和总共所耗的时间。 3. 请您在每天的工作开始之前将工作日志放在手边，按工作活动发生的顺序及时填写，切忌在一天工作结束后一并填写。 4. 对工作活动内容的描述要尽可能具体化，判断工作内容描述是否具体化的标准就是没有亲自观察过您工作过程的人可以比较清晰地想象出您的工作活动。 5. 不要遗漏那些细小的工作活动，以保证信息的完整性。 6. 若因工作需要外出办事，应在归来后立即补充记录。 7. 请您提供真实的信息，以免损害您的利益。 8. 请您注意保管，以防遗失			
基本信息			
部门		职位	
姓名		工号	
工作日志填写时间范围		年 月 日至年 月 日	
日志内容			
年 月 日 星期（ ）		具体工作活动 （标注：每日、每周、每月、突发、临时）	
开始时间	结束时间	所用时间（分钟）	

1.4 工作岗位分析的结果

工作岗位分析的结果是工作说明书（如表 4.4 所示）。工作说明书作为组织的重要文件之一，是指用书面形式对组织中各类岗位（职位）的工作性质、工作任务、责任、权限、工作内容和方法、工作环境和条件，以及本职务任职人资格条件所做的统一要求（书面记录）。它应该说明任职者应做些什么、如何去做和在什么样的条件下履行其职责。一个名副其实的工作说明书必须包括该项工作区别于其他工作的信息，提供有关工作是什么、为什么做、怎样做以及在哪里做的清晰描述。其具体内容如下：

（1）基本资料。它主要包括岗位名称、岗位等级、岗位编码、定员标准、直接上下级、分析日期。

（2）岗位职责。它主要包括职责概述和职责范围。

（3）监督与岗位关系。它说明本岗位与其他岗位之间在横向与纵向的联系。

（4）工作内容和要求。它是岗位职责的具体化，即对本岗位所要从事的主要工作事项做出说明。

（5）工作权限。为了确保工作的正常开展，必须赋予每个岗位不同的权限，但权限必须与工作责任相协调、相一致。

（6）劳动条件和环境。它指在一定时间、空间范围内工作所涉及的各种物质条件。

（7）工作时间。它包含对工作时间长度的规定和工作轮班制的设计两方面内容。

（8）资历。它由工作经验和学历条件两个方面构成。

（9）身体条件。结合岗位的性质、任务对员工的身体条件做出规定，包括体格和体力两项具体的要求。

（10）心理品质要求。岗位心理品质及能力等方面要求，应紧密结合本岗位的性质和特点深入进行分析，并做出具体的规定。

（11）专业知识与技能要求。

（12）绩效考评。从品质、行为和绩效等多个方面对员工进行全面的考核和评价。

表 4.4 人事行政专员岗位职责标准说明书

岗位名称	人资专员	所属部门	人力资源部	文件编号	
直接上级岗位	人力资源部经理		直接下级岗位		无
岗位核心价值	负责公司需求人员的招聘、面试、入职引导；人才库的建立；人才网站的开发、建立与维护；负责公司员工培训计划的制定和培训体系的建立与执行；协调办公室各项行政体系并进行整合				
工作职责与结果					
一级职责	二级职责	工作结果			
人事行政管理	培训管理	1. 负责制定、完善与招聘、培训有关的各项流程、程序、规章制度，形成招聘培训体系； 2. 负责培训结果的评估和考核； 3. 调查各区域培训需求，结合公司发展需要，协助人力资源经理建立培训体系，拟订全年员工培训计划及中长期培训规划，并具体组织实施			

续表

人事行政管理	档案管理	1. 负责建立、管理公司人才储备资料库，做好建立管理与信息保密工作； 2. 负责建立、完善各工作岗位的人力测评试题库	
	招聘管理	1. 根据现有编制及业务发展需求，协助上级确定招聘目标，汇总岗位需求数目和人员需求数目，制订并执行招聘计划； 2. 负责组织公司各项招聘活动的实施、协调、跟进和招聘效果分析； 3. 结合公司实际情况和岗位设置情况，开发、维护适合的招聘渠道； 4. 负责收集、跟踪各地区人才市场招聘信息及同行业各岗位的薪资待遇情况，并做出分析报告	
	薪酬管理	建立并执行公司的薪资、福利制度	
	考勤管理	负责全公司办公室人员的考勤记录和各区域考勤记录的整理归档并汇报人力资源经理	
	行政管理	1. 负责办公用品、工作服、工作牌等物品的发放及管理； 2. 负责公司人员的午间用餐统计，并予以管理（除沈阳区域办公室工作人员外不得在公司用餐）； 3. 负责一般性文件的分类、整理和归档工作； 4. 负责公司内外部环境的管理，包括办公场所的整体绿化、布置和清洁； 5. 负责公司的所有文件的发放工作	
岗位职业行为禁区	绝对禁止	1. 泄露或出卖公司机密、以权谋私，损害公司利益； 2. 严重渎职，徇私舞弊，给公司造成损失； 3. 后果严重者将根据《中华人民共和国劳动合同法》之规定解除劳动合同，并追究其法律责任	
核心权限	财务权限	无	
	运营权限	1. 对本部门根据工作计划建议权； 2. 招聘人员录用建议权； 3. 考勤监督权	
	人事权限	直接下属的调配审批权、隔级任免，下属部门员工的绩效考评审核权	
任职资格要求			
准入学历	本科或以上		
专　　业	人力资源管理、文秘、中文、外语、法律或相关专业本科以上学历		
经　　验	3年以上相关工作经验		
知识和技能	1. 具备良好的语言表达与组织、协调能力； 2. 受过现代人力资源管理技术、劳动法律法规、财务会计基本知识等方面的培训； 3. 熟练使用 WINDOWS 及 Office 等		

续表

职业素养	岗位素质	1. 高度认同公司核心价值观； 2. 认同结果导向的工作方法、尊重客户价值的工作取向； 3. 具备职业经理人的自律与勤奋，是职业化的榜样； 4. 坚持原则，能够独立履行人力资源职能		
	个人素质	1. 诚实守信、性格开朗； 2. 责任心强、原则性强； 3. 沉稳、敬业、细致、耐心		
工作条件				
工作场所	办公室			
职业危险	无			
预　　防	无			
协作要求				
内部客户	总经理、财务部、销售部、市场部、仓储部、人力资源部			
外部客户	各利益相关者			
批准		审核		编制		实施日期	

【任务小结】

恭喜你顺利完成本任务的学习，现就任务完成过程中所运用到的具体知识点进行以下回顾：

1. 工作岗位分析的概念：对各类工作岗位的性质、任务、职责权限、岗位关系、劳动条件和环境，以及员工承担本岗位任务应具备的资格条件所进行的系统研究，并制定出工作说明书等岗位人事规范的过程。

2. 工作岗位分析的作用：工作岗位分析为招聘、选拔、任用合格的员工奠定了基础，工作岗位分析为人员的考评、晋升提供了依据，工作岗位分析是企业改进工作设计、优化劳动环境的必要条件，工作岗位分析是制定有效的人力资源规划的重要前提。

3. 工作岗位分析的程序：准备阶段、调查阶段、总结分析阶段。

4. 工作岗位分析的方法：观察法、访谈法、问卷调查法、关键事件法、参与法和工作日志法等。

5. 工作说明书：包括组织中各类岗位（职位）的工作性质、工作任务、责任、权限、工作内容和方法、工作环境和条件，以及任职资格条件。

任务二　人员招聘

【学习目标】

1. 知识目标：理解人员招聘的概念及原则，掌握内外部招聘的优缺点及途径，熟悉人员招聘的流程。

2. 能力目标：学会拟订人员招聘计划，设计简单的招聘广告，能够进行简历筛选、初次面试等工作。

3. 素质目标：培养学生分析问题与解决问题的能力，培养学生团队协作的能力。

【下达任务】

<table>
<tr><td colspan="5">任务书</td></tr>
<tr><td>任务名称</td><td colspan="4">模拟招聘</td></tr>
<tr><td>任务内容</td><td colspan="4">任务描述：
　　选择你熟悉的校内某个职位，如学生会会长、社团部长、劳动委员、宿舍长、班长、团支书等，开展模拟招聘。
具体任务：
1. 制订招聘计划。
2. 设计招聘广告。
3. 组织模拟面试</td></tr>
<tr><td>任务要求</td><td colspan="4">1. 职位明确，招聘计划针对性强；
2. 招聘广告内容完整，有吸引力；
3. 面试准备充分，程序规范</td></tr>
<tr><td>完成任务所需知识点</td><td colspan="4">知识点1：人员招聘的概念
知识点2：人员招聘的流程
知识点3：人员招聘广告</td></tr>
<tr><td rowspan="6">任务评价标准</td><td>考核项目</td><td>考核标准</td><td>分值</td><td>得分</td><td>备注</td></tr>
<tr><td>语言表达</td><td>语言表达流畅，字清晰，声音洪亮</td><td>10分</td><td></td><td></td></tr>
<tr><td>整体形象</td><td>精神饱满，举止自然得体</td><td>10分</td><td></td><td></td></tr>
<tr><td>应变能力</td><td>面对压力具有一定的心理承受力</td><td>20分</td><td></td><td></td></tr>
<tr><td>分析和处理问题</td><td>思路清晰，分析准确；有创新</td><td>40分</td><td></td><td></td></tr>
<tr><td>团队协作</td><td>团队成员分工负责、协作配合；团队成员沟通技巧、方式、方法得当</td><td>20分</td><td></td><td></td></tr>
</table>

参考资料	书　　　名:《老HR教你轻松做招聘》 作　　　者：张苏宁 出　版　社：中国铁道出版社 出版时间：2017年4月	
团队构成 （学生填写）	团队组长	
	团队成员	
时间要求 （学生填写）	任务领取时间	
	要求完成时间	
任务启示 （团队成员共同填写）		
任课教师反馈		
任务最终得分	＿＿＿＿＿＿＿分	

【核心知识讲解】

2.1　人员招聘的概念、原则

2.1.1　人员招聘的概念

　　组织通常因为新设立一个组织、组织扩张、调整不合理的人员结构、员工因故离职而出现职位空缺等而需要招聘新的员工。

　　人员招聘是指组织为了发展的需要，根据人力资源规划和工作分析的数量与质量要求，及时寻找、吸引并鼓励符合要求的人来填补组织的职务空缺的活动过程。人员招聘包括人员招募、甄选和聘用等内容。

2.1.2 人员招聘的原则

1) 岗位分析原则

要有效地选择要招聘的人才,就要清楚了解该岗位的性质和目的,客观分析该岗位的要求。在发布的招聘信息中,应明确描述各个招聘岗位的具体要求,包括年龄、技能、工作经验等。这样可以使应聘者的应聘更加具有针对性,也使招聘部门能更有效地招聘到所需人才。

2) 公开、平等原则

公开就是要公示招聘信息、招聘方法。这样既可以将招聘工作置于公开监督之下,防止以权谋私、假公济私的现象,又能吸引大量应聘者,给应聘者提供公平竞争的机会。

平等就是确保招聘制度给予合格应征者平等的获选机会。不得人为地制造各种不平等的限制条件,应不拘一格地录用优秀人才。只有平等竞争,才能通过层层选拔将优秀人才吸纳进来,才能确保招到真正符合企业要求的人才。

【知识延伸】

就业歧视

一、事件回顾

2012年2月6日,在深圳市工作的河南籍人士蔡先生向当地媒体投诉称,他在深圳市龙华新区一家科技公司附近发现一则招聘公告涉嫌就业歧视。南方某媒体记者经过查询该公司招聘广告发现,其招聘要求中确实有一条写明"河南籍已招满"。蔡先生称,作为一名河南人,他看到这6个字时感到如鲠在喉,认为这有歧视河南人的嫌疑。该公司负责招聘的一位李姓工作人员向记者证实,他们确实发布了这样一条招聘公告,并称他们没有歧视河南人,这个规定是为了给全国各地来深圳就业者一个公平的机会,现在公司100多个人中已经有40多个河南人,他自己也是河南人。

该媒体记者致电深圳市人力资源和社会保障局,该局一位工作人员表示,根据我国就业促进法,劳动者依法享有平等就业和自主择业的权利,不因民族、种族、性别、宗教信仰等不同而受歧视。如果该公司明确表示不招收河南籍员工,就是就业歧视中的地域歧视。但该公司并没有明确表示不招河南人,因此不能认定为就业歧视。

二、专家说法

观点1:就业歧视背后,是社会公正的缺失。

南阳市中级人民法院法官赵某:近年来,一些企事业单位在招录人才时考虑更多的是应聘者的家庭背景、学历文凭等条件,而不是唯才是用。这种"唯家庭背景、学历文凭等条件是取"的做法是一种严重的歧视行为,而这种歧视的背后是社会公正的缺失。

与此同时,近年来各种反就业歧视的司法案例越来越多,比如,反乙肝歧视的、反相貌歧视的、反婚姻歧视的、反色盲歧视的等。这些表明,在我国就业市场中普遍存在着的歧视导致了社会不公平感的扩大,不断滋生着社会紧张、排斥和对立,并引发了一些严重的社会问题。但是,在现实生活中,通过诉讼途径来维护平等就业权利的求职者不多,一方面,由于"谁主张,谁证明"的举证责任,求职者证明就业歧视往往比较困难,特别是隐形歧视;另一方面,通过诉讼维权要消耗大量的时间、精力、金钱等,求职者往往因为耗不起而放弃维权,选择默默忍受,长此以往不免产生社会抵触情绪。

观点 2：反就业歧视方面的立法还不够

虽然近几年，《中华人民共和国就业促进法》《中华人民共和国劳动合同法》《中华人民共和国劳动争议调解仲裁法》等几部重要劳动法律及其配套法规文件相继实施，但实施效果却不尽如人意。中国政法大学宪政研究所刘小楠撰文指出，反就业歧视方面的立法还不够，推动制定反就业歧视基本法是十分必要的。在当前，由于社会建设相对滞后，造成许多社会领域的问题比如就业歧视，都要上升到政治层面来解决，这在很多方面给反就业歧视带来了新的问题。苏州大学社会学教授高峰认为，在反就业歧视的治理中，我们还应该发挥社会领域和民间的力量。

要逐步消除就业歧视现象，应该从政府（完善法律法规、健全劳动监察机制、建立适合各类就业群体的利益诉求和维权平台）、企业（转变用人观念、规范用人机制）、社会（民间组织支持）、个人（提高自身职业技能水平、增强维权意识）四个方面来共同努力，协调应对这个问题。只有全社会共同关注就业歧视现象，联合各种力量，同时强化行政措施、改善司法救济，并加强对反就业歧视的研究、宣传和教育以提高全社会意识，公民的就业机会平等才有可能实现。

观点 3：遭遇就业歧视，可向法院提起诉讼

反就业歧视的条文散见于《中华人民共和国劳动法》《中华人民共和国残疾人保障法》等法律中，只有《中华人民共和国就业促进法》专设了"公平就业"一章。但由于其本身并非专门的反就业歧视法，条款显得比较笼统，比如没有明确什么是就业歧视，怎样才算是就业歧视。

对于遭受就业歧视的个体来说，救济方式的贫乏也让他们维权困难。现在遭遇就业歧视，主要的救济途径包括向各种法律援助中心、劳动部门、工会、妇联、残联等求援，或向人民法院提起诉讼。这些方式无一例外要面临同一种境地，就是和单位扯破脸。或许你维权成功了，但这个工作也到头了。

三、法条链接

《中华人民共和国就业促进法》有关禁止就业歧视的条文：

第三条　劳动者依法享有平等就业和自主择业的权利。劳动者就业，不因民族、种族、性别、宗教信仰等不同而受歧视。

第二十五条　各级人民政府创造公平就业的环境，消除就业歧视，制定政策并采取措施对就业困难人员给予扶持和援助。

第二十六条　用人单位招用人员、职业中介机构从事职业中介活动，应当向劳动者提供平等的就业机会和公平的就业条件，不得实施就业歧视。

第六十一条　违反本法规定，劳动行政等有关部门及其工作人员滥用职权、玩忽职守、徇私舞弊的，对直接负责的主管人员和其他直接责任人员依法给予处分。

第六十二条　违反本法规定，实施就业歧视的，劳动者可以向人民法院提起诉讼。

3）竞争择优原则

竞争择优原则是指在员工招聘中引入竞争机制，在对应聘者的思想素质、道德品质、业务能力等方面进行全面考察的基础上，采取科学的考核方法，精心比较，谨慎筛选，择优选拔录用员工。

4）能位对应原则

由于人的知识、阅历、背景、性格、能力等方面存在差异，人力资源选择应量才录用，不一定要最优秀的，但要尽量选到最合适的。要做到人尽其才，用其所长，这样才能持久高效地发挥人力资源的作用。

【知识延伸】

出人意料的面试

一家企业招聘管理人员，面试的情景是这样的：在一间非常宽大的办公室内，桌后坐着几位进行面试的考官，在考官面前约 5 米远处放了一把椅子，供面试人员面试时就坐，一把扫帚从门后"倒"在了面试房间门口的旁边。应聘者中不乏名牌大学毕业的本科生和研究生，他们衣着讲究，头脑灵活。他们面对考官的问题侃侃而谈，显示出名牌大学生的能力与"素质"。最后进来一位衣着不如前面任何一位体面，毕业于普通高校的学生，面对考官的问题，他的回答虽不尽如人意，却显得从容不迫。然而，就是这位被众人讥笑为"乡巴佬"的人却被考官们录用了。

思考：该普通高校毕业的求职者被该企业录取的原因是什么？

2.2　人员招聘的渠道

人力资源计划中最为关键的一项任务是能够招到并留住有才能的管理干部。依据来源不同，组织可以通过外部招聘和内部提升两种渠道来选择和填补原管理岗位的空缺。

2.2.1　内部招聘

注重从组织内部发现和挖掘人才是新时代员工招聘区别于传统员工招聘的特点之一。内部招聘能提高组织招聘的效益，因而大多数组织在需要人力资源时通常先在内部进行人员的调配，如增加或减少某些部门的人员数量。内部招聘主要有员工晋升、平级调动、工作轮换和人员重聘等形式。

1）内部招聘的含义

组织内部成员的能力和素质得到充分确认之后，被委以比原来责任更大、职位更高的职务，以填补组织中由于发展或其他原因而空缺的管理职务。

2）内部招聘的优势

（1）有利于调动员工的工作积极性；

（2）有利于被聘者迅速展开工作，培训成本少；

（3）选任时间较为充裕，了解全面，能做到用其所长，避其所短。

3）内部招聘的劣势

（1）可能会导致组织内部"近亲繁殖"现象的发生；

（2）可能会引起同事之间的矛盾，容易形成错综复杂的关系网；

（3）内部备选对象范围狭窄。

4）内部招聘的途径

（1）内部晋升。

内部晋升是从企业内部提升员工来填补高一级的职位空缺，晋升促使企业的人力资源垂直流动，激发组织内其他员工的士气，保持组织的工作效率不断提高。这种做法给员工以升职的机会，会使员工感到有希望、有发展的机会，对于激励员工非常有利。从另一角度来讲，内部提拔的人员对本单位的业务工作比较熟悉，能够较快适应新的工作。然而内部提拔也有一定的不利之处，如内部提拔的不一定是最优秀的；还有可能在少部分员工心理上产生"他还不如我呢"的思想。所以，采用内部晋升的方式，企业应该多关注其他员工的心理状况。

（2）工作调换。

工作调换也叫作"平调"，主要是指企业内劳动力的横向流动，在职务级别保持不变的前提下，调换员工的工作岗位。这样做的目的是要填补空缺，但实际上它还起到许多其他作用。如可以使内部员工了解单位内其他部门的工作，与本单位更多的人员有深入的接触、了解。这样，一方面有利于员工今后的提拔，另一方面可以使上级对下级的能力有更进一步的了解，也为今后的工作安排做好准备。

（3）工作轮换。

工作轮换和工作调换有些相似，但又有些不同。工作轮换一般是指职务级别不变的情况下，在组织内轮换工作岗位。工作调换从时间上来讲往往较长，而工作轮换通常是短期的，有时间界限的。另外，工作调换往往是单独的、临时的，而工作轮换往往是两个以上的、有计划进行的。工作轮换可以使单位内部的管理人员或普通人员有机会了解单位内部的不同工作，给那些有潜力的人员提供以后可能晋升的条件，同时也可以减少部分人员由于长期从事某项工作而带来的烦躁和厌倦等感觉。工作轮换有助于员工扩展自己的知识面，得到更多的实践经验。

（4）重新聘用。

有些单位由于某些原因会有一批不在位的员工，如下岗人员、长期休假人员（如曾因病长期休假，现已康复但由于无位置还在休假），已在其他地方工作但关系还在本单位的人员（如停薪留职）等。在这些人员中，有的恰好是内部空缺的人员。他们中有的人素质较高，对这些人员的重聘会使他们有再为单位尽力的机会。另外，单位使用这些人员可以使他们尽快上岗，同时减少了培训等方面的费用。

2.2.2　外部招聘

外部招聘即所需要招聘的人员来自组织的外部。外部招聘主要有内部人员介绍推荐、上门求职者、劳务中介机构和教育机构等形式。

1）外部招聘的含义

根据组织制定的标准和程序从组织外部选拔符合空缺职位要求的员工。

2）外部招聘的优势

（1）具备难得的"外部竞争优势"；

（2）来源广泛，选择空间大；

（3）带来活力，有新观念、新思想、新技术和新方法。

3）外部招聘的劣势

（1）外聘者与组织之间相互缺乏深入了解；
（2）不熟悉内部情况，需要较长时间来调整对组织环境和工作的适应；
（3）容易挫伤内部员工的积极性。

招聘是一项复杂的工程，企业想招到合适的人才，必须使用多种招聘渠道。只有使用多种渠道，多管齐下才能招聘到企业需要的人才。

4）外部招聘的途径

（1）双选会。

双选会一般是由政府所辖人才机构及高校就业中心举办，主要服务于待就业群体及用人单位进行双向自愿选择的人才服务平台。双选会具有以下优点：企业与应聘者可以展开面对面的交流与沟通，加强双方的了解，有利于选拔到合适的人才；辐射面积广，可供选择的人员数量多。其缺点是应聘人员数量庞大、层次不一，用人单位挑选合适的人才需要花费较高的时间成本进行甄选。

（2）猎头公司。

猎头特指猎夺人才，即发现、追踪、评价、甄选和提供高级人才。与一般的企业招聘、人才推荐和职业介绍服务不同，猎头追逐的目标是具有高学历、高职位、高价位的各行业核心人才。猎头公司主要帮助有人才需求的企业搜寻受教育程度高、实践经验丰富、业绩表现出色的专业人才和管理人才。1994年起，猎头公司开始进入我国。

【知识延伸】

国际十大猎头公司简介

国际猎头公司里，有五家公司常年占据营业额前五位，他们是光辉国际（Korn/Ferry）、海德思哲（Heidrick & Struggles）、史宾沙（Spencer Stuart）、亿康先达（Egon Zehnder）、罗盛（Russell Reynolds），俗称"五大"。然后就是排在这"五大"之后的另外五家猎头公司，同样也是全球前列的，跟"五大"组成国际十大猎头公司。下面介绍这排行榜上的国际十大猎头公司排名。

"五大"均创建于20世纪五六十年代，他们之间有着千丝万缕的关系，你也许不知道史宾沙曾经是海德思哲的员工，亿康先达曾经是史宾沙在欧洲的一个雇员。光辉国际和海德思哲于1999年在美国纳斯达克上市，其他三家一直保持私人合伙制形式。曾有人戏称国际猎头公司的定位就是"高（寻聘的职位高）"+"贵（收费贵）"。

"五大"向企业客户收取聘用费。亿康先达收取固定费用，其他四家的做法则是收取年薪的三分之一。实际操作如下：首先根据所猎职位预估一个聘用费，然后在合同签订的当天、第三十天、第六十天平均各收取一次聘用费，相当后根据候选人的实际offer，计算出相当后一笔聘用费。如：假设某职位年薪约为180万元人民币，预收聘用费为60万元，签约当天收20万元，第30天和第60天各收20万元。相当于年薪为195万元，尾款收取5万元。共收65万元（195万元的三分之一）。

科尔尼管理咨询公司（A. T. Kearney）于1926年在芝加哥成立，经过80多年的发展，科尔尼已发展为一家全球领先的高增值管理咨询公司。科尔尼在所有主要行业都拥有广大的能力、专门知识和经验，并且提供全方面的管理咨询服务，包括战略、组织、运营、商业技术解决方案和企业服务转型。科尔尼公司在全球 38 个国家和地区、55 个商业中心设有分支机构，在全球拥有超过 2000 名咨询顾问。

安立国际（Amrop Hever Group）成立于 1977 年的比利时布鲁塞尔，目前在 56 个国家设有 87 个办事处，是世界上相当大的高管搜索、先行者力评估和董事会咨询服务企业之一，现任 CEO 为路易斯·康德。安立用"上下文驱动"（Context Driven）的方法来执行搜索，帮助客户找到前列人才，善于跨越国界，在世界各地市场上寻找人才。

任仕达（Randstad Group），是全球大型的综合性人力资源服务机构之一，长期位居财富 500 强。总部位于荷兰阿姆斯特丹市，在全球 39 个国家和地区设有 4400 多家分支机构，每天为超过 58 万名求职者提供工作岗位。在重庆设有办事处。

万宝盛华集团（ManpowerGroup）成立于 1948 年，是全球人力资源行业的开创者，也是人力资源解决方案的先行者。作为职场专家，他们每天帮助超过 600 000 求职者在不同的行业和技能领域找到有意义的工作。

海仕国际（Montesea International Consultants co., ltd），提供金融、IT 行业中高层次人才猎聘。海仕国际专注于 IT 板块各个细分行业，业务划分以地区及职能口为导向，精细地、高效率地为客户获取优质人才，深入行业，精耕细作，并提供完善的人力资源解决方案服务。

虽然这些猎头公司在一些具体的内容上有所差别，但他们所做的都是一件事——帮助客户招募、挽留兼具才能和影响力的领先者，并降低高层人事任命涉及的风险。

（3）网络招聘。

网络招聘又称电子招聘，即企业通过公司自己的网站、第三方招聘网站等机构，使用简历数据库或搜索引擎等工具来完成招聘过程。其主要形式有两种：一是注册成为人才网站的会员，在人才网站上发布招聘信息，收集求职者资料，查询合适人才；二是在企业自身网站上发布招聘信息，吸引人才。网络招聘具有时效性强且持续时间较长、覆盖面广、成本低、方便快捷等优势；但是也存在一系列问题，诸如信息失真度较高、缺乏真实性；信息处理难度大；对技术及服务体系要求较高；缺乏互动反馈，成功率低等。

【知识延伸】

知名招聘网站盘点

1. 中华英才网

中华英才网是国内最专业的综合性招聘网站之一，为求职者提供职位搜索，简历管理，职位定制，职业指导等服务；为企业提供专业的人力资源服务（网络招聘、校园招聘、猎头服务、招聘流程外包等）。

2. 前程无忧

前程无忧是国内第一个集多种媒介资源优势的专业人力资源服务机构，提供包括招聘猎头、培训测评和人事外包在内的全方位专业人力资源服务，现在全国 25 个城市设有服务机构。2004 年 9 月，前程无忧成为首个也是目前唯一在美国纳斯达克上市的中国人力资源服务企业，是中国最具影响力的人力资源服务供应商。

3. 智联招聘

智联招聘是国内最早、最专业的人力资源服务商之一，它的前身是 1994 年创建的猎头公司智联（Alliance）公司。网站提供一站式专业人力资源服务，包括网络招聘、报纸招聘、校园招聘、猎头服务、招聘外包、企业培训以及人才测评等，并在中国首创了人力资源高端杂志《首席人才官》。

4. 应届生求职网

应届生求职网是中国第一个专门面向大学生及在校生的求职招聘网站，向大学生及在校生提供最新、最全、最准确的校园全职招聘、实习招聘、兼职招聘、企业宣讲会、招聘会、企业招聘截止日期等招聘信息，并同时提供职业测评、应聘指导等求职就业资讯及辅导。

5. Boss 直聘

Boss 直聘是目前最大的"直聊"招聘平台，平台的用户总量超过 900 余万，且主要集中在手机 APP 客户端；平台上的活跃简历的数量极大，但缺乏对简历的有效分类。其最大的特点就是提供了比较全面的免费服务，企业 HR 可以每天无限次地和求职者进行沟通，理论上不需要付费就可以实现良好的招聘效果。但是与之相对的，其付费服务的性价比就显得较低。

6. 拉勾网

拉勾网于 2013 年 7 月 20 日上线，是唯一有投递实时反馈功能的求职招聘网站，求职者在关注微信号后，即可实时跟踪自己投递简历的状况，包括简历是否投递成功、是否被查看、是否被转发到别的部门，以及是否去面试等。除了 PC 端以外，2015 年 8 月，拉勾网官方 APP "拉勾"，在 Apple Store、Google Play 以及国内主流安卓应用商店同时上线。通过"拉勾"APP，可以随时查看最新职位，跟踪简历投递动态，与正在进行招聘的 CEO、部门负责人、HR 在线沟通，查看其他候选人面试该职位后对面试官、公司环境的面试评价等，为求职者提供参考。除了求职，还可以通过"拉勾"APP 的发现频道关注行业趋势、职场资讯。

2.3 人员招聘的流程

人力资源是企业最重要的资源，招聘是企业与潜在员工接触的第一步。人们通过招聘环节了解企业，并最终决定是否愿意为它服务；从企业的角度看，只有对招聘环节进行有效的设计和良好的管理，才能以较低的招聘成本获得高质量的员工。企业组织人员招聘的程序大致如图 4.1 所示。

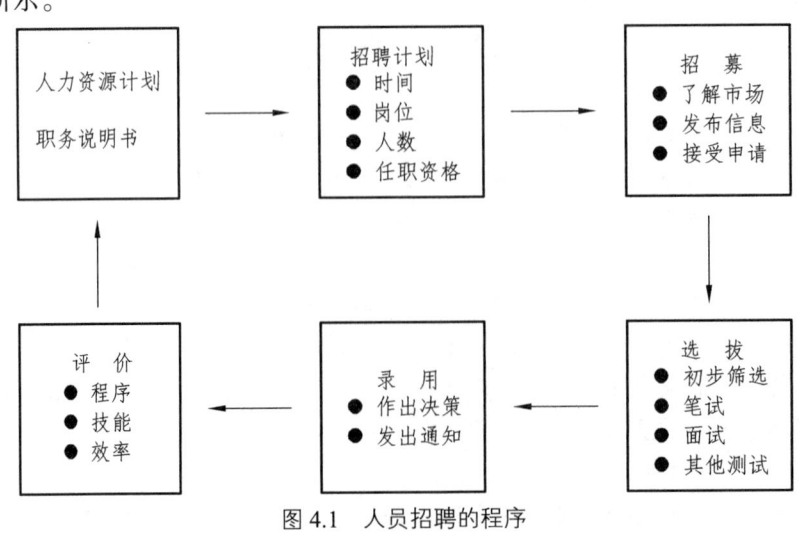

图 4.1　人员招聘的程序

2.3.1 基础工作

招聘计划的编制建立在人力资源计划和职务分析两项基础工作之上。人力资源计划决定了企业在未来的一段时间里，为达到战略目标预计要招聘的职位、部门、数量、时限、类型等因素。职务分析则对企业中各职位的责任、所需的资质进行分析，它为招聘提供了主要的参考依据，同时也为应聘者提供关于该职位的详细信息。人力资源计划和职务分析两项基础性工作使招聘能建立在比较科学的基础上。

2.3.2 制订招聘计划

招聘计划是人力资源部门根据用人部门的增员申请，结合企业的人力资源规划和职务描述书，明确一定时期内需招聘的职位、人员数量、资质要求等因素，并制定具体的招聘活动的执行方案。

招聘计划具体包括以下几个方面：

（1）招聘岗位和岗位要求，包括招聘的职位名称、人员需求量、任职资格要求等内容。
（2）招聘信息发布的时间和渠道。
（3）招聘渠道和方法的选择。
（4）招聘小组人选，包括小组人员姓名、职务、各自的职责。
（5）应聘者的考核方案，包括考核的场所、大体时间、题目设计等。
（6）招聘的截止日期。
（7）新员工的上岗时间。
（8）招聘费用预算，包括资料费、广告费、差旅费和人才交流费用等。
（9）完整、详细的招聘工作时间表。
（10）招聘广告样稿。

【知识延伸】

WLD 集团公司招聘计划

一、招聘岗位及条件		
职务名称	人员数量	基本要求
中文说明书编译	2	1. 逻辑思维清晰，语言组织能力强，细心，有耐心； 2. 熟悉 Office 软件； 3. 有一定的英语基础（CET-4 以上优先）
市场推广员	20	1. 高中及以上学历，学校、专业不限； 2. 具有良好的表达能力和沟通能力； 3. 性格开朗、责任心强、吃苦耐劳
大区销售经理	1	1. 本科学历，毕业 5 年以上； 2. 具有 ERP 行业中大型项目直销两年以上的经验，业绩良好； 3. 具有一定的管理基础和带队经验，熟悉制造型企业，对客户决策层具有较好的说服力； 4. 工作地点在深圳
二、招聘信息发布时间		
厦门日报刊登招聘广告（2018 年 4 月 19 日） 厦门晚报刊登招聘广告（2018 年 4 月 19 日） 公司官网发布招聘信息		

续表

三、招聘组成员名单
组长：×××（公司人力资源部经理），全面负责招聘活动。 成员： ×××（研究开发部经理）、×××（销售部经理）、×××（行政管理部经理）——具体参与面试、录用工作。 ×××（人力资源部薪酬管理人员）——负责应聘人员的接待、求职资料整理。 ×××（人力资源部招聘专员）——具体负责招聘信息发布以及安排面试、笔试。 ……
四、招聘地区
厦门、深圳
五、选拔方案及时间安排
资料筛选：截至2018年5月15日 初试（笔试）：2018年5月19日 复试（面试）：2018年5月21日
六、费用预算
本次招聘共需经费×元 其中：广告费×元；人员补助费×元；会议费用×元……
七、招聘时间安排
2018年4月15日：设计招聘广告 2018年4月17日—4月24日：与报社、网站进行联系，并刊登广告 2018年5月1日—5月15日：接待应聘者，整理应聘资料、对资料进行筛选 2018年5月19日：通知应聘者参加笔试 2018年5月21日：通知应聘者参加复试（面试） 2018年5月23日：录用决策 2018年5月24日：向通过复试员工发放录用通知书 2018年6月11日—6月15日：新员工入职

WLD公司人力资源部
2018年2月18日

2.3.3 招募工作

发布招聘信息是人员招募过程中的重要环节，通常的做法是在一些大众媒体上刊登出单位岗位空缺的消息，吸引对这些空缺岗位感兴趣的潜在人选应聘。采用广告的形式进行招聘，由于工作空缺的信息发布迅速，能够在一两天内就传达给外界，同时有广泛的宣传效果，可以展示单位实力。

传统的招聘广告主要内容一般包括：

（1）本企业的基本情况；

（2）招聘的岗位及工作内容；

（3）招聘人员的基本条件；
（4）报名的方式；
（5）报名的时间、地点；
（6）报名需带的证件、材料；
（7）其他注意事项。

【知识延伸】

××网络科技有限公司招兵买马

一、公司简介

××网络科技有限公司是国内优秀的 Internet 软件开发商，主要从事网络安全软件产品开发及跨平台分布式异构网络环境下的软件开发。经××市高新区人才交流服务中心批准，特诚招精英人士加盟。

二、招聘职位

测试工程师（人数：4 名；工作地点：总部）

三、岗位职责

1. 编写测试计划及测试用例；
2. 进行集成测试和全面测试；
3. 为公司提供项目测试报告；
……

四、任职资格

1. 计算机及相关专业本科以上学历；
2. 全面系统的软件基础知识；
3. 有较丰富的数据库及网络知识与经验；
4. 参加过大型软件系统的开发；
……

五、人事政策

1. 资助攻读在职博士；
2. 员工持股计划；
3. 优厚的福利保障，购买五险一金；
……

六、联系方式

有意者将个人简历、学历证明复印件及其他证明工作能力的材料发至公司人力资源部邮箱：11111@126.hr.com

总部地址：××市××区××街道××大厦××号

联系电话：023-1234567（招聘专员王先生）

××网络科技有限公司

2018 年 5 月 12 日

发布广告关键的问题，一是广告媒体如何选择，二是广告内容如何设计。一般来说，单位可选择的广告媒体很多，传统媒体如广播电视、报纸、杂志等，现代媒体如网站、微信、微博、APP 等，其总体特点是信息传播范围广、速度快，应聘人员数量大、层次丰富，单位的选择余地大。在决定广告内容时，单位必须注意要维护和提升单位的对外形象。广告的内容不仅应明确告诉潜在的应聘者，单位能够提供什么岗位、对应聘者的要求是什么，而且广告应有吸引力，能够激起大众对单位的兴趣。另外，广告还应告诉应聘者申请的方式，这些内容都应在确定广告内容时给予充分的注意。

2.3.4 人员选拔

选拔是招聘流程中的核心环节，其一般分为初步筛选、笔试、面试和其他测试步骤。

1）初步筛选

初步筛选主要指通过简历进行甄选。通过比较应聘者简历中所列明的个人知识、素质及能力现状与职位说明书对该职位任职人员的具体要求来筛选出符合基本"硬件"要求的人员，并通知其进入下一环节。

2）笔试

笔试一般分为专业笔试和综合笔试两大类。专业笔试主要衡量应聘者对所应聘岗位要求掌握的相关专业知识及专业技能的掌握情况。综合笔试主要衡量应聘者的综合分析能力、文字表达能力、知识储备状况等素质与能力。专业笔试主要针对研发型和技术型职位，这类职位的特点是对专业知识和专业能力要求很高，因此题目的针对性也较强。综合笔试则比较常见，题目涉及内容也很宽泛。常见的有英语读写能力、逻辑思维能力、分析判断能力测试，部分题目也会包含时事、政治、社会及生活基本常识考核。

3）面试

面试是一种由组织者精心设计的，在特定环境下通过考官和应聘者进行面对面沟通与交流来考核应聘者的知识、能力与经验的测评活动。

面试活动通过"问""听""查""析""辩"等手段可以对应聘者的工作态度、求职动机、专业知识、实践经验、口头表达能力、综合分析能力、反应与应变能力、情绪稳定性等多种素质及技能进行综合考量，是一种由表及里的测评方式。

近年来企业的面试环节设置日趋灵活化，角色扮演、情景模拟和压力测试等备受用人单位青睐。相较于一般面试活动而言，这些方法更能直观全面地反映应聘者解决问题的能力和个人综合素质。

【知识延伸】

智力测试笔试题目

1. 有两根不均匀分布的香，香烧完的时间是一个小时，你能用什么方法来确定一段 15 分钟的时间？

2. 有两位盲人，他们各自买了两对黑袜和两对白袜，八对袜子的布质、大小完全相同，而每对袜子都有一张商标纸连着。两位盲人不小心将八对袜子混在一起。他们每人怎样才能取回黑袜和白袜各两对呢？

3. 有一辆火车以每小时 15 千米的速度离开洛杉矶直奔纽约，另一辆火车以每小时 20 千米的速度从纽约开往洛杉矶。如果有一只鸟，以 30 千米每小时的速度和两辆火车同时启动，从洛杉矶出发，碰到另一辆车后返回，依次在两辆火车来回飞行，直到两辆火车相遇，请问这只小鸟飞行了多远距离?

常见面试题目盘点

问题一:"请你自我介绍一下。"

问题二:"谈谈你的家庭情况。"

问题三:"你的座右铭是什么?"

问题四:"谈谈你的优缺点。"

问题五:"与上级意见不一致时,你将怎么办?"

问题六:"你为什么选择我们公司?"

问题七:"我们为什么要录用你?"

问题八:"如果我录用你,你将怎样开展工作?"

问题九:"你是应届毕业生,缺乏经验,如何能胜任这项工作?"

问题十:"你在前一家公司的离职原因是什么?"

4)其他测试

其他测试一般包括心理测试和体检。心理测试主要包括智商测试、情商测试、人格测试和性格兴趣测试。通过特定检测方法考量应聘者的智力状况和心理及行为倾向,帮助企业选拔出最合适的人才。体检主要针对在笔试及面试环节中表现良好的应聘人员。公司为了确保招聘质量要求应聘者到正规医疗机构接受体格检查,是录用前的一个重要环节。

2.3.5 人员录用

人员录用是依据选拔的结果做出录用决策并进行人员配置的活动,其中最关键的内容就是做好录用决策。录用决策是依照人员录用的原则,避免主观武断和不正之风的干扰,把选拔阶段多种考核和测验结果组合起来,进行综合评价,从中择优确定录用名单。企业在做出最终录用决策时,应当注意以下几个问题:

1)全面衡量

企业要录用的人员必然是能够满足单位需要,符合应聘岗位素质要求的人才。因此,必须根据单位和岗位的实际需要,针对不同的能力素质要求给予不同的权重,然后录用那些得分最高的应聘者。

2)少而精

减少做出录用决策的人员。在决定录用人选时,必须坚持少而精的原则,选择那些直接负责考察应聘者工作表现的人以及那些会与应聘者共事的人进行决策。如果参与的人太多,会增加录用决策的困难,造成争论不休或浪费时间和精力。

3)不能求全责备

人没有十全十美的,在做出录用决策时也不要吹毛求疵,挑小毛病,总是不满意。我们必须分辨主要问题以及主要方面,分辨哪些能力对于完成这项工作是不可缺少的,这样才能录用到合适的人选。

【任务小结】

恭喜你顺利完成本任务,现就任务完成过程中所运用到的具体知识点进行以下回顾:

1. 人员招聘的概念:组织为了发展的需要,根据人力资源规划和工作分析的数量与质量要求,及时寻找、吸引并鼓励符合要求的人来填补组织的职务空缺的活动过程。人员招聘包括人员招募、甄选和聘用等内容。

2. 人员招聘的原则:岗位(职务)分析原则,公开、平等原则,竞争择优原则,能位对应原则。

3. 人员招聘的方式:人力资源计划中最为关键的一项任务是能够招到并留住有才能的员工。依据来源不同,组织可以通过外部招聘和内部晋升两种方式来选择和填补原管理岗位的空缺。

4. 人员招聘的流程:确定招聘需求、制订招聘计划、发布招聘广告、筛选资料、组织面试、体检、录用。

任务三　绩效考评

【学习目标】

1. 知识目标：了解绩效考评的意义，掌握绩效考评的内容和方法，熟悉绩效考评结果的运用。
2. 能力目标：学会使用多种方法进行绩效考评。
3. 素质目标：培养学生系统思考问题的意识和能力。

【下达任务】

任务书					
任务名称	设计一份人员考评表				
任务内容	背景描述： 你是 A 公司人事专员，公司新来的销售人员试用期即将结束，为了提高销售人员整体素质和职业能力，公司要对这批销售人员试用期的综合表现进行严格考评。 任务：请制定一份《销售人员考评评分表》。				
任务要求	1. 紧密结合销售岗位具体情况，设计考评表。 2. 考评表的设计条理清晰，内容完整。 3. 考评指标符合岗位特点和要求，考评标准明确具体。 4. 全员参与，小组成员分工合作。				
完成任务 所需知识点	知识点 1：绩效考评的概念、原则 知识点 2：绩效考评的方法 知识点 3：绩效反馈				
任务评价 标准	考核项目	考核标准	分值	得分	备注
	表格规范性	评分表格式合理、规范； 文字编排工整，格式符合要求； 表达流畅，条理清楚，有逻辑性	20 分		
	完整性	考评表的设计条理清晰，内容全面； 考评主题明确，重点突出	30 分		
	科学性	考评指标科学合理； 考评标准明确具体，恰当可行； 指标权重分配得当	30 分		
	团队协作	具有高度的团队认同感； 完成团队组长所下达的各项任务； 团队成员分工负责、协作配合； 团队成员沟通技巧、方式、方法得当	20 分		
	合计		100 分		

参考资料	书　　　名:《HR 达人教你绩效管理一本通》 作　　　者：陈镭 出　版　社：中国铁道出版社 出版时间：2018 年 1 月		
团队构成 （学生填写）	团队组长		
	团队成员		
时间要求 （学生填写）	任务领取时间		
	要求完成时间		
任务启示 （团队成员 共同填写）			
任课教师 反馈			
任务最终 得分	_____分		

【核心知识讲解】

3.1 绩效考评概述

3.1.1 绩效考评的概念

绩效考评是指考评主体对照工作目标形成绩效标准，采用科学的考评方法来评定员工的工作任务的完成情况、员工的工作职责履行程度和员工的发展情况，并且将评定结果反馈给员工的过程。对于绩效考评，不同的人有不同的定义，但归纳起来，绩效考评包括三个层面的含义：

首先，绩效考评是从企业经营目标出发对员工工作进行考评，并使考评结果与其他人力资源管理职能相结合，推动企业经营目标的实现。

其次，绩效考评是人力资源管理系统的组成部分，它运用一套系统的、一贯的制度性规范、程序和方法进行考评。

最后，绩效考评是对组织成员在日常工作中所表现的能力、态度和业绩，进行以事实为依据的评价。

3.1.2 绩效考评的意义

绩效考评，是企业人力资源管理现代化、合理化所不可或缺的重要方法，通过对从业员工能力发挥度、对业绩贡献度加以把握，从而达成加薪、升迁、人力配置、教育培训等方面的决策。因此，绩效考评是解决人力资源管理课题的一种重要手段，对有效实施人力资源管理具有重要意义。

1）为员工提供自我评价和提升的机会

对职工个人而言，随着社会的发展，企业不仅仅是谋生的场所，还应该满足其社交需求、尊重甚至自我实现等高级的需求。对于工作成绩突出的成员，希望自己的工作得到企业当局的承认和肯定，通过工作业绩的考评则可以满足他们这方面的要求；工作效率低的人员，如果没有给予评价，就以为"没有消息便是好消息"，不清楚自身的实际情况，在决定报酬和其他人事调配时，会无根据地和旁人攀比。所以，企业没有采取客观的业绩考评制度的话，对先进和落后的人员都是不利的：先进没有给予肯定，将打击其工作热情；而落后没有帮助其了解实际状况，业绩无法提高。

2）使各级主管明确了解下属的工作状况

对管理者而言，经过对下属的工作业绩考评，正确了解本部门的人力资源状况，做到心中有数，有利于提高管理工作的效率。比如，人员安置、工作指派可以安排得更恰当，培训计划制订得更有依据等。

3）有利于加强上下级间的沟通

在员工绩效考评过程中，有利于加强上下级之间的沟通，建立相互信赖的关系，及时发现工作中的问题，并加以改进。实际上，许多员工遭受挫折和失败，经常是由于他们搞不清楚组织希望他们怎么做，他们花很多精力做他们认为"该做的"，而不是真正该做的事。所以，绩效考评工作架起了沟通的桥梁，排除了很多不必要的误解，改善了上下级关系。

4）有利于推进企业目标的实现

对组织而言，通过对个人或部门业绩的考评，了解他们对更高层次目标的贡献程度，经过对目标和实际成绩间的差异分析，查找影响达到目标的内外部因素，便可以通过管理的各种职能作用、物质环境的调整以及人员的共同努力，推进企业目标的实现。同时，将个人目标和企业组织的整体目标加以协调和相互联系，增强员工的成就感，提高组织成员的士气，促进业绩水平的提高。

3.1.3 绩效考评的原则

1）公开与开放的原则

绩效考核不是某一个部门的责任，更不是某一个人的责任，而是组织内各级管理者及其下属员工共同的责任，每一个人都承担着相应的考核职责。这就要求对绩效的考核必须遵循公开与开放的原则。一个良好的绩效考核体系首先是公开的，借此取得上下认同，从而推进绩效考核的具体实施。其次，考核标准必须是十分正确的，上下级之间可通过直接对话、面对面沟通进行考核工作。

2）反馈与提升的原则

反馈与提升的原则即把考核后的结果及时反馈，好的东西坚持下来，发扬光大；不足之处，加以纠正和弥补。在现代人力资源管理系统中，关注员工绩效水平的持续提升是现代考核理论的出发点，缺少反馈的绩效考核没有多少意义，既不能发挥能力开发的功能，也没有必要作为人力资源管理系统的一部分独立出来。因此必须构筑起反馈系统，对绩效形成的过程进行引导，对绩效的最终结果进行控制。

3）定期化与制度化的原则

绩效考核是一种连续性的管理过程，因而必须定期化、制度化。绩效考核既是对员工能力、工作结果、工作行为与态度等的评价，也是对他们未来行为表现的一种预测，因此只有程序化、制度化地进行人事考核，才能真正了解员工的潜能，才能发现组织中的问题，从而有利于组织的绩效提升。

4）可靠性与正确性的原则

可靠性又称信度，是指某项测量的一致性和稳定性。绩效考核的信度是指绩效考核方法应保证收集到的人员能力、工作结果、工作行为与态度等信息的稳定性和一致性，它强调不同评价者之间对同一个人或一组人评价的一致性。如果考核因素和考核尺度是明确的，那么，评价者就可以在同样的基础上对员工的绩效进行评价，从而有助于改善绩效考核的信度。

3.2 绩效考评的内容与方法

3.2.1 绩效考评的内容

绩效考评的内容分为工作业绩、工作能力、工作态度三大部分。不同部门和不同职位的员工，其考核权重也不同，各部门应根据各职位的要求来确定其权重大小。

1）工作业绩

（1）任务绩效与具体职务的工作内容或任务紧密相连，是对员工本职工作完成情况的体现，主要考核其任务绩效指标的完成情况。

（2）管理绩效要针对行政管理类人员，考核其对部门或下属人员管理的情况。

（3）周边绩效与组织特征相关联，是对相关部门服务结果的体现。例如：主动地执行不属于本职工作的任务；在工作时表现出超常的工作热情；在工作时帮助别人并与别人合作；坚持严格执行组织的规章制度；履行、支持和维护组织目标。

2）工作能力

工作能力是指对一个人担任一个职位的一组标准化的要求,用以判断其是否称职。它主要包括其知识、技能及行为是否能够配合其工作。

3）工作态度

工作态度主要考核员工对待工作的态度和工作作风,其考核指标可以从工作主动性、工作责任感、工作纪律性、协作性、考勤状况 5 个方面设定具体的考核标准。

【知识延伸】

员工绩效考核内容及要素分解表

在我国,很多公司和企业以德、能、勤、绩为绩效考评的基本内容,具体可参见下表。

项目	考核内容及要素分解		
德	政治思想表现,即热爱社会主义祖国,具有坚定的政治立场,学习与贯彻执行党的各项方针政策,提高自己的理论水平与政治素质,旗帜鲜明地与党中央保持高度一致,在重大原则问题上态度鲜明,具有坚定的组织原则		
能	完成目标任务和履行岗位职责能力	业务知识水平	对本职工作业务知识的掌握,对新知识、新技术的学习运用等
		决策创新能力	改革意识,创新性的建议、意见,正确决策的能力等
		理论联系实际能力	运用理论指导工作的能力、对工作的经验及教训总结的能力等
		协作能力	工作的计划性,协调工作关系的能力等
		语言文字能力	表达的逻辑性、结构的严谨性,起草相关业务文件和报告的速度与质量等
勤		敬业精神	对本职工作的热爱,工作的积极性和进取意识、钻研精神,工作态度等
		主动性	工作的主动性、服务意识及助人为乐意识等
		出勤率	迟到、早退、旷工、病事假情况等
绩	完成目标任务及所聘(任)岗位工作的数量、质量,工作效率及整体绩效等(包括保证安全方面的情况)。	完成目标任务	个人年度目标任务中,工作量的完成情况等
			完成目标任务工作的质量
			按照个人年度计划任务的进度,完成目标任务的效率情况
			所完成的工作对单位的贡献大小
		履行岗位职责	完成岗位职责所规定工作量情况
			完成岗位职责所规定的工作的质量
			在规定的时间内,完成工作任务的效率情况
			所完成的工作对单位的贡献大小

3.2.2 绩效考评的方法

在实践中,可以用于绩效考评的方法很多,这些方法可以大致归结为三类:相对评价法、绝对评价法、描述法。如表4.5所示。

表4.5 绩效考评常见方法

方法种类		主要特点
相对评价法	排序法	简单、容易操作
	配对比较法	适于作为奖惩的依据
	强制分布法	无法对不同部门之间的员工做出比较
绝对评价法	平衡计分卡（BSC）	开发成本较高，需要制定合理的指标和标准
	行为锚定评价法（BARS）	具有客观的标准，可以在不同部门之间进行考核，结果横向比较等
	行为观察量表法（BOS）	考评科学性强，但操作任务重
	关键绩效指标法（KPI）	目标明确但指标难以界定
描述法	关键事件记录法	一般只作为其他考评方法的辅助方法使用
	360°考评法	考核全面，多体参与

1）相对评价法

相对评价法是一种相对考核的方法，通过员工之间的相互比较而得出考核结果。此考评方法容易操作，适于作为奖惩的依据，但不能对具体业绩、能力和态度进行考核，无法对不同部门的员工进行比较。

（1）排序法。

排序法是对按员工工作成绩的好坏进行排序考核的一种方法。在考核之前，首先要确定考核的模块，但是不确定要达到的工作标准。将相同职务的所有员工在同一考核模块中进行比较，根据他们的工作状况排列顺序，工作较好的排名在前，工作较差的排名在后。最后，将每位员工几个模块的排序数字相加，就是该员工的考核结果。总数越小，绩效考核成绩越好。

（2）配对比较法。

配对比较法又称两两比较法，是对员工进行两两比较，任何两位员工都要进行一次比较。两名员工比较之后，相对较好的员工记"1"，相对较差的员工记"0"。所有的员工相互比较完毕后，将每个人的得分相加，总分越高，绩效考核的成绩越好。如表4.6所示。

表4.6 配对比较法

	A	B	C	D	E	F	G	总分
A	—	1	0	0	0	0	0	1
B	0	—	0	0	1	1	0	2
C	1	1	—	1	0	0	0	3
D	1	1	0	—	0	0	0	2
E	1	0	1	1	—	1	1	5
F	1	0	1	1	0	—	0	3
G	1	1	1	1	0	1	—	5

（3）强制分布法。

根据正态分布原理，优秀的员工和不合格的员工的比例应该基本相同，大部分员工应该属于工作表现一般的员工。所以，在考评分布中，可以强制规定优秀人员的人数和不合格人

员的人数。如图 4.2 所示

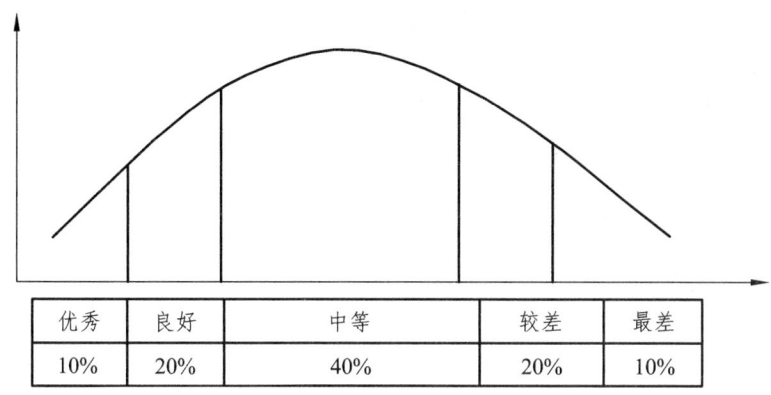

图 4.2　强制分布法

在实际考核中，考评结果往往令人失望，要不就是密集分布在高位区，要不就是集中在中间地带，即形成考核中常见的"趋中效应"。于是，强制分布法就成为很多组织为实现绩效考核结果合理分布的常用办法。强制分布法可以有效地避免由于考评人的个人因素而产生的考评误差。

2）绝对评价法

（1）平衡计分卡。

平衡计分卡（Balanced Score Card）是从财务、客户、内部运营、学习与成长四个角度，将组织的战略落实为可操作的衡量指标和目标值的一种新型绩效管理体系。平衡计分卡最大的优点在于：它从企业的四个方面来建立衡量体系，即财务、客户、业务管理和人员的培养和开发。这四个方面是相互联系、相互影响的，其他三类指标的实现，最终保证了财务指标的实现。

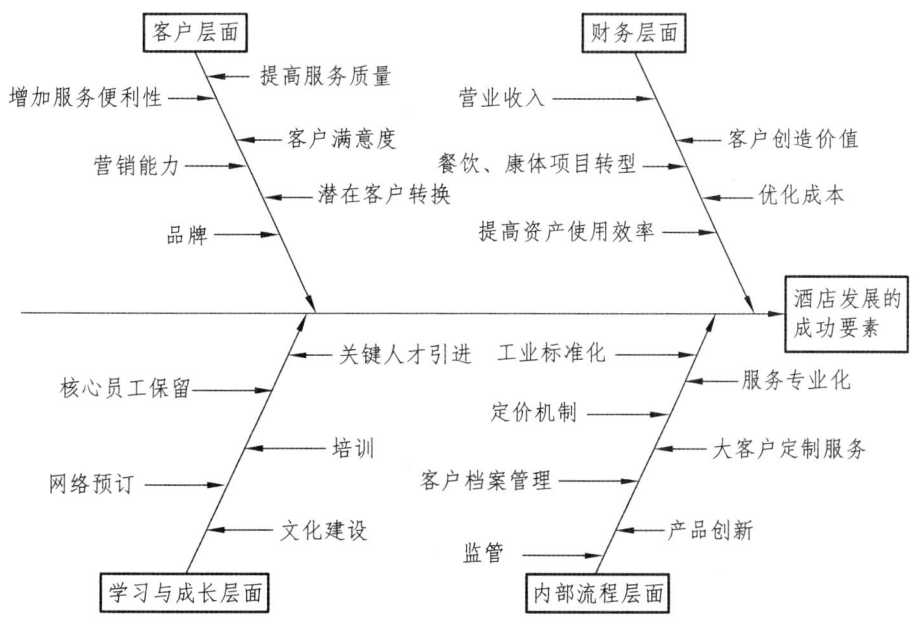

图 4.3　平衡记分卡

实施平衡计分卡主要有以下优点：第一，克服财务评估方法的短期行为；第二，使整个组织行动一致，服务于战略目标；第三，能有效地将组织的战略转化为组织各层的绩效指标和行动；第四，有助于各级员工对组织目标和战略的沟通和理解；第五，有利于组织和员工的学习成长与核心能力的培养；第六，通过实施BSC，提高组织整体管理水平。

平衡计分卡是对传统绩效评价方法的一种突破，但是不可避免地也存在自身的一些缺点，具体如下：

第一，指标数量过多。平衡计分卡涉及财务、顾客、内部流程、学习与成长四套业绩评价指标，合适的指标数目是20~25个。其中，财务角度5个，客户角度5个，内部流程角度8~10个，学习与成长角度5个。

第二，各指标权重的分配比较困难。不同的层面及同一层面的不同指标分配的权重不同，将可能会导致不同的评价结果。而且平衡计分卡也没有说明针对不同的发展阶段与战略需要确定指标权重的方法，故而权重的制定并没有一个客观标准，这就不可避免地使得权重的分配有浓厚的主观色彩。

第三，部分指标的量化工作难以落实。尤其是对于部分很抽象的非财务指标的量化工作非常困难，如客户指标中的客户满意程度和客户保持程度如何量化，再如员工的学习与发展指标及员工对工作的满意度如何量化等。这也使得在评价企业业绩的时候，不可避免地带有主观的因素。

（2）行为锚定评价法。

行为锚定评价法（Behaviorally Anchored Rating Scale，BARS）又称行为定位法，是一种以行为为导向的考核方法，具体是指将某一职务可能发生的典型工作进行评分度量，建立一个锚定评分表，把员工工作中的实际行为与之进行比较的考评办法。

行为锚定评价法评价指标的独立性强，尺度较精确；反馈效果好，但通常只适合于一般员工的考核，适用范围较窄。因为在运用过程中，锚定标准的设计较复杂，不易操作。举例如表4.7所示。

表4.7　某银行大堂接待人员行为锚定评价表

职务基本要求：做好进入银行行政大楼和营业部大厅的客户迎宾工作，为客户提供微笑迎宾、业务咨询与办理等服务。

最好	较好	好	较差	最差
热情大方，微笑自然，不仅能够做好引导工作，还能向客户介绍各项业务办理的地点并主动介绍银行基本情况	微笑自然，不仅做好引导工作，还能引导客户办理业务	能够做好微笑迎宾工作，有时能够解答客户关于业务办理问题	能够做好迎宾工作，但是基本不能较好回答客户业务办理问题	仅仅能够做到微笑迎宾

（3）行为观察量表法。

行为观察量表法（Behavior Observation Scale，BOS）又称行为评价法，是由美国的人力资源专家拉萨姆和瓦克斯雷于1981年提出的一种行为导向考核法，是在行为锚定评价法和传统业绩评定法的基础上不断发展和演变而来的。它是指整理出一系列的有效行为来考核各个个体，评价者通过观察员工表现各种行为的频率来评价他的工作绩效。

行为观察量表法是基于系统的工作分析，有助于员工对考评工具的理解和使用；清晰明了，科学性强；有利于信息反馈，对于提高员工绩效有较好的辅助作用；允许员工参与到制定考核中来，加强员工的认同感和理解力；考评较全面，可信度和效度较高。但由于每一职位都要进行独立评价，因此评价体系的开发成本较高，不适于扁平化的组织结构中人员的考评。同时，由于不同评价者对各种行为应该出现的频率预设标准不同，从而使考评缺乏稳定性。管理人员绩效评估 BOS 示例如表 4.8 所示。

表 4.8　管理人员绩效评估 BOS 示例

考核指标一：克服改革阻力的能力
① 向下属说明改革的细节 从不　1　2　3　4　5　总是
② 解释改革的必要性 从不　1　2　3　4　5　总是
③ 与员工讨论改革会对他们产生什么样的影响 从不　1　2　3　4　5　总是
④ 倾听员工所关心的问题 从不　1　2　3　4　5　总是
⑤ 从推进改革的过程中寻求下属的帮助 从不　1　2　3　4　5　总是
⑥ 如果需要，指定下次会议的日期以便对员工所关心的问题做出答复 从不　1　2　3　4　5　总是
总分：
评定等级：不足　　　尚可　　　良好　　　优秀　　　杰出 分数区间：6～10　　11～15　　16～20　　21～25　　26～30

（4）关键绩效指标法。

关键绩效指标（Key Performance Indicators）是一种可量化的、被事先认可的、用来反映组织目标实现程度的重要指标体系，是绩效管理的有效手段。

确定关键绩效指标有一个重要的 SMART 原则。SMART 是 5 个英文单词首字母的缩写：

S 代表具体（Specific），指绩效考核要切中特定的工作指标，不能笼统；

M 代表可度量（Measurable），指绩效指标是数量化或者行为化的，验证这些绩效指标的数据或者信息是可以获得的；

A 代表可实现（Attainable），指绩效指标在付出努力的情况下可以实现，避免设立过高或过低的目标；

R 代表有关联性（Relevant），指绩效指标是与上级目标具有明确的关联性，最终与公司目标相结合；

T 代表有时限（Time-bound），注重完成绩效指标的特定期限。

确定关键绩效指标一般遵循下面的过程：

① 建立评价指标体系。

可按照从宏观到微观的顺序，依次建立各级的指标体系。首先明确企业的战略目标，找出企业的业务重点，并确定这些关键业务领域的关键业绩指标（KPI），从而建立企业级 KPI。

其次各部门的主管需要依据企业级 KPI 建立部门级 KPI。再次各部门的主管和部门的 KPI 人员一起再将 KPI 进一步分解为更细的 KPI。这些业绩衡量指标就是员工考核的要素和依据。

② 设定评价标准。

一般来说，指标指的是从哪些方面来对工作进行衡量或评价；而标准指的是在各个指标上分别应该达到什么样的水平。指标解决的是我们需要评价"什么"的问题，标准解决的是要求被评价者做得"怎样"、完成"多少"的问题。

③ 审核关键绩效指标。

对关键绩效指标进行审核的目的主要是确认这些关键绩效指标是否能够全面、客观地反映被评价对象的工作绩效以及是否适合于评价操作。示例如表 4.9 所示。

表 4.9 某公司配送部关键绩效指标示例

序号	KPI 指标	考核周期	指标定义/公式	资料来源
1	配送计划达成率	月/季/年度	实际完成配送量/计划完成配送量×100%	配送部
2	平均装卸成本	月/年度	装卸总成本/装卸货物总量	配送部
3	紧急订单响应率	月度	12 小时内出货的订单数/同期订单总数×100%	配送部
4	车船满载率	月度	车船实际装载能力/车船装载能力×100%	配送部
5	送货准时率	月/季/年度	按时送货次数/送货总次数×100%	配送部

关键绩效指标法的优点有：

① 目标明确，有利于公司战略目标的实现。

KPI 是企业战略目标的层层分解，通过 KPI 指标的整合和控制，使员工绩效行为与企业目标要求的行为相吻合，不至于出现偏差，有力地保证了公司战略目标的实现。

② 提出了客户价值理念。

KPI 提倡的是为企业内外部客户价值实现的思想，对于企业形成以市场为导向的经营思想是有一定的提升的。

③ 有利于组织利益与个人利益达成一致。

策略性指标分解，将公司战略目标转化成个人绩效目标，员工个人在实现个人绩效目标的同时，也是在实现公司总体的战略目标，达到公司与员工和谐、共赢的结局。

同时，KPI 也不是十全十美，也有不足之处，主要体现在以下几点：

① KPI 指标比较难界定。

KPI 更多的是倾向于定量化的指标，这些定量化的指标是否真正对企业绩效产生关键性的影响，如果没有运用专业化的工具和手段，就比较难界定。

② KPI 会使考核者误入机械的考核方式。

过分地依赖考核指标，而没有考虑人为因素和弹性因素，会产生一些考核上的争端和异议。

3）描述法

考核主体用叙述性的文字来描述员工在工作业绩、工作能力和工作态度方面的优缺点，以及需要加以指导的事项和关键性事件等，由此得到对员工的综合考核。具体方法有：

（1）关键事件记录法。

关键事件记录法是由美国学者福莱·诺格（Flanagan）和伯恩斯（Baras）在 1954 年共同

创立的，是指由评价者连续记录积累评价对象平时工作中的关键事件（一种是做得特别好的，一种是做得不好的），并以此作为依据对评价对象进行考核评价的方法。其主要原则是认定员工与职务有关的行为，并选择其中最重要、最关键的部分来评定其结果。

该方法的重点是进行全面观察并书面记录员工所做的事情，特别是有关工作成败的关键性事实。对每一事件的描述内容一般从以下几方面展开：事件发生的原因及背景，员工所采取的关键行为（特别有效或无用的行为），关键行为的结果以及员工是否能够支配或控制上述后果。这种方法既能获得职务的动态信息又能获得静态信息。

【知识延伸】

关键事件记录法推荐：STAR 记录法

STAR 法又称"星星法"（图 4.4），指从以下四方面记录员工的行为。

S：Situation，情境（事情发生时的背景）；
T：Target，目标（考评对象要实现的目标）；
A：Action，行动（考评对象为实现目标，具体采取的行动）；
R：Result，结果（行动的结果）。

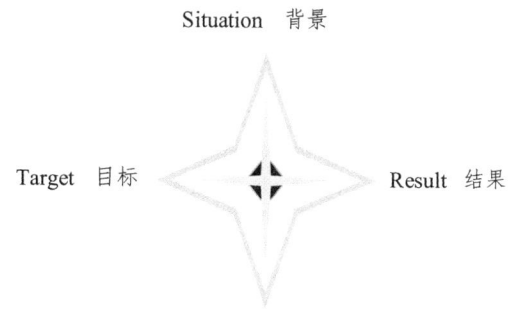

图 4.4　STAR 记录法

（2）360°考评法。

360°考评法又称全方位考评法，是由美国英特尔公司最早提出并使用的，是指由被考核者的上级、下级、同事、自身及相关客户等关系主体对被考核者进行综合评价的一种考评方法。如图 4.5 所示。

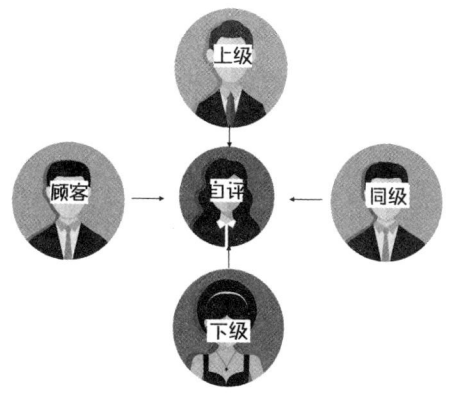

图 4.5　360°考评法

360°考评法的优点有：多方参与，评价客观，避免了传统考核方式中仅由上级进行考核所带来的"光环效应""个人偏见""考核盲点"等现象的发生；因为被考核者的影响力有限，他们无法对多个考核源均施加影响力，因此所得考核信息更加准确；考核活动本身也是一次沟通过程，通过考核提升团队协作能力；较为全面的反馈有利于帮助被考核者提升综合能力，改进绩效。

360°考评法的缺点有：时间长，成本高；容易掺杂私人感情，影响考评严肃性；由于每个员工既是考评者又是被考评者，因此需要进行考评培训工作，这增加了考评工作的难度；会导致员工注重人际关系的处理而忽视绩效管理的目标。

3.3 绩效考评的实施

3.3.1 确定评价者

由于现代企业中岗位的复杂性，仅凭借一个人的观察和评价很难对员工做出全面的绩效考核。就像衡量工作的标准多种多样一样，绩效考核的参与者也是多方面的。参与评估的人员可能包括上司、同事、员工自己、下属和客户。美国西方公司、西屋公司和沃特·迪斯尼公司等已经开始采用全方位考评的方法（或称作360度考评法）来评估员工的业绩。

1）直接上级评估

由直接上级进行评估是考核员工绩效的传统方法，也是管理者常用的引导和监督雇员行为的一种方法。选择由直接上级进行考核，是因为通常他们最熟悉员工工作以及他们的工作状况和工作结果。

2）自我评估

自我评估是由员工对自己的绩效所做的评估，一般形式是员工在综合绩效考核以前就自己的绩效水平填写一份评估表。当经理人员想要提高员工在绩效评估中的参与程度时，自我评估方法是非常有效的。这一程序给员工一个思考自身优缺点的机会，并引发员工就有关阻碍高绩效形成的原因进行讨论。

3）同事评估

同事评估和上级评估是从两个不同的角度来看待某个员工的绩效的。通常，上级主管们掌握着更多的有关工作要求和绩效结果的资料。而同事们则经常以一种不同的、更现实的眼光来看待某一员工的工作绩效，因为员工通常会把自己最好的一面展示给上司，但与其朝夕相处的同事却可能看到他较真实的一面。使用同事评估来对上级评估予以补充，可以帮助形成关于个人绩效的一致性意见。但是，企业在使用同事评估方法时必须注意，在对评估进行复核时要保持机密性。任何泄密都会伤害员工间的感情，并使员工之间产生敌意。

4）下属评估

下属评估不仅为大公司（如施乐公司和惠普公司）所采用，同样也为小公司（如海德制造公司和哈里洁克斯建筑协会）所运用。这种方法能够使上级主管了解到下属员工是如何评价他们的。在评估经理人员时，员工是非常有资格发言的，因为他们经常与其上司接触，并站在一个独特的角度观察许多与工作有关的行为。因此，下属非常适合去评价其上司在某些工作方面的表现，比如领导能力、口头表达能力、授权、团队协调能力、对下属的关注程度等。

5）顾客评估

出于全面质量管理的考虑，越来越多的企业开始使用内部和外部顾客评估方法来获取员工绩效考核的信息。那些运用外部顾客评估的公司，他们将顾客服务标准作为绩效考核的一个参考数据，其目的是想取得更客观的评估结果，得到更高效的员工，使顾客更满意，并将工作做得更好。

与外部客户评估相比，内部客户评估包括企业内部任何得到其他员工服务支持的人。比如，经理人员得到了人力资源部门招聘和培训员工的服务支持，那么经理人员就可以成为对人力资源部门进行评估的内部客户。不管是从管理的角度还是发展的角度，内部客户都可以对员工绩效评估提供各类有用的信息。

3.3.2 培训评价者

相当一部分绩效考核失败的原因在于评估者本身的主观错误，比如评估者对被评估者的偏见或其他一些并非恶意的主观性错误。所以必须在评价者进行绩效评价之前对他们进行培训，主要是避免以下几种绩效考评误区的产生，如表4.10所示。

表4.10 绩效考评误区

绩效考评误区	定义
中性趋势错误	工作表现评级错误，它把所有的员工都评为中等
宽容或严格错误	工作表现评级错误，它给所有员工打分不是太高就是太低
最新错误	它只根据员工最近的行为为其评级
比较性错误	把当前员工与先前已做评估的员工相比而产生的偏差
与我相似性错误	评估人故意提高与他有相似点的员工的评估结果
世俗偏见	对某些特殊群体存有偏见

通过制订正规的培训计划，可以纠正培训者在评定过程中经常出现的这些主观性错误。这种培训将最终给企业带来不少好处。

3.3.3 设计绩效考核指标体系

绩效应该是可以理解、可以衡量和可以控制的，否则绩效这一概念对组织就没有任何价值。只有当绩效是可以衡量和控制的，我们才可以具体设计绩效指标和绩效标准，才可以对绩效进行考核与管理。绩效考评指标体系的建立是有效地组织绩效考评、实现企业绩效管理目标和要求的重要前提和基本保证。

绩效考评指标体系的设计应遵循以下原则：

（1）针对性原则。在选择确定绩效考评的要素和具体指标时，应从实际情况出发，使其具有较强的针对性，体现出所考评对象的性质和特点。

（2）科学性。绩效考评指标体系确定，应以科学原理为依据，借用先进的测量工具。

（3）明确性。在所确认的绩效考评体系中，每个考评要素指标都要有明确的内容、定义或解释说明，必要时还要列出计算公式，使考评要素和指标的概念内涵明确、外延清晰。

绩效考评指标体系的设计程序（一般分为四个步骤）：

（1）工作分析（岗位分析）。根据考评目的，对被考评对象的岗位的工作内容、性质以及完成这些工作所应具备的条件等进行研究和分析，初步确定出绩效考评指标。

（2）理论验证。依据绩效考评的基本原理与原则，对所设计的绩效考评指标进行论证。

（3）进行指标调查，确定指标体系。根据工作分析所初步确定的指标，运用绩效考评指标体系设计方法进行指标调查，最后确定绩效考评指标体系。

（4）进行必要的修改和调整。修改和调整分为两种：一种是考评前的修改调整，另一种是考评后的修改调整。

3.3.4 发挥各级经理在绩效考核中的作用

在绩效评估过程中，各级经理对绩效评估的实施负有主要责任：他们必须填写评分，并向雇员们提供反馈；更进一步，当进行目标管理时，经理们还必须同他们的下属员工们合作，共同确定绩效的目标和标准并指导他们不断改进绩效。

1）填写评分

在所有的可能性之中，一个绩效评估系统的成功受到一位经理所提供的评分的准确性和公平性的极大影响。不幸的是，经理们经常是这个系统中的薄弱环节。正如前面所提到的，他们常常在评价他们的员工时犯各种各样的错误，其中一些是有意的和有目的的。经理们如何才能避免犯这些错误呢？他们必须知道准确评分的重要性和评定中的错误会如何妨碍绩效评估的成功。如我们在后面所提到的，人力资源管理部门能通过提供培训来帮助他们解决这个问题。

2）提供绩效反馈

反馈的主要目的之一，是通过在需要时向雇员们提出建设性批评以使他们知道自己的缺点，从而改进雇员的绩效。即使是最好的经理，要想有效地提出这种批评也是有困难的。批评会使大多数人感到受威胁并变得具有防卫性。在受到批评时，员工们会寻求各个方面的帮助以保卫自己，这样就听不到随之而来的反馈。而使事情更糟的是，经理们常常会以不恰当的方式提供负面的反馈。当他们在检查中感到沮丧、生气和不能控制情绪时，就会迁怒于下属。这种批评可能会是讽刺或威胁式的。经理们无法提供有效的反馈常常使一个有效的评估系统失效，在员工与其主管之间引发消极感情，并降低雇员们的组织承诺和动机水平。

3）设定绩效目标

当使用一个目标管理系统时，各级经理需要和他们的下属进行充分的沟通，根据层层分解的战略目标和下属一起设定具体的个人绩效目标，并要评价他们今后的绩效以及承担指导员工进行绩效改进的责任。

3.4 绩效考评结果的运用

绩效考评工作需要大量的成本投入和全体员工的广泛参与，是一项复杂而庞大的系统工程。但考评不是最终目的而是有效手段,是帮助企业优化人力资源结构和改善整体业绩的重要手段。因此充分重视考评的重要性,有效发挥考评的作用并对考评结果进行综合运用同样是绩效考评工作应该重视的问题。

绩效考评具有多方面的作用,尤其是可以改进企业决策,因此对于考评结果的运用不能只是停留在表面,而要进行深度挖掘,综合运用。这具体表现为:

1) 将考评结果运用于战略目标审视

企业的年度绩效考评结果可以被运用于战略目标审视及年度目标制定。企业可以根据年度绩效考评结果,对照战略目标的年度分解值,审视企业战略目标的实现程度并进行原因分析。同时,这些信息可以作为企业战略咨询及战略调整的重要信息,也是企业年度目标计划制订的重要依据。

2) 将考评结果运用于企业人力资源管理

作为人力资源管理中的重要组成部分,绩效考评结果主要应被运用于提升企业人力资源管理水平。具体说来可以运用于人力资源规划、薪酬管理(薪酬调整及奖金发放)、员工激励、培训与开发、素质模型、绩效考评指标变动及岗位调整等方面。

3) 将考评结果运用于企业制度建设及文化建设

企业需要定期根据绩效考评结果及考评实施过程中遇到的问题,对企业相应的管理制度,尤其是绩效管理制度进行重新审视并做出相应的调整。同时,企业绩效与企业文化是相辅相成的,所以企业也可以根据企业绩效结果及各层次绩效考评结果对企业文化建设的成果进行考量及评价,以检测企业文化建设的实际效果。

当然,部分企业也可以根据自身特点及实际情况对考评结果进行其他创造性的应用。

【任务小结】

恭喜你顺利完成本任务,现就任务完成过程中所运用到的具体知识点进行以下回顾:

1. 绩效考评的意义:绩效考评给员工提供了自我评价和提升的机会,员工绩效考评使各级主管明确了解下属的工作状况,绩效考评有利于加强上下级之间的沟通,员工绩效考评有利于推进企业目标的实现。

2. 绩效考评的内容:通常,绩效考评的内容分为工作业绩、工作能力、工作态度三大部分。在我国,很多公司和企业以德、能、勤、绩四点为绩效评估的基本内容。

3. 绩效考评的方法:一是相对评价法,二是绝对评价法,三是描述法。

4. 绩效考评的实施过程:首先,要确定评价者;其次,对评价者进行培训;再次,涉及绩效考核指标体系;最后,对绩效考评结果正确使用。

任务四　员工培训

【学习目标】

1. 知识目标：了解员工培训的概念及作用，掌握员工培训方案设计流程，熟悉员工培训的方法。

2. 能力目标：能够设计与制订员工培训计划，能够根据培训内容选择合适的培训方法，能够解决培训中出现的常见问题。

3. 素质目标：培养学生的文案写作能力。

【下达任务】

任务书				
任务名称	制订新员工培训计划			
任务内容	背景： 假如你是某汽车销售公司的培训专员，该公司今年校园招聘收获颇丰，截至昨天，50名销售员已全部办理完入职手续。 任务：请你设计一份该批次新员工培训计划			
任务要求	1. 紧密结合岗位特点及任职要求。 2. 培训计划条理清晰，内容完整。 3. 全员参与，小组内部分工合作			
完成任务所需知识点	知识点 1：员工培训的方案设计 知识点 2：人员培训的方法 知识点 3：培训计划的内容			
任务评价标准	考核项目	考核标准	分值	得分
	计划规范程度	计划格式合理、规范； 文字编排工整，格式符合要求； 表达流畅，条理清楚，有逻辑性	10 分	
	计划内容的完整性	计划内容完整； 主题明确，重点突出	30 分	
	计划的创意性	构思新颖； 计划书中运用到新手段、新方案；或具有一定的新思路	20 分	
	团队协作	团队成员分工负责、协作配合； 团队成员沟通技巧、方式、方法得当	10 分	
	展示与解说	解说者声音洪亮、仪态大方； 用语简洁精炼、流畅、有逻辑性； 幻灯片制作美观、清晰； 规定时间内容完成解说，不超时	30 分	
	合计		100 分	

参考资料	书　　名：《HR培训主管成长记：从零开始打造员工培训管理体系》 作　　者：王光伟 出　版　社：东北财经大学出版社 出版时间：2016年12月	
团队构成 （学生填写）	团队组长	
	团队成员	
时间要求 （学生填写）	任务领取时间	
	要求完成时间	
任务启示 （团队成员共同填写）		
任课教师反馈		
任务最终得分	＿＿＿＿＿＿分	

【核心知识讲解】

4.1 员工培训的概念及作用

4.1.1 员工培训的概念

员工培训是指组织为了提高劳动者素质、提高劳动生产率及个人对职业的满足程度，直接有效地为组织生产经营服务，从而采取各种方法，对组织里的各类人员进行的教育培训投资活动。培训的出发点和归宿是"企业的生存与发展"。员工培训与开发是企业人力资本增值的重要手段。

4.1.2 员工培训的作用

企业在面临全球化、高质量、高效率的工作系统挑战中，培训显得尤为重要。合理的培训能使员工的知识、技能与工作态度明显提高与改善，由此提高企业的经济效益，使企业获得更大的竞争优势。这具体体现在以下方面：

（1）有利于增强员工对企业的归属感和主人翁责任感。

就企业而言，对员工培训得越充分，对员工越具有吸引力，越能发挥人力资源的高增值性，从而将员工转化为有高附加值的人力资源，为企业创造更多的效益。另外，培训还能满足员工实现自我价值的需要，能激发员工的潜能及其劳动积极性、主动性、创造性和主人翁责任感，提高员工的工作技能和对自身价值的认识，促使员工能适应或能接受具有挑战性的工作与任务。

（2）有利于提高企业组织绩效与员工个人绩效。

培训可以为企业组织内成员创造持续学习的机会，营造员工与企业的共同理念，提高组织的绩效，达到组织和员工双赢的目的。随着科学技术的不断发展，导致员工技能和工作角色的变化，员工已不仅是简单接受工作任务，提供辅助性工作，而是需要更多地参与到提高产品与服务水平的团队活动。在团队工作系统中，员工扮演着越来越重要的工作角色，对其能力要求也越来越高。尤其是培训员工学习使用互联网及其他用于交流及信息收集工具的能力，可使企业工作绩效系统高效运转。

（3）有利于提高企业管理效能。

企业的成功基于不断学习与培训。培训首先能满足企业和员工成长的共同需要，能充分调动企业和员工双方的积极性，挖掘企业本身的资源，是企业为了提高劳动生产率对员工进行的一种教育投资活动，是企业最有价值的投资，是企业发展的支柱和新动力。所以培训能增强企业人力资源的有效使用，有利于构建科学规范管理体系，实现企业发展目标。

4.2 员工培训方案的设计

4.2.1 培训需求分析

所谓培训需求分析，是指在规划与设计每项培训活动之前，由培训部门、主管人员、工作人员等采取各种方法和技术，对各种组织及其成员的目标、知识技能等方面进行系统的鉴别与分析，以确定是否需要培训及培训内容的一种活动或过程。

在实际工作中，可以通过面谈法、问卷调查法、观察法和工作任务分析法进行调查研究，例如了解公司员工的年龄构成、文化结构、专业技能、价值取向等与企业任职要求的差距。

4.2.2 设定培训目标

培训是建立在培训需求分析的基础上的，培训需求分析明确了管理人员所需提升的能力，评估的下一步就是要确立具体且可测量的培训目标。

培训目标是指培训活动的目的和预期成果。目标可以针对每一培训阶段设置，也可以面向整个培训计划来设定。培训目标具体而言包括：

（1）知识目标：培训后受训者将知道什么；

（2）行为目标：受训者将在工作中做什么；
（3）结果目标：通过培训组织获得什么最终结果。

例如：

（1）知识目标：什么是人力资源管理；
（2）行为目标：设计、制定各种人力资源管理制度和方案；
（3）结果目标：员工满意度提高、流动率降低、效益提高。

4.2.3 确定培训种类和内容

员工培训的种类和内容具体如表 4.10 所示。

表 4.10 员工培训的种类和内容

	内容	1	2	3	4	5	6	7	8	9
职前培训	一般性培训	公司的历史、传统与基本方针	公司的理念和价值观	本行业的现状与公司的地位	公司的制度与组织结构	产品知识、制造与销售	公务礼仪、行为规范			
	专业性培训	就业规则、薪酬与晋升制度	劳动合同	安全、卫生、福利与社会保险	技术、业务、会计等各种管理方法训练					
在职培训	管理人员培训	观察、知觉力	分析、判断力	反思、记忆力	推理、创新力	口头文字表达力	管理基础知识	管理实务	案例分析	情商
	专业性培训	行政人事培训	财务会计培训	营销培训	生产技术培训	生产管理培训	质量管理培训	安全卫生培训	电脑操作培训	其他专业性培训

4.2.4 制订培训计划

培训计划主要包含培训目标、培训内容、培训指导者、培训对象、培训日期与时间、培训场所与设备以及培训方法等内容。在培训需求分析的基础上，要对培训方案的各组成要素进行具体分析。

1）培训目标的确定

确定培训目标会给培训计划提供明确的方向。有了培训目标，才能确定培训对象、内容、时间、教师、方法等具体内容，并在培训之后对照此目标进行效果评估。确定了总体培训目标，再把培训目标进行细化，就成了各层次的具体目标。

2）培训内容的选择

一般来说，培训内容包括三个层次，即知识培训、技能培训和素质培训。

知识培训是企业培训中的第一个层次。员工听一次讲座或者看一本书，就可能获得相应的知识。知识培训有利于理解概念，增强对新环境的适应能力。技能培训是企业培训中的第二个层次。招进新员工、采用新设备、引进新技术等都要求进行技能培训，因为抽象的知识培训不可能立即适应具体的操作。素质培训是企业培训中的最高层次。素质高的员工即使在短期内缺乏知识和技能，也会为实现目标有效、主动地进行学习。究竟选择哪个层次的培训内容，是由不同受训者的具体情况决定的。一般来说，管理者偏向于知识培训和素质培训，一般职员偏向于知识培训和技能培训。

3）培训指导者的确定

培训资源可分为内部资源和外部资源。内部资源包括企业的领导、具备特殊知识和技能的员工；外部资源是指专业培训人员、公开研讨会或学术讲座等。外部资源和内部资源各有优缺点，应根据培训需求分析和培训内容来确定。

4）培训对象的确定

根据培训需求、培训内容，可以确定培训对象。岗前培训是向新员工介绍企业规章制度、企业文化、岗位职责等内容，使其迅速适应环境。对于即将转换工作岗位的员工或者不能适应当前岗位的员工，可以进行在岗培训或脱产培训。

5）培训日期的选择

通常情况下，有下列四种情况之一时就需要进行培训：新员工加盟企业，员工即将晋升或岗位轮换，环境的改变要求不断地培训老员工，满足发展的需要。

6）培训方法的选择

企业培训的方法有很多种，如讲授法、演示法、案例分析法、讨论法、视听法、角色扮演法等。各种培训方法都有其自身的优缺点。为了提高培训质量，达到培训目的，往往需要将各种方法配合起来灵活运用。

7）培训场所和设备的选择

培训场所有教室、会议室、工作现场等。若以技能培训为内容，最适宜的场所为工作现场，因为培训内容的具体性，许多工作设备是无法搬进教室或会议室的。不同的培训内容和培训方法最终决定培训场所和设备的选择。

总之，员工培训是培训目标、培训内容、培训指导者、培训对象、培训日期、培训方法和培训场所及设备的有机结合。企业要结合实际，制订一个以培训目标为指南的系统的培训计划。

【知识延伸】

A 公司新员工入职培训计划（范本）

人力资源是当代企业的重要战略资源，有效培养、运用、挖掘人力资源是企业在未来激烈市场竞争中生存和发展的关键要素。而企业新员工作为这一资源的源头，必须加以有效的控制和引导，方能使其成为企业发展的重要推动力。为达成这一目标，特制订本培训计划。

一、培训目的

（一）为新员工提供准确的公司及岗位信息，明确自身工作职责和内容。

（二）促使新员工知晓、明确岗位工作流程，快速进入工作角色，承担工作任务。

（三）向新员工传输公司企业文化，使其快速融入企业工作氛围，减少入职初期紧张情绪，找到企业归属感。

（四）通报公司人力资源相关政策，展示岗位远景规划，给予员工工作信心，促进员工明确发展路径，梳理发展目标。

二、培训组织架构

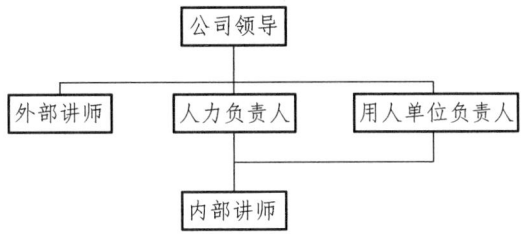

（一）公司分管人力工作领导是培训的最高负责人，负责确定员工培训方案，审定聘请的外部讲师，并决定其费用；

（二）人力负责人是培训的直接协调人，负责制订员工培训方案，审定员工培训计划，审定内部讲师，并组织培训；

（三）外部讲师是公司聘请的外部培训人员，包括相关领域专业人士、监管机构相关人员，主要作用为推动业务的开展，使员工明确相关结构对岗位的基本要求；

（四）内部讲师是公司内部优秀人员，即明确公司各种基础内容，有着熟练的业务经验，并具备较好表达能力的员工。

三、培训内容及方式

（一）培训内容

公司培训内容主要包含：基本知识培训与专业知识培训。

1、基本知识培训

本部分主要内容分为以下几点：

（1）公司发展简介。

介绍公司发展历史，使新员工能够充分领会公司发展的历程，对公司经营历史有所了解和掌握，明确各单位工作职责和内容。（培训具体内容详见附件一）

（2）公司管理制度。

介绍公司各项主要管理制度的主要内容，了解公司对员工的基本要求和各项工作管理办法。（培训具体内容详见附件二）

（3）公司人力资源制度。

介绍公司人力资源相关条例，使新员工了解公司薪酬、福利的要求和设置，明确自身的权利和义务。（培训内容详见附件三）

（4）公司企业文化。

介绍公司企业文化的产生和发展，使员工了解并最大可能地融入企业文化之中。（培训内容详见附件四）

2、专业知识培训

专业知识培训是培训的重点，其目的是通过培训使员工能够明确自身的岗位工作、正确地掌握工作流程、准确地使用各种工具。（培训内容详见附件四）

（二）培训方式

培训主要分为集中培训和岗位培训两种方式。

1. 集中培训

将所有新员工集中在一起，进行基本知识的培训，主要以公司内讲师授课为主。

2. 岗位培训

针对新员工各自岗位，由相关人员进行指导，并进行模拟操作和演练，使新员工尽快掌握本岗位知识，做到应知应会。

集中培训与岗位培训应根据实际情况开展。岗位培训应在员工入职三天内展开；集中培训可根据职工入职集中度进行调整，原则上应一年至少开展一次。

四、培训考核与反馈

（一）培训考核

培训考核分为基础知识考核与专业知识考核两个部分。

1. 基础知识考核由公司人力资源主管组织，在公司集体培训完成后三日内进行。基础知识考核以试卷形式为主，主要为"基本知识"的相关内容，以及公司内各单元共通流程等。

2. 专业知识考核由业务部门自行组织，在新员工入职后一月内完成。专业知识考核可以以试卷、实务操作等多种方式开展，重点考察新员工岗位基础知识和基本流程掌握情况。

（二）反馈

1. 考核结果应以书面通知形式反馈至员工个人，并计入员工档案，作为员工考察的重要资料留存，相关部门应及时就员工的疑义给予答复。

2. 对基础知识考核不及格的员工，应及时了解相关情况，并决定是否对其采取补考、重新培训、劝退。

3. 对专业知识考核不及格的员工，应由部门负责人进行约谈，掌握原因，并决定是否重新培训或劝退。

4. 考核完成后，应向员工发放无记名调查问卷，对培训内容的合理性、吸引力等进行及时的评估，作为培训不断优化调整的重要参考。

五、培训预算

公司培训的主要开支为讲师费用。

内部讲师：建议对基本知识讲师给予 100 元/课费用补贴；对岗位课程讲师给予 150 元/人费用补贴。

外部讲师：根据协议价格支付。

预计年费用为：？？元。

六、附件内容

附件一：公司发展简介培训内容

附件二：公司管理制度培训内容

附件三：公司人力资源制度培训内容

附件四：公司企业文化培训内容

附件五：专业知识培训内容

附件六：本次培训计划

4.2.5 培训效果评估

员工培训评估，就是企业在人员培训过程中，依据培训的目的和要求，运用一定的评估指标和评估方法，检查和评定培训效果的环节。实际上人员培训的评估就是对人员培训活动的价值判断过程，也是培训流程中的核心环节。培训评估的主要内容包括：

（1）培训对象和有关人员对培训项目的看法；

（2）培训对象学习之后态度、行为的变化；

（3）培训项目的实施是否提高了企业的整体绩效，是否满足了培训需求。

4.3 员工培训应注意的问题

近年来，随着市场化进程的推进，企业对人力资本增值愈发重视，越来越多的企业开始将企业的发展与员工个人的发展并行考虑，以期通过培训使企业与员工均获得更长足的发展和最大的边际利益。但是，来自专业机构的调查显示，多数员工对于企业所组织的培训活动满意度较低，培训效果不容乐观。

针对员工培训所存在的主要问题，企业在组织培训活动时应该进行全面规划，充分调研，以确保培训活动落到实处，取得实效。具体说来，应从以下几方面考虑：

（1）重视培训需求分析。通过多种手段和渠道了解员工的培训需求，选取恰当的培训方法、培训时间、培训讲师、培训教材、培训内容等，从而提高员工参与培训的积极性。尤其是培训方法和培训内容的确定要具有时代特色，富有创新意识。

（2）充分重视培训活动，将其纳入企业人力资源整体规划的范畴，从战略高度看待员工培训活动。通过合理规划，使培训活动更具长期性、系统性和科学性。

（3）企业应当通过建立更有吸引力的薪酬体系、更完善的激励机制及更具凝聚力的企业文化来吸引和留住人才，重视培训工作的长远效益，不应把培训活动作为强行留人的手段和工具。

（4）切实做好培训评估工作，避免学而无用。企业可以通过设置问卷调查或信息反馈卡，及时追踪了解员工对培训的意见和建议，适时予以改进，确保培训效果。同时，员工的意见和建议也可以作为今后培训方案设计的重要依据，进而提高企业整体培训质量。

【知识延伸】

培训费只买来"轰动效应"

某国营机械公司新上任的人力资源部部长刘先生，在一次研讨会上获得了一些他自认为不错的其他企业的培训经验，于是，回来后就兴致勃勃地向公司提交了一份全员培训计划书，以提升公司人力资源整体水平。不久，该计划书就获批准。刘先生便踌躇满志地对公司全体人员，上至总经理，下至一线生产员工，进行为期一周的脱产管理知识培训。为此，公司还专门下拨数万元培训费。可一周的培训过后，大家议论最多的，便是对培训效果的不满。除少数中基层干部觉得有所收获外，其他员工要么觉得收效甚微，要么觉得学而无用，大多数人竟达成共识地认为：几万元的培训费用只买来了一时的"轰动效应"。有的员工甚至认为，这场培训，是新官上任点的一把火，是在花单位的钱往自己脸上贴金！而刘部长则感到满腹委屈：在一个有着传统意识的老国企，给员工灌输一些新知识怎么效果不理想呢？他百思不得其解：在当今激烈的竞争环境下，每人学点管理知识应该是很有用的呀！怎么不受欢迎呢？

案例解析：通过对上述案例分析发现，该公司的培训存在以下问题：
1. 未进行培训需求分析，没有征求员工意见；
2. 企业培训内容与实际脱节，与员工具体工作关系不大；
3. 培训对象选取不准确；
4. 企业培训缺乏整体规划，培训内容单一；
5. 忽视培训评估工作，培训工作流于形式。

4.4 员工培训的方法

4.4.1 影响培训方法选择的主要因素

1）学习的目标

学习目标是影响培训方法选择的重要因素。如果以学习或者掌握一定的知识为目标，可以选择课堂讲授、多媒体教学、讨论法等培训方法；如果以掌握相关专业技能、提升工作能力为目标，就可以选择实习、岗位轮换等培训方法。

2）所需的时间

不同的培训方法所需耗费的时间长短不一。有的培训方法需要的准备时间较长，如课堂讲授、多媒体教学等培训方法；而有的培训方法在培训过程中的持续时间较长，如直接传授、岗位轮换等。

3）所需的经费

在选择培训方法时，还需要考虑企业及学员的经济实力和承受能力，各种培训方法在所需经费上的差距较大。其中，直接传授、授权下级、小组讨论等方法，所需经费一般较低；多媒体教学方法因需要购入相关设备及教学资源而投入较多。

4）学员的数量

学员人数的多少除了会影响培训的效果，也在一定程度上影响着培训方法的确定。对于学员人数较少的培训，可以采用小组讨论或者角色定位演练法；如果参加培训的学员人数较多，采用课堂讲授、参观访问、竞赛与评比等方法则更为恰当。

5）学员的特质

所谓学员的特质，是指学员本身所具有的知识、技能及所处的岗位、阶层等。比如，当学员不具备基本的计算机操作知识时，采用多媒体教学就很难达到预期的培训目的；当学员的分析表达能力较弱时，小组讨论或者演讲、辩论等方法的效果则不好。

4.4.2 在职培训方法

1）直接传授

直接传授法主要针对新员工，即在工作中指派具有丰富操作经验的老员工通过"传、帮、带"的方式向新员工传授本岗位的工作职责、工作要求、相关技能及方法技巧等。通过此方法，可以使新员工在短时间内具备胜任该岗位的基本能力。

2）竞赛与评比

竞赛与评比是指通过组织开展正确的竞赛与评比活动，以增加员工不甘落后的压力感和奋发向上的竞争性的培训方法。竞赛与评比对动机有激发和强化作用，使员工处于持续的活跃状态。运用此方法的重点是制定合理、公平的评比条件。评比结果应公开，增加评比工作的透明度，以增强员工参与其中的兴趣。当然，竞赛与评比培训应适时举行，避免过多过滥，引起员工反感。

3）授权下级

授权下级是指上级通过授予下属更多的决策权以及委任下属更重要的工作任务，使下属在更大的职责范围内参与管理，从而提高下属的综合管理能力的培训方法。运用该方法要注意的问题是，虽然将任务及职权授予下属，可是最终确保高质量完成该项任务的责任仍然由上级担负。因此在下属解决问题的过程中，上级要进行必要的监督和控制。

4）岗位轮换

岗位轮换的根本目的是拓宽员工的视野和知识面。通过岗位轮换，受训者能够掌握本单位各部门的职能和管理知识。岗位轮换可以用非管理工作、考察、平级调任、担任"副职"、各种不同职位上的不定期轮换等。从理论上讲，岗位轮换是一种非常好的方法，但实施起来不太容易。因为，一个单位里不太可能有较多的同样的工作部门，工作轮换后，首先面临的是能否熟悉该部门的业务。另外，在有的轮换中，轮换者没有直接管理权，他们只是观察、协助，并不承担真正的管理责任。尽管有不少问题，但是岗位轮换仍不失为一种有益的培训方法。

4.4.3 脱产培训方法

所谓脱产培训，就是脱离工作场所进行的员工培训，多数脱产培训安排有专门的时间，对正常工作有一定的影响，为保证达到预期的培训目标和效果，在策划和组织脱产培训时，要耗费较多的培训经费和资源。

1）课堂讲授

课堂讲授是由专家根据单位的实际情况重点讲授，其主要目的是提高受训人员的基本素质和开阔眼界，接受新的知识和信息，提高认识水平，提升对各种问题的分析和处理能力，为提高工作能力和工作效率打下良好的基础。

2）多媒体教学

多媒体教学是指在培训过程中，企业合理选择和运用现代教学媒体，通过声音、图像、文字并行的培训方式吸引员工的注意力，激发员工学习兴趣，达到最优化的培训效果。

3）参观访问

参观访问是指针对某一特殊环境或事件组织学员进行实地的考察和了解。有计划、有组织地安排职工到有关单位参观访问，也是一种重要的培训方式。

4）游戏训练法

游戏训练法是一种在培训员工过程中常用的辅助方法。其目的是改变培训现场气氛，并且由于游戏本身的趣味性，可提高参加者的好奇心、兴趣及参与意识，并改善人际关系。

【知识延伸】

小游戏：大家一起来折纸

游戏耗时：15分钟

所需材料：准备总人数两倍的 A4 纸（废纸亦可）

游戏目的：

为了说明我们平时的沟通过程中，经常使用单向的沟通方式，结果听者总是见仁见智，每个人都按照自己的理解来执行，通常都会出现很大的差异。但当我们使用了双向沟通之后，又会怎样呢？结果是沟通效果虽有一定的改善，但差异依然存在，并且沟通过程的复杂性增加。所以在日常沟通中，什么方法是最好的？通过游戏可说明沟通方式的选取需要根据不同的场合及环境而定。

操作程序：

第一阶段：

1. 给每位学员发一张纸。

2. 请一位学员上来发号指令。

指令如下：

大家闭上眼睛（全程不可提问）→把纸对折→再对折→再对折→把右上角撕下来，将纸旋转 180 度，把左上角也撕下来→睁开眼睛，把纸打开

3. 总结。

第二阶段：

1. 给每位学员发一张纸。

2. 请该学员重复上述指令，不同的是这次学员们可以提问题。

指令如下：

大家闭上眼睛（全程可以随时提问）→把纸对折→再对折→再对折→将纸旋转 180 度，把左上角也撕下来→睁开眼睛，把纸打开。

3. 总结。

游戏启示：

完成第一步之后询问大家，为什么会有这么多不同的结果（也许大家的反应是单向沟通不许提问题所以才会有误差）。完成第二步之后又问大家，为什么还会有误差（希望说明的是，任何沟通的形式及方法都不是绝对的，它依赖于沟通者双方彼此的了解、沟通环境的限制等，沟通是意义转换的过程）。

【任务小结】

👍 恭喜你顺利完成本任务，现就任务完成过程中所运用到的具体知识点进行以下回顾：

1. 员工培训的概念：员工培训与开发是指组织为了提高劳动者素质和提高劳动生产率及

个人对职业的满足程度,直接有效地为组织生产经营服务,从而采取各种方法,对组织里的各类人员进行的教育培训投资活动。

2. 员工培训的作用:培训有利于增强员工对企业的归属感和主人翁责任感;培训有利于提高企业组织绩效与员工个人绩效,增强企业盈利能力;培训有利于提高企业管理效能,实现企业发展目标。

3. 员工培训方案设计:培训需求的分析、设定培训目标、选择培训的种类和内容、进行培训效果的评估。

4. 员工培训应注意的问题:重视培训需求分析,充分重视培训规划,重视培训工作的长远效益,切实做好培训评估工作。

5. 员工培训的方法:在职培训方法主要有直接传授、竞赛与评比、授权下级、岗位轮换等,脱产培训方法有课堂讲授、多媒体教学、参观访问、游戏训练法等,另外还有综合培训方法。

【课外拓展】

拓展一:案例分析——BS煤电集团的人力资源管理

一、学习目标

1. 熟悉人力资源管理的基本理论,熟悉人力资源管理各模块的主要内容。
2. 了解企业人力资源管理的发展趋势。

二、内容与要求

湖南省BS煤电集团电力公司通过全面实行"以人力拉动竞争力"的人力资源管理战略,既为企业的发展储备了人力资源,又迅速提升了企业竞争力。在人力资源的配置和持续性开发方面,该公司实施了一系列改革创新措施,使企业人才资源成为一潭"活水"。

首先是多渠道育才。该公司根据员工的不同需求,采用"请进来,送出去""内培外训"等多种形式,开展了"多层次,多内容"的育才活动。近两年,该公司举办各类培训班50余期;培训人数达5000余人次;购置各种学习资料近万册。该公司还聘请了一些高级工程师负责科研开发和管理,并有针对性地引进一部分大中专院校毕业生,根据其专业和技能充实到不同的岗位。其次是不拘一格选才。该公司打破论资排辈、平衡照顾、求全责备的旧观念,树立了看素质、看实绩、看本质、看潜力的选才观。同时,建立了中级职员后备人才库,在后备人才的培养和管理上,既防止"备而不用",又不搞"备而必上",根据本人素质,结合单位情况,通过岗位轮换、岗位竞聘、代职培养和提拔等方式,对挑选出来的人才特别是青年人才,"给位子、压担子",让他们在实际工作中磨炼自己。最后是新理念用才。该公司强化"有为就有位"的用人理念,提出"你有多大能耐,就为你搭建多大平台"的口号,实施"三个结合":年度考核与平时考核相结合,组织考核与民主评议相结合,个人述职与领导评议相结合。同时,在分配机制上,该公司重业绩考核,合理拉开分配差距,易岗易薪,岗动薪动,向重要岗位、关键岗位倾斜,对取得较大贡献的科技、管理人员给予重奖。

思考并讨论:

1. 结合案例分析,人力资源管理包含哪些模块?
2. 这个案例阐述了哪些人力资源管理理论?

三、成果与检测
1. 班级成员分组讨论并进行总结，限时 15~20 分钟。
2. 每组派一位代表发言，陈述小组意见。
3. 教师对各组意见点评并进行总结。

拓展二：案例分析——小王的绩效考评结果

一、学习目标
1. 熟悉绩效考核的内容。
2. 掌握绩效考核的流程。
3. 掌握绩效考核的正确方法。

二、内容与要求

公司年终的绩效考评结束了，小王的绩效考评分数低于他的同事小何。

小王和小何是同时应聘进入这家公司的，两个人又被分配到同一部门，做着同样的工作。这是她们进入公司后接受的第一次绩效考评，而且这一次的绩效考评结果，可能会影响到下一年度谁会被提升的问题。

从进入这家公司开始，小王一直勤勤恳恳努力工作，并希望自己的付出能够得到上司的认可。无论从学历来讲，还是工作能力方面，小王都自认为优于小何，这一考评结果令小王产生了困惑。

这时，邻座的电话响了，电话铃声不由得使她想起了一件事情。刚刚进入这家公司后不久的一个周末，她和小何都在加班，因为有事情需要请示领导，所以小何拨通了上司家的电话。刚开始接电话的可能是上司的 5 岁儿子，上司接了电话后，小何并没有直接谈工作，而是先问"刚才接电话的是亮亮吗，真可爱，让他再和阿姨说几句话？贝贝在叫啊，是不是着急让你带它出去了？"小王觉得奇怪，她怎么会知道上司儿子的名字？贝贝又是谁？

事后她才知道贝贝原来是上司家的一条宠物狗。小王当时的感觉是这件事情很无聊，也很浪费时间，如果是她接电话，一定会直接和上司谈工作，别人的儿子和狗与工作又有什么关系？

现在小王开始明白了，自己恐怕是在人际关系方面出了问题，不仅仅是和上司，和同事之间也是这样。因为自己过于关注工作，忽视了很多和同事之间的这种沟通，并且在工作中过于认真的态度，也可能会令同事感觉紧张，会给人不够随和的感觉。但是，人际关系和工作质量有什么关系呢？小王自认为自己的工作质量和业绩是无可挑剔的，进入公司以来，承担了大量的工作，并且工作一直勤勤恳恳，这也是有目共睹的。为什么最后的考评结果仍然很低呢，毕竟人际关系也只是考核内容中的一方面而已，搞好人际关系是否为考评的大前提，如果是这样的话，也许自己和公司的想法是不一样的。那么究竟是应该适应公司的这种方式，改变自己的个性，还是应该考虑重新找工作的问题呢？

对绩效考评结果产生困惑的不只是小王一个人。广告部的员工对金融部员工的成绩普遍高于自己而不满，而公司里有些年纪较大的员工也认为他们的成绩低于年轻人是因为上司认为自己年纪大，绩效就一定低。

绩效考评结束了，公司却开始变得不平静了。员工的这些抱怨也传到了老总的耳朵里，他在思考，究竟问题出在哪里？

思考并讨论：

1. 为什么小王会得到这样的绩效考核结果？
2. 公司里其他员工对绩效考核结果的抱怨产生的原因是什么？
3. 在绩效考评中如何避免以上问题的发生？

三、成果与检测

1. 分组讨论并进行总结，限时 15~20 分钟。
2. 每组派一位代表发言，陈述小组意见。

模块五　领导艺术

【教学总目标】

＊知识目标：

理解领导的权力构成；理解领导的理论；理解激励的本质；理解各激励理论的原理；理解领导艺术的内容；理解领导艺术的形成。

＊能力目标：

培养学生领导、沟通协调、激励他人、影响他人的能力；培养学生在生活实际中运用激励理论进行激励。

＊素质目标：

培养学生具备基本的领导素质、领导思维、激励思维、领导技巧、激励技巧及识人用人技巧。

【知识导图】

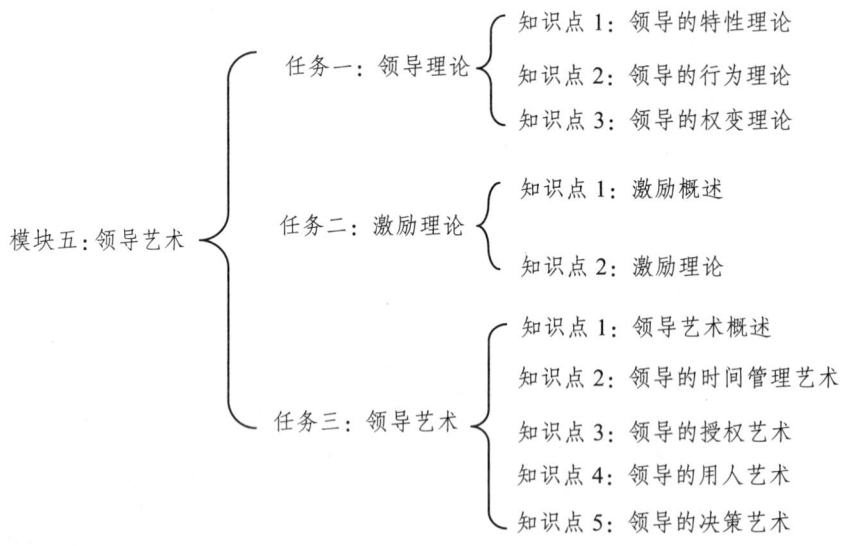

【案例导入】

谁是头领？

一群大象正在为谁可以当头领而吵得不可开交，这时候一只小老鼠正好经过，于是大象们就让小老鼠评审谁才有资格做头领：大象佳佳力气最大，可以让一棵大树拔地而起；大象旺旺牙齿最厉害，曾经撬翻一辆大卡车；大象明明胃口最好，曾是动物王国的美食大王冠军；

还有……。

小老鼠听了以后说:"我才配做你们的头领!"话刚落下,大象们立即大笑起来,嘲笑说:"凭你?想领导我们大象?真是笑死人了。"

小老鼠跳到一只大树的树枝上,大声喊道:"静一静,听我说",大象们静了下来,看小老鼠如何出丑。小老鼠说道:"我知道你们笑我的原因。我个子比你们小太多,力气也比你们小得多,让我做你们的头领是会被其他的动物们耻笑的!为什么说我才是你们的头领呢?我有三个原因:第一,你们都太强大了,如果让佳佳做头领,旺旺不同意,如果让旺旺做头领,明明不同意。如果让我做头领,你们谁都不用怕我私下报复你们其中任何一个,我会公正行使头领的权力。第二,我比你们能干,我可以从一个小小深洞里挖盐给大家解馋。第三,我比你们勇敢,我敢站在这么小的树枝上,你们谁敢?"最后大象们一致通过推举小老鼠当头领。

案例思考:你认为作为一个领导应该具备哪些基本条件?

案例启示:为什么小老鼠可以做大象的头领呢?因为他对于大象圈内每位成员的优劣势全盘掌握,在此基础上利用大象群的内部矛盾和自身的优势,找到了大家能够接受的解决问题的方案。因此,作为一个领导者应该具备组织、协调、团队协作及影响他人与激励他人的能力等。

任务一　领导理论

【学习目标】

*知识目标:

理解领导的特性理论;理解领导的行为理论,主要是四分图、方格理论、风格理论;理解领导的权变理论,主要是生命周期理论;理解领导权力的构成。

*能力目标:

能够运用领导的方格理论做出正确的领导方式选择;能够运用领导生命周期理论在员工不同的成熟阶段做出正确的领导方式选择。

*素质目标:

培养学生具备一定的协调能力;培养学生具备基本的领导素质;培养学生具备一定的领导思维。

【下达任务】

任务书	
任务名称	什么是有效的领导?
任务内容	背景描述: 在一个管理经验交流会上,有两个厂的厂长分别表达了各自对如何进行有效管理的看法。

任务内容	甲厂长："企业首要的资产是员工，只有员工们把企业当成自己的家，把个人的命运与企业的命运紧密联系在一起，才能充分发挥他们的智慧和力量为企业服务。因此，管理者有什么问题，都应该与员工们商量解决；平时要十分注重对员工需求的分析，有针对性地给员工提供学习、娱乐的机会和条件；每月的黑板报上应公布出当月过生日的员工的姓名，并祝他们生日快乐；如果哪位员工生儿育女了，厂里应派车接送，厂长应送上贺礼。在厂里，员工们普遍地把企业当作自己的家，全心全意地为企业服务，工厂日益兴旺发达。" 乙厂长："只有实行严格的管理，才能保证实现企业目标所必须开展的各项活动的顺利进行。因此，企业要制定严格的规章制度和岗位责任制，建立严格的控制体系，注重上岗培训，实行计件工资制等。在厂里，员工们都非常注意遵守规章制度，努力工作以完成任务，工厂发展迅速。" 任务： 1. 描述一下两位厂长的领导风格？ 2. 你如何评价这两位厂长的领导方式
任务要求	1. 围绕任务，以小组形式开展以上问题的讨论，每组人数3~5人。 2. 讨论过程中及时与老师进行沟通，确保任务能够在规定时间内完成。 3. 讨论结束后，教师以抽查的形式，随机抽取小组成员汇报讨论结果
完成任务所需知识点	知识点1：管理工作的两条主线 知识点2：领导风格理论
任务评价标准	<table><tr><td>考核项目</td><td>考核标准</td><td>分值</td><td>得分</td><td>备注</td></tr><tr><td>语言表达</td><td>语言表达流畅，字清晰，声音洪亮</td><td>10分</td><td></td><td></td></tr><tr><td>整体形象</td><td>精神饱满，举止自然得体</td><td>10分</td><td></td><td></td></tr><tr><td>应变能力</td><td>面对压力具有一定的心理承受力</td><td>20分</td><td></td><td></td></tr><tr><td>分析和处理问题</td><td>思路清晰,分析准确；有创新</td><td>40分</td><td></td><td></td></tr><tr><td>团队协作</td><td>成员分工负责、协作配合</td><td>20分</td><td></td><td></td></tr></table>
参考资料	书　　名：《领导风格》 作　　者：来丽梅 出　版　社：研究出版社 出版时间：2017年5月
团队构成 （学生填写）	团队组长　　　　　　 团队成员
时间要求 （学生填写）	任务领取时间　　　　　　 要求完成时间

任务讨论结果及启示 （团队成员共同填写）	
任课教师反馈	
任务最终得分	_____分

【核心知识讲解】

在西方国家有许多学者从不同角度研究了关于领导的理论。按理论的时间和逻辑顺序，现有的领导理论可以分为三大类：① 特性理论（传统的特性理论和现代的特性理论）；② 领导行为理论；③ 领导权变（情境）理论。领导特性理论认为，有效的领导者可以从个人的性格特征中识别；领导行为理论认为，领导者最重要的方面不是领导者个人的性格特征，而是领导者实际在做什么，有效的领导者以他们特殊的领导风格区别于那些不成功的领导者；领导权变理论认为，有效的领导者不仅取决于他们的行为方式，而且还取决于他们所处的环境。

1.1 领导特性理论

特性理论侧重研究领导者的性格、品质方面的特征，作为描述和预测其领导成效的标准。研究的目的是通过研究，区分领导者与一般人的不同特点，并以此来解释他们成为领导者的原因，并以此作为选拔领导者和预测其领导有效性的依据。该理论实际上就是研究怎样的人才能成为良好的、有效的领导者。

西方学者研究归纳领导特性为以下几类：身体特征、背景特征（教育、经历、社会关系等）、智力特征（智商、分析判断力）、个性特征、与工作有关的特征（责任心、首创性、毅力、事业心等）、社会特征（指挥能力、合作、声誉、人际关系、老练）。

1.1.1 传统品质理论

传统品质理论认为，某些人天生就具有一些特性，这些特性会使他们成为伟大的领导者。美国心理学家吉伯认为，天才的领导者应具备：善言辞；外表英俊潇洒；智力过人；具有自信心；心理健康；有支配他人的倾向等。

斯托格迪尔认为，天才的领导者应具备：强烈的责任心和完成任务的内驱力；坚持追求目标的性格；自信心；合作性；能忍受挫折等。

1.1.2 现代品质理论

美国管理学家吉赛利在其《管理才能探索》一书中指出，领导工作的效果与监督能力、智力、创造性等有着明显的相关关系。即这些能力与素质越高，领导效果越好。他的研究结果还指出了这些个性特征的相对重要性，如表 5.1 所示。

表 5.1 吉赛利的个性研究

重要性	个性特征
非常重要	督察能力、事业、成就、才智、自我实现、自信、决断能力
中等重要	对工作稳定的需求、适应性、对金钱奖励的需求、成熟程度
最不重要	性别

日本企业界认为领导者应具备十项品德和十项能力。十项品德包括：责任感、信赖性、积极性、忠诚老实、进取心、忍耐心、公平、热情、勇气。十项能力包括：思维决策、计划、判断、创造、洞察、劝说、对人理解、解决问题、培养下级、调动积极性。

但是，从 1940 年以后，这类利用领导者个人性格或个性特征来解释领导效果的理论，逐渐被人们放弃。原因主要有：① 一个领导者能否发挥其领导效能，会因被领导者的不同而不同；② 性格特征内容过于繁杂，难以明确；③ 各种研究成果很不统一，甚至相互矛盾。

1.2 领导行为理论

领导者的领导才能和领导艺术都是以领导方式为基础，领导者个人的特性难以说明与领导有效性之间的联系，所以后来许多学者在研究领导艺术时，从研究领导者的内在特征转移到外在行为上，即对领导者的各种领导行为进行研究，以找出何种领导行为、领导方式最有效，这就是领导者的行为理论。领导行为研究的理论模式很多，归纳起来，大致分以下几类。

1.2.1 领导的风格理论

德国心理学家库尔特·勒温（Kurt Levin）把领导行为分成三种类型：第一种是专制型领导，第二种是民主型领导，第三种是放任型领导。

1）专制型领导

专制型领导是领导者把决策权集中于一人手中，以权力推行工作。由于决策错误或客观条件变化，贯彻执行发生困难时，往往不查明原因，多归罪下级。对下级奖惩缺乏客观标准，只是按领导者的好恶决定。

2）民主型领导

民主型领导是领导者同部属互相尊重，彼此信任。领导者通过交谈、会议等方式同部属交流思想，商讨决策，注意按职授权，培养部属的主人翁思想。奖惩有客观标准，不以个人好恶行事。

3）放任型领导

放任型领导是领导者有意分散领导权，给部属以极大的自由度，只是检查工作成果，除非部属要求，不主动指导。

勒温的分类有四个参数：组织方针的决定，工作的分担与同伴的选择，工作的参与及工作的评估，团体活动的了解。下面就以这四个参数来分析各类领导类型的行为模式，如表 5.2 所示。

表 5.2 三种领导类型的比较

	民主型	专制型	放任型
组织方针的决定	所有方针经由集体讨论后决定	一切由领导一人决定	任由集体或个人决定，领导不参与
工作分担与同伴选择	成员可以自由结合协商决定	由领导决定后通知成员	领导很少参与人物的确定
工作参与及工作评估	与成员一起工作，但不做太多具体工作	领导亲自表扬或者批评	不主动提供意见，对成果不做评价
团体活动的了解	每人都清楚总体目标和个人责任	只有领导自己清楚	成员不清楚团队的最终目标

这三种类型当中哪一种最为有效呢？勒温就此设计了问卷进行调查，表 5.3 是勒温调查的结果。他用四个指标来衡量三种领导行为各有什么样的效果：第一，对任务量的影响；第二，对士气的影响；第三，对领导者人际关系的影响；第四，对领导者指导员工有效性的影响。其中，民主型的领导得分最高。

表 5.3 三种领导类型的影响效果

领导类型	任务量	士气	领导者人际关系	领导者指导员工有效性
民主型	0.82	0.86	0.86	0.62
专制型	-0.53	-0.73	-0.12	-0.37
放任型	-0.84	-0.85	-0.67	-0.558

从勒温的结论来看，作为领导者，应该倾向于民主型。例如：当领导者要做决策的时候，应该广泛征求大家的意见，然后再做决定。这种领导行为将会对工作和员工产生许多正面影响。

1.2.2 密执安大学的研究

美国密执安大学利克特提出生产导向型的领导行为和员工导向型的领导行为。生产导向型的领导行为是指这种领导方式关心工作的过程和结果，并用密切监督和施加压力的办法来获得良好的绩效、满意的工作期限和结果评估。群体任务的完成情况是领导行为的中心。员工导向型领导行为：这种领导方式表现为关心员工，并有意识地培养与高绩效的工作群体相关的人文因素，即重视人际关系。员工的需要、晋级和职业生涯的发展是领导者首要考虑的问题。

根据广泛的调查，实行员工导向型领导的企业的生产效率比一般企业高出 10%～40%，能充分发挥每一员工的潜能。员工导向型领导行为与高的群体生产率和高满意度相关,而生产导向型领导行为则反之。

1.2.3 俄亥俄州立大学的研究

美国俄亥俄州立大学的研究者弗莱西曼和他的同事利克特从1945年起对领导问题进行了广泛的研究,研究结果将领导方式分为关怀、定规两个维度或构面加以描述。

关怀是指一位领导者对其下属所给予的尊重、信任以及相互了解的程度,从高度关怀到低度关怀,中间可以有无数不同程度的关怀。

定规是指领导者对于下属的地位、角色、工作方式等是否都制订有规章或工作程序,有高度的定规和低度的定规。

研究结论:根据两个维度,领导者类型可以分成四个基本类型,如图5.1所示。

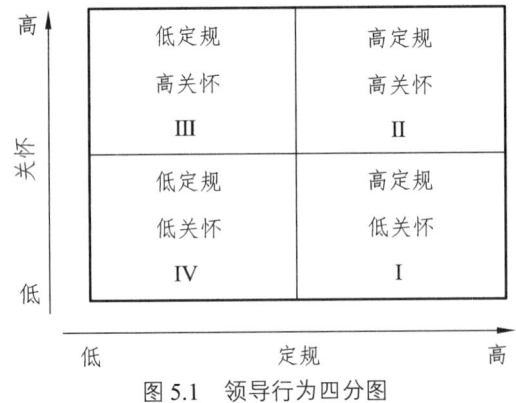

图 5.1　领导行为四分图

1)高关怀低定规的领导者

这种领导者注意关心、爱护下属,经常与下属交流思想、信息,与下属关系融洽,但是组织内规章制度不严,工作秩序不佳。这种领导者是较仁慈的领导者。

2)低关怀高定规的领导者

这种领导者注意严格执行规章制度,建立良好的工作秩序和责任制,但是不注意关心、爱护下属,不与下属交流思想、信息,与下属关系不融洽。这种领导者是较严厉的领导者。

3)低关怀低定规的领导者

这种领导者不注意关心、爱护下属,不与下属交流思想、信息,与下属关系不太融洽,也不注意执行规章制度,工作无序,效率低下。这种领导者是无能、不合格的领导者。

4)高关怀高定规的领导者

这种领导者注意严格执行规章制度,建立良好的工作秩序和责任制,同时关心、爱护下属,经常与下属交流信息、思想,想方设法调动下属的积极性,在下属心目中可敬可亲。这种领导者是高效、成功的领导者。但这种领导者并不总是能产生积极效果。在生产部门内,工作技巧评定结果与定规程度呈正相关,与关怀程度呈负相关;在非生产部门内,恰恰相反。

一般来说,中国企业的领导者采取的是高关怀低定规的领导方式;而西方国家的领导者采取的是一种高关怀高定规的领导方式。

1.2.4 领导的方格理论

利克特和弗莱西曼的研究成果发表后，引起了对理想的领导方式的广泛讨论。理论界普遍认为理想的方式要既是绩效型又是关怀型。美国得克萨斯大学的布莱克和穆顿对理想的领导方式加以分析综合，于1964年设计了一个巧妙的管理方格图，可以醒目地表示主管人员对生产的关心程度和对人的关心程度。

对生产的关心表示企业领导者关心完成组织的目标，包括政策的质量、程序与过程；新产品研发；职能人员的服务质量、工作效率及产品产量等。对人的关心是指领导者关心为完成组织目标而努力的组织成员，主要表现为保持对职工的自尊，建立在信任而非顺从基础上的职责，保持良好的工作环境，维持公平的薪酬结构，促进并保持良好的人际关系等。

在这种领导理论中，首先把管理人员按照对生产的关心与对人的关心两个维度进行评估，给出等级分值（1～9），以此为基础，把分值标注在两个维度的坐标界面上，并在这两个维度坐标轴上分别划出9个等级，从而生成81种不同的领导类型。如图5.2所示，代表性的领导行为有以下五种。

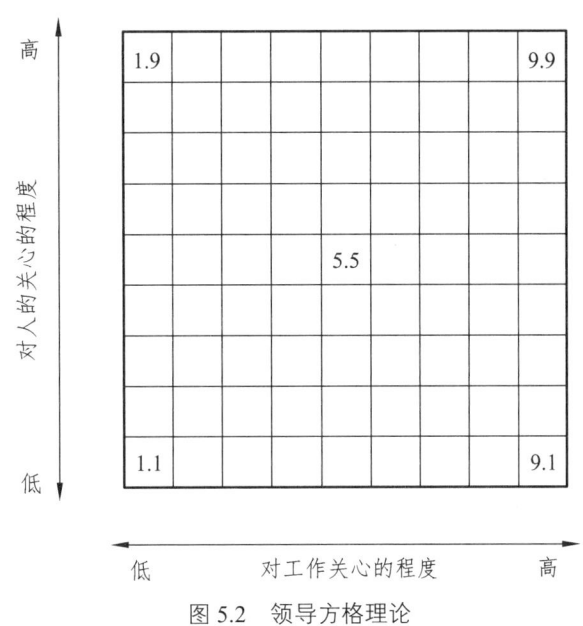

图5.2 领导方格理论

1）1.1型（贫乏型管理）

该领导行为表示领导者付出最小的努力完成工作。只做一些维持自己职务的最低限度的工作，庸庸碌碌，只要不出差错，多一事不如少一事。贫乏型管理导致员工创造性受到抑制，下属只求较好地生存下去。

2）1.9型（乡村俱乐部型管理）

1.9型特别关心员工，持这种方式的领导者认为，只要员工精神愉快，生产自然会好。这种管理的结果可能很脆弱，一旦和谐的人际关系受到破坏，生产业绩就会随之下降。1.9型亦称乡村俱乐部型管理。其结果是：职工对组织的责任感主要限于社会活动，如参加正式集会等。内部一团和气，太平无事，但效益很差。

3）5.5型（中庸之道型管理）

该领导行为既不过分重视人的因素，也不过于重视任务因素，努力保持和谐与妥协。5.5型亦称中庸之道型管理。其结果是：下属的创造性只限于通过建议和出主意，而且只注意维持现状。

4）9.1型（任务型管理）

9.1型只注重任务的完成，是一种专权式的领导，下属只能奉命行事，可能会失去创造性或进取精神。9.1型亦称任务型管理。其结果是：下属变得与组织对立，一有可能就试图打击这种体制。

5）9.9型（战斗集体型管理）

9.9型表示领导者对生产和员工都很关心，研究者认为这是最有效的领导方式。9.9型亦称团队型管理或战斗集体型管理。其结果是：下属以创造性的方式共同承担各种问题，并将他们的工作目标与领导人和组织的工作和目标密切联系起来。

遗憾的是，管理方格只是对领导风格这一概念提供了框架，并未回答如何使管理者成为有效的领导者这一问题。并且，也没有足够的研究证据支持9.9型风格在所有情境下都是最有效的。

【知识延伸】

真正的老板

顿巴火箭发射基地的科学家们都有每天工作12～18小时的习惯。工作的压力、老板的要求，令这些科学家感到身心疲惫。但奇怪的是，竟然没有一个人有辞去这份工作的念头。

一天，一个科学家来到老板面前，说："先生，我已经答应我的孩子们，要带他们去参观城区的展览，所以，我想在下午五点半离开办公室。"老板回答道："好吧，你今天可以早一点离开办公室。"之后，这名科学家继续工作。他如此专注于工作，当感觉即将完工时，他看了看表，时间已是晚上八点半。猛然间，他记起了对孩子们的承诺，于是关闭了所有设备，离开办公室开车向家中驶去。在他的内心深处，他因爽约而对孩子们充满了愧疚。他急匆匆赶到家中，却不见孩子们的影子。他的妻子正独自一人坐在门厅里阅读着一本杂志。他料定，责备的言辞很快就会像武器一样频频向他掷来。然而，妻子却柔和地问道："你先喝一杯咖啡？或者，如果你饿的话，我直接给你做晚饭。"他有点惊讶，小心翼翼地回答道："如果你乐意喝咖啡的话，也给我来一杯——但是，孩子们呢？"妻子回答道："你不知道吗？下午五点一刻的时候，你的老板来带孩子们去看展览了。"

原来，下午五点时，老板看到他还在专注地工作，料定他忘了请假的事情。老板既不想使他的工作受到影响，又不想让他在孩子们面前爽约，就干脆自己驾车带着他的孩子们去观看展览了。这位老板并非每一次都这样做，但仅此一次，员工对他的忠诚便已经建立了起来。这就是顿巴的科学家们在这个老板的领导下，虽然压力重重，却依旧坚持不懈工作下去的原因所在。这位老板就是印度"导弹之父"、印度总统——阿卜杜尔·卡拉姆。

课堂讨论：请用管理方格理论对阿卜杜尔·卡拉姆的领导风格进行分析，他属于哪种类型？请详细说明。

1.3 领导权变理论

权变理论是在考察领导者的特性、行为之后,增加一个环境因素,认为不存在一种"普遍适用"的领导方式,强调领导的有效性取决于领导者特性、被领导者特性及二者所处的特定环境三个因素的相互作用。

1.3.1 菲德勒权变模型

美国当代著名心理学家和管理学家菲德勒认为,对一个领导者的工作环境最起影响作用的三个基本因素是职位权力、任务结构和上下级关系,如图5.3所示。

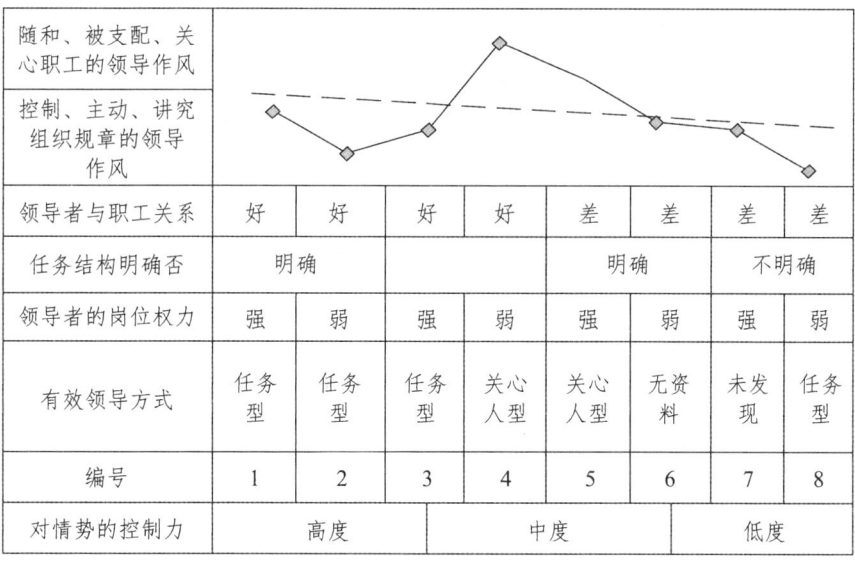

图 5.3 菲德勒权变模型

(1) 职位权力是与领导者职位相关联的正式职权以及领导者从上级和整个组织各个方面取得的支持的程度。权力越大,组织成员服从的程度越高,则领导环境越好。

(2) 任务结构是指任务的明确程度和部下对这些任务的负责程度。任务越明确,部下责任心越强,则领导环境越好。

(3) 领导者与下级的关系是指下级乐于追随的程度。如果下级对上级越尊重,并乐于追随,则上下级关系越好,领导环境也越好。

以上三点均具备,则为最有利的领导环境;反之,则为最不利的领导环境。菲德勒认为个体的领导风格是稳定不变的,根据领导风格与情景匹配的规律,要提高领导者的有效性有两种方法,一是选择具有恰当领导风格的领导者适应情景的要求,二是设法改变情景适应领导者的风格与方式。

1.3.2 路径—目标理论

这是美国管理学者罗伯特·豪斯发展起来的一种领导权变理论。豪斯认为,领导者无非就是做两件事:一是帮助下属充分理解工作目标以达到他们的目标;二是提供必要的指导和支持,帮助下属找到实现目标的路径,以确保下属的目标与组织的总目标一致。"路径—目标"

指有效的领导者能够明确地指明实现工作目标的途径来帮助下属,并为他们清除各种障碍和危险,从而使下属的相关工作容易进行。

"路径—目标"理论同以前的各种领导理论的最大区别在于,它立足于部下,而不是立足于领导者。在豪斯眼里,领导者的基本任务就是发挥部下的作用,而要发挥部下的作用,就得帮助部下设定目标,把握目标的价值,支持并帮助部下实现目标。并在实现目标的过程中提高部下的能力,使部下得到满足。该理论认为领导方式可以分为以下四种:

1)指导型领导(Directive Leadership)

领导者对下属需要完成的任务进行说明,包括对下属有什么希望,如何完成任务,完成任务的时间限制等。指导性领导者能为下属制定出明确的工作标准,并将规章制度向下属讲得清清楚楚。指导不厌其详,规定不厌其细。

2)支持型领导(Supportive Leadership)

领导者对下属的态度是友好的、可接近的,他们关注下属的福利和需要,平等地对待下属,尊重下属的地位,能够对下属表现出充分的关心和理解,在下属有需要时能够真诚帮助。

3)参与型领导(Participative Leadership)

领导者邀请下属一起参与决策,他们能同下属共同探讨工作,征求下属的想法和意见,将下属的建议融入团体或组织将要执行的那些决策中去。

4)成就导向型领导(Achievement-Oriented Leadership)

领导者鼓励下属将工作做到尽量高的水平。这种领导者为下属制定的工作标准很高,寻求工作的不断改进。除了对下属期望很高外,成就导向性领导者还非常信任下属有能力制定并完成具有挑战性的目标。

具体来说,执行结构化的任务,也就是任务本身比较清晰明确的时候,支持型领导导致较高的满意度和绩效;而执行非结构化的任务,就是任务不明或压力过大的时候,指导型领导导致较高的满意度。对知觉能力强和经验丰富的下属,指导型领导被认为是多余的,这时支持型领导就会受欢迎。相反,对那些知觉能力不够和经验不足的下属,指导型领导就会受欢迎。对于组织中的正式权力系统来讲,越是分工明确、等级清晰,领导者就越应该表现出支持型的行为,降低指导型的行为;而任务结构不清时,成就导向型领导就会提高下属的努力水平而达到更高的绩效。

1.3.3 领导生命周期理论

美国管理学者保罗·赫塞和肯·布兰查德提出了情景领导理论,他们认为成功的领导者要根据下属的成熟度来选择恰当的领导方式。由于被领导者是否接受领导者最终影响领导的效果,因此研究领导者的有效形式必须重视被领导者的成熟度。

所谓成熟度,指的是个体能够并愿意完成某项具体任务的程度。下属的成熟度由心理成熟度和工作成熟度两方面构成。心理成熟度指个体做某事的意愿和动机,工作成熟度是指个体的知识和技能。心理成熟度和工作成熟度均高的人不需要太多的外部刺激,有强烈的工作意愿,拥有完成工作任务足够的技能;心理成熟度与工作成熟度均低的人,情况则恰好相反。

赫塞与布兰查德将下属的成熟度由低到高分成了四类,如图5.4所示。

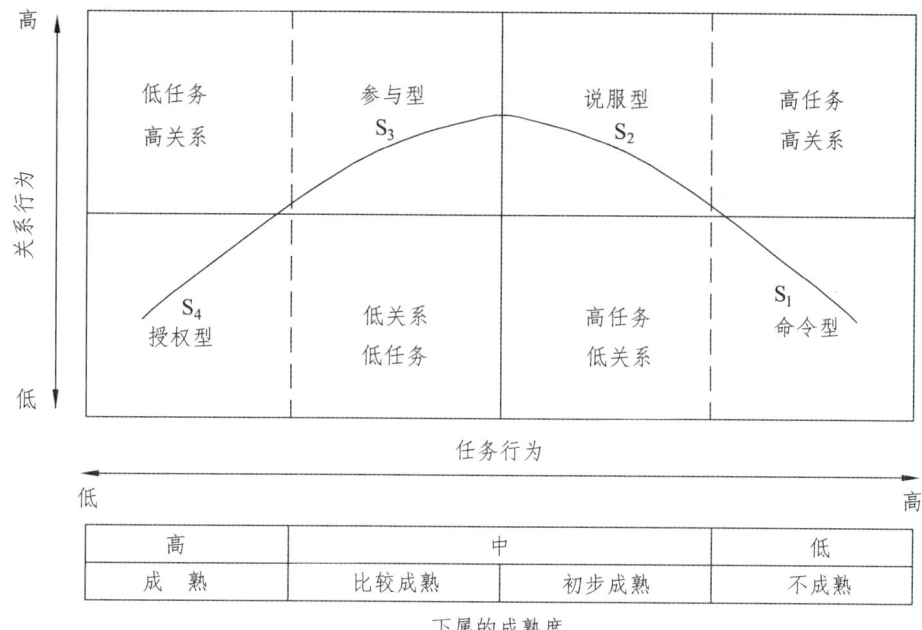

图 5.4 领导生命周期理论

M_1：这些人既缺乏工作的热情又不具备完成工作任务所需的技能，他们既不能胜任工作又不能被信任。

M_2：这些人有较高的工作热情，愿意从事必要的工作任务，但目前缺乏完成工作所需要具备的技能。

M_3：这些人具备完成工作所需要的技能，但缺乏工作热情，不愿意承担领导所交予的任务。

M_4：这些人既具有高度的工作热情，愿意承担工作任务，又具有完成工作所需要的知识和技能。

四种领导类型以及其对应的下属类型为：

S_1：命令型领导（高任务低关系），领导者界定工作任务和角色，通过发号施令，明确告知下属完成任务的详细规则与程序，重视任务的完成情况，不过多考虑下属的满意度。其对应的是 M_1 型的下属。

S_2：说服型领导（高任务高关系），领导者的指导行为与支持行为并重，既关注员工的满意度，保持并提高员工的工作热情，又在指导和支持的过程中锻炼下属的能力，提高他们的工作技能。其对应的是 M_2 型的下属。

S_3：参与型领导（低任务高关系），领导者鼓励下属共同决策，为下属提供良好的工作条件和沟通渠道，从而提高下属的工作满意度，培养下属的工作热情。其对应的是 M_3 型的下属。

S_4：授权型领导（低任务低关系），领导者给下属充分的自由，提供极少的指导与支持行为，确信下属能够依靠自己的能力明确任务的目标并出色地完成任务。其对应的是 M_4 型的下属。

【知识延伸】

案例：小王的困惑

小王是一名普通的木匠工人，一直在寻找一个合适的工作。前几天，他终于在一家小型的工厂里找到了一份工作，因为现在工作机会少，工作难找，而且这家工厂给的薪水也不错，所以小王决定留下来。刚开始的两个星期，小王的工作热情很高，各方面表现都很积极，但两个星期后，小王渐渐地改变了工作的态度，因为他听其他工人说，这个工厂一天只会让工人加班，而且还有拖欠工资的现象存在，听到这些小王对工作失去了刚开始时的热情，甚至有辞职的念头。

案例分析：

1. 用领导生命周期理论解释案例中小王的转变。
2. 结合生命周期理论分析针对小王的转变可选择的领导方式有哪些。

【任务小结】

恭喜你顺利完成本任务的学习，现就任务完成过程中所运用到的具体知识点进行以下回顾：

1. 俄亥俄州立大学的研究

根据关怀和定规两个维度，领导者类型可以分成四个基本类型：（1）高关怀低定规的领导者；（2）低关怀高定规的领导者；（3）低关怀低定规的领导者；（4）高关怀高定规的领导者。

2. 领导的方格理论

按照对生产的关心与对人的关心两个维度，领导方式分成五种类型：1.1型（贫乏型管理）；9.1型（任务型管理）；1.9型（乡村俱乐部型管理）；5.5型（中庸之道型管理）；9.9型（战斗集体型管理）。

3. 领导的生命周期理论

成熟阶段	表现	领导类型	方式	类型
M_1	意愿强，能力弱	S_1	高任务，低关系	命令型
M_2	意愿弱，能力弱	S_2	高任务，高关系	说服型
M_3	意愿弱，能力强	S_3	低任务，高关系	参与型
M_4	意愿强，能力强	S_4	低任务，低关系	授权型

任务二　激励理论

【学习目标】

＊知识目标：

理解激励的定义；理解内容型激励理论所包含的需要层次理论、ERG 理论、成就需要理论、双因素理论；理解过程型激励理论所包含的期望理论、公平理论；理解行为导向型激励理论所包含的强化理论。

＊能力目标：

能够运用内容型激励理论分析员工在不同阶段不同层次的需求；能够运用公平理论和强化理论分析员工离职的原因；具备一定的激励他人的能力。

＊素质目标：

通过本任务学习，培养学生具备一定的激励思维、具备一定的激励艺术。

【案例导入】

奇怪的风俗

有一个村庄有一种风俗：求婚用牛的多少来决定姑娘的美丑，最贤惠漂亮的需要九头牛，这是最高规格的聘礼。

李老汉家有三个女儿，前两个女儿既聪明又漂亮，都是被人用九头牛作聘礼娶走的。第三个女儿到了出嫁的时候，却一直没有人肯出九头牛来娶，原因是她非但不漂亮，还很懒惰。后来一个远方叫张三的人听说了这件事，就对李老汉说："我愿意用九头牛娶你的女儿。"李老汉非常高兴，真的把女儿嫁给了远方的张三。

过了几年，李老汉去看望自己远嫁他乡的三女儿。没想到，女儿能亲自下厨做美味佳肴来款待他，而且从前的丑女孩变成了一个气质超俗的漂亮女人。

李老汉很震惊，偷偷地问女婿："难道你有魔法吗？你是怎么把她调教成这样的？"

李老汉的女婿说："我没有调教她，我只是始终坚信你的女儿值九头牛的价，所以她就一直按照九头牛的标准来做了，就这么简单。"

案例思考：为什么李老汉的三女儿会发生如此大的变化？

案例启示：这个案例告诉我们一个道理，信任、鼓励、暗含期待，都是对人的一种激励。在企业中，领导者应该对下属有充分的信任，给予更多的自主权，同时设定目标并报以期待，这也是对员工的激励。

【下达任务】

	任务书	
任务名称	如何留住升值已达顶点的骨干员工？	
任务内容	背景描述： 　　HY 是一家小型民营医药公司，原公司业务部王经理深受公司总经理的器重，并多次在公开场合被总经理称赞，为公司做出了巨大的贡献。对于王经理的付出，公司也给予了相应的回报。他很快由一个业务员升至公司中层经理，在各平级部门中也因为受到总经理的器重而颇有地位，但是由于公司高层职位有限，王经理升职空间快到尽头了。 　　就在这个时候，王经理提出了辞职。在辞职信上说，王经理表达了对公司的感激，但其希望追求自己的事业发展，所以决定离开公司。据知情人士透露，王经理已注册了公司，利用自己在 HY 公司建立的客户关系和社会关系网络，经营与原公司相似的业务。 　　王经理的辞职让 HY 公司的总经理感到无比恼怒，但既然公司已经不能为他提供更大的事业发展机会，员工离去能过分苛求吗？然而，更为严重的是，由于王经理在公司"独当一面"，许多客户和重要信息都由他一手掌握，其离开后，公司其他人既不熟悉这些宝贵的信息，又暂时无法担当其业务经理的职责，原来的客户也纷纷转向与王经理的新公司进行合作。HY 公司面临艰难的困境！然而，最为困惑的是，对王经理这类顶尖级的骨干员工，除了晋升与加薪之外，还有没有其他更好的激励办法？ 　　事实上，受金字塔结构的固有特点和组织结构的日益扁平化两方面因素的影响，员工迈向晋升停滞期的步伐加快了。几乎所有的人早晚都会遇到这种结构性的晋升停滞，因为爬得愈高，职位愈有限，这种现象在层级式的组织中尤为明显，而且组织提高运作效率的要求又使得"减层"的压力越来越大。而这些骨干员工事业心强，关注个人发展机会，对薪酬的要求不高，要想留住他们，也许真要另辟蹊径。 　　任务： 　　1. 随着经济的发展，仅仅加薪、晋升的激励不一定能留住骨干员工。企业还应根据员工的特点，采用多样的激励方法。请用马斯洛的需求层次理论分析王先生的需求，用什么样的激励方法可以留住他？ 　　2. 企业层级扁平化引起员工晋升停滞，从而挫伤员工积极性。你有什么办法可以解决吗？ 　　3. 针对这个案例，你觉得晋升是保健因素还是激励因素，为什么	
任务要求	1.围绕任务，以小组形式开展以上问题的讨论，每组人数 3~5 人。 2.讨论过程中及时与老师进行沟通，确保任务能够在规定时间内完成。 3.讨论结束后，教师以抽查的形式，随机抽取小组成员汇报讨论结果	
完成任务所需知识点	知识点 1：需求层次理论 知识点 2：双因素理论	

考核项目	考核标准	分值	得分	备注
语言表达	语言表达流畅，字清晰，声音洪亮	10 分		
整体形象	精神饱满，举止自然得体	10 分		
应变能力	面对压力具有一定的心理承受力	20 分		
分析和处理问题	思路清晰，分析准确；有创新	40 分		
团队协作	成员分工负责、协作配合	20 分		

模块五　领导艺术

参考资料	书　　　名:《领导者必须掌握的激励艺术》 作　　　者：童良煊 出　版　社：中国致公出版社 出版时间：2012 年 1 月	
团队构成 （学生填写）	团队组长	
	团队成员	
时间要求 （学生填写）	任务领取时间	
	要求完成时间	
任务讨论结果 及启示 （团队成员 共同填写）		
任课教师反馈		
任务最终得分	＿＿＿＿＿＿分	

【核心知识讲解】

2.1　激励概述

激励，简单地讲就是调动职工的积极性。激励是管理的一个重要功能，因而它也成为管理心理学的核心内容和焦点。作为领导者，为实现组织的既定目标，就必须通过有效的激励，激发全体成员的斗志，充分调动人的工作积极性，最大限度地利用人力资源，为管理工作服务。

2.1.1　激励的含义

激励，即激发、鼓励，从心理学角度分析，是指持续激发人的动机的心理过程。通过激励，使人在某些内在或外在刺激的影响下，始终维持在一个兴奋状态。可见，激励是引起个体产生明确的目标，并指向目标行为的内在动力。

既然说激励是调动人的积极性的过程，那么激励是如何调动人的积极性的？管理心理学认为，人的积极性是与需要相联系的，从需要或动机出发产生了要求，这种要求一时不能得到满足时，心理上会产生一种不安和紧张状态，这种不安和紧张会成为一种内在的驱动力，导致采取某种行为或行动，进而去实现目标，一旦目标达成就会带来满足，这种满足又会为新的需要提供强化。这种激励的过程如图 5.5 所示。

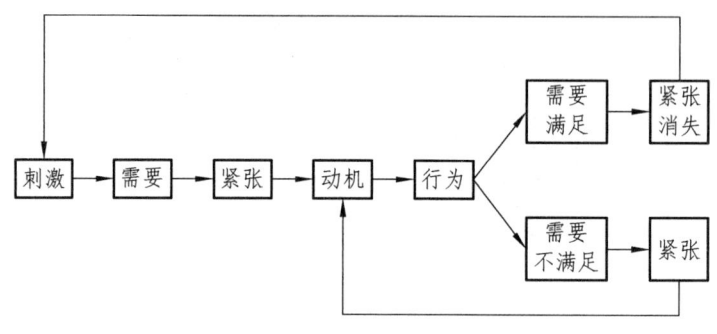

图 5.5　人的行为模式图

2.1.2　激励的作用

在传统的组织和人力资源管理中，激励的作用根本没有得到足够的、系统的认识，管理者们只是自觉或不自觉地运用激励手段，进行人力资源的管理和开发工作。但随着"人"的因素在组织生存和发展中的作用日益提升，人们越来越发现作为组织生命力和创造力源泉的"人"的状态往往直接影响着组织的面貌，其作用主要表现在以下方面：

1）激励是实现企业目标的需要

企业的目标，是靠人的行为实现的，而人的行为是由积极性推动的。实现企业的目标，要有人的积极性、人的士气。当然，实现企业的目标，还需要其他多种因素，但不能因此否定、忽视人的因素。不能因其他的因素重要，而否定人的积极性这种关键因素。

2）激励是充分发挥企业各种生产要素效用的需要

企业的生产经营活动是人有意识、有目的的活动。人、劳动对象、劳动手段是企业的生产要素。在这些要素中，人是最活跃、最根本的因素，其他因素只有同人这个生产要素相结合，才会成为现实的生产力，才会发挥各自的效用。因此没有人的积极性，或者人的积极性不高，再好的装备和技术、再好的原料都难以发挥应有的作用。

3）激励可以提高员工的工作效率和业绩

激发人的积极性，是古今中外政治家、军事家、思想家、管理学家们都十分重视的问题。通过激励可以激发员工的创造性与革新精神，提高员工的努力程度，从而取得更好的业绩。日本丰田公司采取激励措施鼓励员工提建议，结果仅 1983 年一年，员工就提了 165 万条建议，平均每人 31 条，为公司带来了 900 亿日元的利润，相当于当年总利润的 18%。

4）激励有利于员工素质的提高

提高员工素质，不仅可以通过培训的方法来实现，也可以运用激励的手段达到。企业可以采取措施，对坚持学习科技与业务知识的员工给予表扬，对不思进取的员工给予适当的批评，并在物质待遇、晋升等方面区别考虑这些措施，将有助于形成良好的学习风气，促使员工提高自身的知识素养。员工在激励措施的鼓舞下，为了能取得更好的工作绩效，必定会主动熟悉业务，钻研技巧，从而提高自身的业务能力。

2.2 激励理论

20世纪20至30年代以来，随着梅奥的人际关系理论的建立和发展，西方的管理学家和管理心理学家纷纷开始从不同的角度研究组织成员的行为激励问题，并提出了许多不同的理论。这些理论一般可以分为三类，即内容型激励理论、过程型激励理论和行为改造型激励理论。

2.2.1 内容型激励理论

内容型激励理论也称需要的激励理论。需要是激励人们进取的基础和源泉，内容型激励理论就是研究究竟是何种需要激励人们从事自己的工作。最具代表性的内容型激励理论包括需要层次理论、ERG理论、成就需要理论和双因素理论。

1）需要层次理论

1943年，美国人本主义心理学的创始人马斯洛在《人的动机理论》一书中提出了需要层次理论。马斯洛认为，人的价值体系中存在着不同层次的需要，形成一个需要系统。人类的基本需要是由低级到高级，以层次形式出现的，如图5.6所示。

（1）生理的需要：人对食物、水分、氧气、性、排泄和休息等的需要。

（2）安全的需要：人对人身安全、财产安全、职业安全、生活稳定、希望免于灾难、未来有保障等的需要。

（3）社交的需要：人需要朋友、爱人和孩子、渴望在团体中或与同事之间有深厚的关系等的需要。

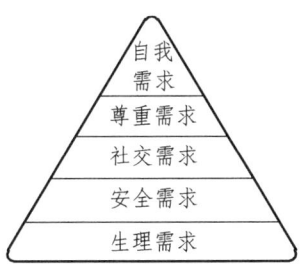

图5.6 马斯洛需要层次理论

（4）尊重的需要：自尊和被尊的需要。自尊是指在自己取得成功时有一股自豪感；被尊是指当自己做出贡献时能得到他人的承认。

（5）自我实现的需要：这种需要就是希望在工作上有所成就，在事业上有所建树，实现自己的理想或抱负。它主要来自两个方面，即胜任感和成就感。

马斯洛认为，人是有需要的动物，其需要取决于已经得到什么，还缺什么，只有尚未满足的需要能够影响行为。即已经得到满足的需要不再起激励作用；人的需要都有层次，某一层需要得到满足后，另一层需要才出现。

马斯洛的需要层次理论揭示了需要—激励—行为的关系，从而揭示了行为激励过程的共性。它还强调了人的内存需要是激励的主要诱因，强调了人的不同层次的需要对动机的激发和影响。因而，马斯洛需要层次理论对企业管理有重要的指导作用。

【知识延伸】

马斯洛简介

亚伯拉罕·哈洛德·马斯洛于1908年4月1日出生于纽约市布鲁克林区一个犹太家庭。他是美国著名哲学家、社会心理学家、人格理论家和比较心理学家，人本主义心理学的主要发起者和理论家，心理学第三势力的领导人。1926年考入康奈尔大学，三年后转至威斯康辛大学攻读心理学，在著名心理学家哈洛的指导下，1934年获得博士学位。之后，留校任教。1935年在哥伦比亚大学任桑代克学习心理研究工作助理。1937年任纽约布鲁克林学院副教授。1951年被聘为布兰戴斯大学心理学教授兼系主任。1967年任美国人格与社会心理学会主席和美国心理学会主席。1969年离开布兰戴斯大学，成为加利福尼亚劳格林慈善基金会第一任常驻评议员。1970年6月8日因心力衰竭逝世。1970年8月，国际人本主义心理学会成立，并在荷兰首都阿姆斯特丹举行首届国际人本主义心理学会议。1971年美国心理学会通过设立人本主义心理学专业委员会，这两件事标志了人本主义心理学思想获得美国及国际心理学界的正式承认。遗憾的是，马斯洛本人未能亲眼看到他多年为此事鞠躬尽瘁所获的成果。

2）ERG 理论

ERG 理论是奥尔德弗在实验基础上所提出的一种需要理论。他把马斯洛的需要层次概括为3种需要：生存（Existence）、关系（Relatedness）、成长（Growth），简称为 ERG 理论。

奥尔德弗的 ERG 理论，把马斯洛的需要理论概括为生存的需要、关系的需要和成长发展的需要。其中，生存的需要类似于马斯洛需要层次中的生理和安全需要，如多种形式的生理和物质的欲望，以及工资报酬、工作条件、退休保险等社会保障条件；关系的需要类似于需要层次中的社交和尊重需要，它包括在工作单位的人际关系和人际交往，这种需要在人际交流中共同分享并获得满足；成长发展的需要相当于需要层次中的尊重需要和自我实现需要，主要指个人的完满、成长以及创造性的发挥等。成长发展需要的满足有赖于培养和提高，教育使人们不断发现成长发展需要并寻求满足的方式。

奥尔德弗 ERG 理论的主要观点是：

（1）各层次的需要得到的满足越少，则这种需要就越为人们所渴望。

（2）较低层次的需要能够得到越多的满足，对较高层次的需要就越渴望。

（3）较高层次的需要得到的满足越少，则对较低层次需要的渴求也越多。

奥尔德弗 ERG 理论的观点，实际上有很多与马斯洛的理论观点雷同，并未超越马斯洛需要层次理论的范畴。通常人们认为，马斯洛需要层次理论带有普遍性，而奥尔德弗 ERG 理论侧重于带有特殊性的个体差异。因而很多人认为，奥尔德弗 ERG 理论比马斯洛需要层次理论更符合实际。

3）成就需要理论

20世纪50年代初，美国哈佛大学心理学家麦克利兰对成就需要这一因素进行了大量的调查研究，提出了成就需要理论。成就需要理论抛开人的基本生理需要，主要研究在人的生理需要得到基本满足的前提下，人还有哪些需要。麦克利兰认为，人还有权力需要、亲和需要和成就需要三种需要。

（1）权力需要。

权力需要是指影响或控制他人且不受他人控制的需要。不同人对权力的渴望程度也有所不同。权力需求较高的人对影响和控制别人表现出很大的兴趣，喜欢对别人"发号施令"，注重争取地位和影响力。他们常常表现出喜欢争辩、健谈、直率和头脑冷静；善于提出问题和要求；喜欢教训别人、并乐于演讲。他们喜欢具有竞争性和能体现较高地位的场合或情境，也会追求出色的成绩，但他们这样做并不像高成就需求的人那样是为了个人的成就感，而是为了获得地位和权力或与自己已具有的权力和地位相称。权力需求是管理成功的基本要素之一。

麦克利兰还将组织中管理者的权力分为两种：一是个人权力。追求个人权力的人表现出来的特征是围绕个人需求行使权力，在工作中需要及时反馈和倾向于自己亲自操作。麦克利兰提出一个管理者，若把他的权力形式建立在个人需求的基础上，不利于他人来续位。二是职位性权力。职位性权力要求管理者与组织共同发展，自觉地接受约束，从体验行使权力的过程中得到一种满足。

（2）亲和需要。

亲和需要就是寻求被他人喜爱和接纳的一种愿望。高亲和动机的人更倾向于与他人进行交往，至少是为他人着想，这种交往会给他带来愉快。高亲和需求者渴望亲和，喜欢合作而不是竞争的工作环境，希望彼此之间沟通与理解，他们对环境中的人际关系更为敏感。有时，亲和需要也表现为对失去某些亲密关系的恐惧和对人际冲突的回避。亲和需要是保持社会交往和人际关系和谐的重要条件。

麦克利兰的亲和需要与马斯洛的感情上的需要、奥尔德弗的关系需要基本相同。麦克利兰指出，注重亲和需要的管理者容易因为讲究交情和义气而违背或不重视管理工作原则，从而会导致组织效率下降。

（3）成就需要。

麦克利兰认为，具有强烈的成就需要的人渴望将事情做得更为完美，提高工作效率，获得更大的成功，他们追求的是在争取成功的过程中克服困难、解决难题、努力奋斗的乐趣，以及成功之后的个人的成就感，他们并不看重成功所带来的物质奖励。个体的成就需要与他们所处的经济、文化、社会、政府的发展程度有关，社会风气也制约着人们的成就需要。

麦克利兰指出，金钱刺激对高成就需求者的影响很复杂。一方面，高成就需求者往往对自己的贡献评价甚高，自抬身价。他们有自信心，因为他们了解自己的长处，也了解自己的短处，所以在选择特定工作时有信心。如果他们在组织工作出色而薪酬很低，他们是不会在这个组织待很长时间的。另一方面，金钱刺激究竟能够对提高他们绩效起多大作用很难说清，他们一般总以自己的最高效率工作，所以金钱固然是成就和能力的鲜明标志，但是由于他们觉得这配不上他们的贡献，所以可能引起不满。

4）双因素理论

双因素理论，是20世纪50年代末美国心理学家赫茨伯格提出的。他在一些工商企业中做了广泛的调查，调查对象主要是工程师、会计师等"白领"。赫茨伯格设计了许多问题，如"什么时候你对工作特别满意""什么时候你对工作特别不满意""满意与否的原因是什么"等。调查发现，使职工感到不满意的因素往往是由外界的工作环境引起的，使职工感到满意的因素常常是从工作本身产生的。因此,赫茨伯格提出双因素理论,认为调动人的积极性,主要是从人的内部、用工作本身来调动人的内在积极性,工作对人的吸引力才是主要的激励因素。

赫茨伯格认为,造成员工非常不满意的因素主要是工资报酬、工作条件、人际关系等方面。这些因素即使改善了,也不能充分激发其积极性,只能够消除职工的不满,这称之为保健因素。保健因素的作用就像只能防止疾病,而不能医治疾病一样,起着防止人们对工作产生不满的作用。

另一类因素能激发职工的工作热情,调动职工的积极性,使职工感到满意,这类因素称为激励因素。激励因素是影响人们工作的内在因素,其本质为注重工作本身的内容,借此可以提高工作效率,促进人们的进取心,激发人们做出最好的表现。激励因素像人们锻炼身体一样,可以提高人的身体素质,增进人们的健康。如上述的成就、认可、责任、发展等因素的存在将给人们带来极大的满足。赫茨伯格的双因素理论如图5.7所示。

赫茨伯格的双因素理论

保健因素:
公司政策、行政管理、同事关系、薪酬、地位、安全感

激励因素:
成就感、认可、奖赏、工作的挑战性、兴趣、责任感、晋升、成长

图 5.7 赫茨伯格的双因素理论

【知识延伸】

李四的困惑

李四已经在 HZ 软件开发公司工作了 6 年。在这期间,他工作勤恳负责,技术能力强,多次受到公司的表扬,领导很赏识他,并赋予他更多的工作和责任,几年中他从普通的程序员晋升到资深的系统分析员。虽然他的工资不是很高,住房也不宽敞,但他对自己所在的公司还是比较满意的,并经常被工作中的创造性要求激励。公司经理经常在外来的客人面前赞扬他:"李四是我们公司的技术骨干,是一个具有创新能力的人才……"

去年 7 月份,公司有申报职称指标,李四属于有条件申报之列,但名额却给了一个学历比他低、工作业绩平平的老同志。他想问一下领导,谁知领导却先来找他:"李四,你年轻,机会有的是。"最近李四在和同事们的聊天中了解到他所在的部门新聘用了一位刚大学毕业的程序分析员,但工资仅比他少 50 元。尽管李四平时是个不太计较的人,但对此还是感到迷惑不解,甚至很生气,他觉得这里可能有什么问题。

在这之后的一天下午,李四找到了人力资源部宫主任,问他此事是不是真的?宫主任说:"李四,我们现在非常需要增加一名程序分析员,而程序分析员在人才市场上很紧俏,为使公司能吸引合格人才,我们不得不提供较高的起薪。为了公司的整体利益,请你理解。"李四问能否相应提高他的工资。宫主任回答:"你的工作表现很好,领导很赏识你,我相信到时会给你提薪的。"李四向宫主任说了声"知道了",便离开了他的办公室,开始为自己在公司的前途感到忧虑。

思考：
1. 用双因素理论解释李四的忧虑、困惑。
2. 谈一谈企业应如何做才能更好地、有效地激励员工。

2.2.2 过程型激励理论

过程型激励理论侧重于研究激励的整个认知过程以及这种认知过程如何与积极的行为相联系。过程型激励理论主要包括期望理论、公平理论和目标管理理论。

1）期望理论

期望理论最早是由托尔曼和勒温提出的，但用于说明工作激励问题是从著名心理学家和行为科学家维克托·弗鲁姆开始的。弗鲁姆在著作《工作与激励》中阐述了期望理论模式。

期望理论的理论基础是：人之所以能够完成某项工作并达成组织目标，是因为组织目标会帮助人们达成自己的目标，满足自己某方面的需要。弗鲁姆认为，某一目标对某人的激励力量取决于他所能得到结果的全部预期价值乘以他认为达成该结果的期望概率。该模式可以表示为：

$$M = V \times E$$

式中：M 为激励力量，它表明为达到预先设置的目标的努力程度；V 为目标效价，指预定目标对于满足个人需要的意义，即对于满足个人需要的重要程度与价值的大小；E 为期望值，是指判断达到目标的可能性的大小。

从上面的公式可以看出，目标对个人的价值越大，估计实现的概率越高，激励力量也越大；若实现目标的可能性很大而目标效价很小，或者目标效价很大而期望值很小，人被激发的动力就会很小。

弗鲁姆认为，根据期望理论，要调动人们工作的积极性，在进行激励时，必须辩证处理好以下三种关系：努力与绩效的关系、绩效与奖励的关系、奖励与满足个人需要的关系。

2）公平理论

公平理论又称社会比较理论，它是美国行为科学家亚当斯在1964年提出来的一种激励理论。该理论旨在社会比较中探讨个人所做的贡献与他所得到的报酬之间如何平衡，它侧重于研究工资报酬分配的合理性、公平性及其对职工生产积极性的影响。

亚当斯公平理论的主要观点是：

第一，公平感是人类的一种基本需要，当一个人做出了成绩并取得了报酬以后，他不仅关心自己所得报酬的绝对量，而且关心自己所得报酬的相对量。人们总是习惯于把自己付出的劳动和所得报酬与别人付出的劳动和所得报酬进行比较，还会把自己现在付出的劳动和所得报酬与自己过去所付出的劳动和所得的报酬进行比较。前者属于社会的比较即横向比较，后者是个人历史的比较即纵向比较。

第二，一般来说，员工是以对工作的付出比较其所得，如根据彼此的努力程度、工作经验、教育程度、能力以及工作绩效，比较工资、奖金、晋升、认可等因素，通过比较自己的产出—投入比率以及与他人的产出—投入比率的差异，来做出公平性判断。比较所产生的反应有三种：公平、报酬过度或报酬不足。

第三，如果员工认为公平，那么他们就会继续以几乎同样的水平做出贡献。相反，在不公平的情况下，他们可能会采取以下几种做法以期实现其公平：① 通过自我解释，达到自我安慰；② 采取某种行为谋求改变他人的付出或所得；③ 采取某种行为谋求改变自己的付出或所得；④ 选择另一个参照对象进行比较；⑤ 辞去现在的工作。这样就会影响其绩效的稳定或提高。

亚当斯认为，员工的工作态度既受到绝对报酬的影响，又受到相对报酬的影响。

员工会进行横向比较，如：

$$\frac{自己所得}{自己付出} : \frac{他人所得}{他人付出}$$

员工还会进行纵向比较，如：

$$\frac{现在所得}{现在付出} : \frac{过去所得}{过去付出}$$

当人们感觉不公平时，就会采取措施，减少不公平感。

3）目标管理理论

目标管理理论是美国管理学兼心理学教授洛克在 20 世纪 70 年代提出来的。他强调了研究目标的重要性，围绕目标的激励作用做了广泛深入的探索。其基本模式如图 5.8 所示。

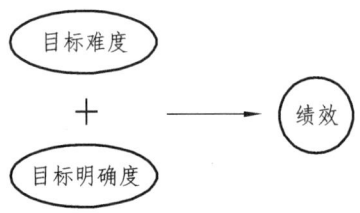

图 5.8　洛克的基本模式

这个模式表明：第一，目标难度指目标要具有挑战性，必须经过努力才能完成，就是说，设置的目标既实在可行，又不能平淡无奇。第二，目标的明确性指目标导向必须是具体的，可以测定的，如以数字说明目标等。第三，绩效就是目标的效果，是由目标的难度和目标的明确性组成的。而且这种绩效是在目标导向行为与目标完成行为循环交替的运行中取得的，即当一个目标达到时，马上提出更高的新目标，并进入新的目标导向过程。

洛克的目标管理理论的扩充模式可以理解为由三部分组成，即努力、绩效和满足感。

2.2.3　行为改造型激励理论

行为改造型激励理论重点研究怎样转化和修正人的行为，如何使人的心理和行为化消极为积极的理论。该理论主要包括强化理论和归因理论，本书中我们重点介绍强化理论。

1）强化理论的概念

强化理论是美国哈佛大学心理学教授斯金纳提出的。斯金纳在巴甫洛夫条件反射理论的基础上，提出了"操作性条件反射理论"，认为人类（或动物）为了达到某种目标，本身就会采取行为，作用于环境。当行为的结果有利时，这种行为就重复出现；不利时，这种行为就减弱或消失。强化通常有以下四种形式：

（1）正强化。

正强化的前提是积极的行为，结果是给予其"所想要的"。当那些符合组织目标的行为发生之后，管理方给予当事人恰当的奖励，以使这些行为得到进一步的加强和重复，从而有利于组织目标的实现。正强化的刺激物不仅包含奖励等物质奖励，还包含表扬、提升、改善工作关系等精神奖励。

（2）负强化。

负强化的前提是积极行为，结果是取消其"所不想要"。当那些符合组织目标的行为发生之后，管理方减少或消除可能施予当事人的某种不愉快的刺激，如减少或取消批评、惩罚等，以使这些行为得到进一步重复和加强，从而有利于组织目标的实现。应用负强化的前提是，事先有不刺激物存在。

（3）消退。

消退的前提是消极行为，结果是无视其"所想要"。对于组织不希望发生的行为，除了直接的惩罚措施外，首先可考虑"冷处理"或"无为而治"，使这种行为自然消退。如开会时，若管理员不希望下属提出无关或干扰性的问题，则可以用冷处理的方式来消除这种行为；当员工举手发言时，无视他的表现，这种举手发言的行为就会因为得不到强化而自动放弃。从某种意义上说，撤销原先的正强化也是一种正冷处理，它至少表明，对原来提倡的行为，管理方不再予以重视了，该行为就会逐渐弱化、终止。

（4）惩罚。

惩罚的前提是消极的行为，结果是给予其"所不想要"。惩罚那些不符合组织目标的行为，使这些行为削弱甚至消失，从而保证组织目标的实施不受干扰。具体措施有：批评、罚款、降级、开除。

2）强化方式的运用

强化方式是指根据职工行为的情况不同而采用的各种奖酬方式，主要分为连续的和间歇的两种。管理者应该针对不同的强化采取不同的措施，来改造人的行为，以提高管理绩效和组织的产出水平。管理者实施强化时必须遵循以下原则：① 要有一个目标体系。目标是个强化物，能强化人的行为。② 要采用渐进法。就是把一个鼓舞人心的长远目标分解成几个阶段，逐步加以完成，即大目标小步子，以增强行为转化的信心。③ 及时反馈信息。信息的及时反馈，能使人们了解自己行为的结果，以便及时修正行为、及时强化行为。④ 个人需要的满足。行为是由动机引起的，而动机是由需要激发的，要不断满足行为者的需要，以强化其行为。⑤ 贯彻因人而异的强化原则。对不同个体采取不同的强化措施，以获取最佳效果。⑥ 实行奖惩结合、精神奖励和物质奖励结合以及采取定期与不定期、定值与不定值奖励结合的原则。

【知识延伸】

强化理论实例分析[①]

格力电器是成立于1991年的珠海格力电器股份有限公司，是目前全球最大的集研发、生产、销售、服务于一体的专业化空调企业，2017年实现销售收入1500亿元，净利润225亿元，

---

① http://www.mayi361.com/News/detail.html?id=521.

连续八年上榜美国《财富》杂志"中国上市公司 100 强"。格力电器旗下的"格力"品牌空调，是中国空调业唯一的"世界名牌"产品，业务遍及全球 100 多个国家和地区。"一个没有创新的企业是一个没有灵魂的企业；一个没有核心技术的企业是没有脊梁的企业，一个没有脊梁的人永远站不起来。"展望未来，格力电器将坚持"自我发展，自主创新，自有品牌"的发展思路，以"缔造全球领先的空调企业，成就格力百年的世界品牌"为目标，为"中国创造"贡献更多的力量。而格力电器在管理上的经验便在全方位地诠释着强化理论。

首先，对于中高级管理层，其才干和能力都是企业最重要的精神力量，自然以正强化为主，以负强化为辅。而格力电器制订的方案则是：于 2005 年 12 月确立了股权分置改革方案，即将企业内的资本划分为等额股份分予中高级管理层职员。其内涵意义为：若管理层齐心协力，企业创收，则管理层薪水必然增加；若企业失利，其薪酬必定缩水。这样一种无形的期权激励方式，不仅稳定了公司最核心的管理团队，防止了高级人才的流失，同时也在零售人力成本不断上升的背景下适当补充了公司直接的现金支出，为公司的长期发展奠定了坚实的人才基础。这既符合了正强化的激励，也不失于负强化的规范。可谓一箭双雕。

同时，格力电器对于企业的全体员工，则具有一套明确的绩效考核制度。按照各系统各部门的业务重点，将考核人群分为三大系统：生产、职能、营销。并在同一人群中，又按照岗位进行细化，在系统内划分部门主管和普通员工。为了让员工有好的团队意识，对各部门进行绩效等级考评，使部门员工的绩效与部门的等级挂钩。这是典型的惩罚和正强化措施，在考核过程中，必然会伴随着对于先进集体、个人的嘉奖和对不符合企业原则的集体、个人的惩罚、约束。以绩效为导向的激励体系的建立为格力企业效益的提高提供了强大动力，促使员工为企业而更加努力工作，在提高自己的绩效的同时，也提高了企业的绩效。

【任务小结】

恭喜你顺利完成本任务的学习，现就任务完成过程中所运用到的具体知识点进行以下回顾：

1. 激励的定义：激励是引起个体产生明确的目标，并指向目标行为的内在动力。
2. 需要层次理论：生理、安全、社交、自尊、自我实现五种需要。
3. ERG 理论：生存、关系、成长三种需要。
4. 成就需要理论：亲和、权力、成就三种需要。
5. 双因素理论：保健和激励两种因素。
6. 期望理论：$M=E \times V$
7. 公平理论：

员工会进行横向比较：

$$\frac{自己所得}{自己付出} : \frac{他人所得}{他人付出}$$

员工还会进行纵向比较：

$$\frac{现在所得}{现在付出} : \frac{过去所得}{过去付出}$$

8. 强化理论：正强化、惩罚、负强化、自然消退四种方式。

任务三　领导艺术

【学习目标】

*知识目标：

理解领导艺术的含义；理解领导时间艺术、用人艺术、授权艺术、决策艺术所包含的具体内容及技巧；理解领导艺术的形成过程。

*能力目标：

具备一定管理时间、用人、授权的技巧；能作出一些正确的管理决策。

*素质目标：

培养学生具备一定的领导思维；培养学生具备一定的为人处世的艺术；培养学生运用领导艺术解决生活、工作中的一些实际问题。

【案例导入】

刘备失败的原因

三国时期，诸葛亮在"隆中对"中所确定的战略方针的重要内容之一是"外结孙权，内修政理"，刘备忽视了这一点，派出不执行这一原则的关羽去驻守荆州。孙权遣使提出要和关羽结亲，娶关羽的女儿为儿媳，被关羽骂回。关羽自认为兵多将勇可以抵抗孙吴，北伐曹操，致使两面作战，前后受敌，犯了兵家大忌，丢了荆州和自身性命，并且蜀国与孙吴结盟也随之瓦解。刘备见关羽被杀，荆州丢失，置赵云、诸葛亮等众臣的意见于不顾，执意起军东征，攻打东吴，最终兵败。

案例思考：请分析刘备失败的原因。

案例启示：从这个案例中，我们可以看到刘备在领导艺术上存在一定的问题，这些问题包括决策艺术、用人艺术、授权艺术。

【下达任务】

任务书	
任务名称	马云的用人之道
任务内容	背景描述： 谁都知道现在的阿里巴巴公司，有一个汇聚世界精英的团队。但是，平时在用人上，"精英"却不是首选，甚至连第二都排不上。阿里巴巴选的是对公司的价值观有认同感的人。但凡进公司就有一个月的专门培训，从第一天起，他们说的就是共同的价值观、团队精神。他们告诉刚来的员工，所有的人都是平凡的人，平凡的人在一起，做件不平凡的事。在阿里巴巴的平时考核中，如果员工只是业绩很好但是价值观特别差，或者根本不讲究团队精神和服务质量，那么此类员工会被公司毫不手软地淘汰。因为在马云的眼中，"创办一家伟大的公司比上市更为重要！" 任务：你如何看待马云的用人之道，请予以评述

任务要求	1. 围绕任务，以小组形式开展以上问题的讨论，每组人数 3~5 人。 2. 讨论过程中及时与老师进行沟通，确保任务能够在规定时间内完成。 3. 讨论结束后，教师以抽查的形式，随机抽取小组成员汇报讨论结果
完成任务所需知识点	知识点 1：决策艺术 知识点 2：用人艺术
任务评价标准	<table><tr><th>考核项目</th><th>考核标准</th><th>分值</th><th>得分</th><th>备注</th></tr><tr><td>语言表达</td><td>语言表达流畅，字清晰，声音洪亮</td><td>10 分</td><td></td><td></td></tr><tr><td>整体形象</td><td>精神饱满，举止自然得体</td><td>10 分</td><td></td><td></td></tr><tr><td>应变能力</td><td>面对压力具有一定的心理承受力</td><td>20 分</td><td></td><td></td></tr><tr><td>分析和处理问题</td><td>思路清晰，分析准确；有创新</td><td>40 分</td><td></td><td></td></tr><tr><td>团队协作</td><td>成员分工负责、协作配合</td><td>20 分</td><td></td><td></td></tr></table>
参考资料	书　　名：《领导艺术》 作　　者：李学芝，李永臣 出　版　社：化学工业出版社 出版时间：2016 年 5 月
团队构成 （学生填写）	团队组长 团队成员
时间要求 （学生填写）	任务领取时间 要求完成时间
任务讨论结果 及启示 （团队成员 共同填写）	
任课教师反馈	
任务最终得分	＿＿＿＿＿＿＿分

【核心知识讲解】

3.1 领导艺术概述

3.1.1 领导艺术的含义

所谓领导艺术，是指领导者在一定的知识、经验、才能和气质等因素的基础上逐步形成的、创造性地运用各种领导策略、资源、方法和原则以有效实现组织目标的技能技巧。其中，领导者的知识、经验、智慧、才能等因素是领导艺术得以发挥的前提；纯熟巧妙、富有创造性地运用领导原则、条件、资源、方法等，是领导艺术的核心；而领导风格和领导者创造性的实践所塑造的"美"的形象，是二者结合的结果，是领导艺术的外在表现。因此，领导艺术是非规范化、非程序化、非模式化的领导行为，是领导者把握领导规律、履行领导职能的最高境界。

3.1.2 领导艺术的特征

1）经验性与科学性的统一

领导艺术具有很强的实践性，以一定的科学知识为基础，反过来又以自己的经验总结丰富和发展领导科学知识。因此，领导艺术具有科学性，更彰显其经验性。

2）原则性与灵活性的统一

原则是行事的根本遵循，也是领导者处理各种问题的指导思想。当前我国领导工作的根本原则包括：坚持党的基本路线，以人为本，依法领导，严格遵循党的方针、政策，全心全意为人民服务等。领导在处理问题时并不是一成不变的，而是坚持具体问题具体分析，对领导原则加以灵活运用，将原则的普遍性应用于解决各种问题的特殊性。

3）共性与个性的统一

领导者在实践活动中总是要运用一定的知识和经验，而这些知识和经验是无数人通过实践证明具有普遍指导价值的原则和方法，体现为领导艺术的共同基础、共性特征。但是由于个人的素质、阅历、知识结构等各不相同，领导者运用这些原则和方法便会表现出不同的风格、不同的技能技巧，体现为领导艺术的个性内容、个性特征。

4）规范性与创造性的统一

领导工作既要求创新，又要求稳定。领导艺术不是对已有方法的机械的、简单的运用，而是在坚持规范性原则的基础上体现一种层出不穷、丰富多彩、构思新颖、风格独特的技艺。正因为这种创造性，才使得领导方法不断更新、丰富和发展，领导效能才越来越显著。

5）明晰性与模糊性的统一

模糊性是指对事物之间的关系难以用定量的方法描述或单纯用定性的方法分析，处于"模糊区间"。艺术的魅力就在于它的模糊性，领导艺术也不例外。但领导艺术的模糊性不是糊涂性，它仅仅是对于不需要清楚的不苛求清楚，不必须量化的不苛求定量而已，但模糊的背后仍然蕴含着客观规律的科学性和条理性，绝非无原则、无规矩地任意妄为。

3.1.3 把握领导艺术的原则

领导干部要做好领导工作,从根本上说,应把握好以下三个原则。

1)正确领导必须把握规律

领导干部要富有成效地开展领导活动,必须按领导活动的规律办事,正确认识和处理好贯穿于领导活动始终的三个要点:① 领导者和被领导者的关系;② 领导的组织结构及其有效运用;③ 对客观对象的认识和改造。

总之,要认识规律,把握规律,按客观规律办事。

2)人际关系必须把握平衡

领导工作归根到底是做人的工作,领导者要善于平衡人际关系。领导工作中的人际平衡是一个动态的概念,平衡不是抹平,也不是平均。这种人际关系包括三个层次:① 平衡与上级之间的关系;② 平衡与下级之间的关系;③ 平衡与同级之间的关系。

3)为人处世必须把握适度

领导者的水平,在某种程度上表现为为人处世能把握"度",做得恰到好处、适可而止:① 所谓适度,首先是恰到好处;② 所谓适度,也就是适可而止;③ 所谓适度,还表现为领导的人际距离要适度。

3.2 领导艺术的构成

3.2.1 领导的时间管理艺术

"认识你的时间,管理你的时间",这是每一个领导者铭记的至理名言。对于领导者来说,没有比树立科学的时间观念更为重要的事了,因为它体现了领导者高度的事业心和责任感,也是领导工作水平的主要标志之一。时间是宝贵的财富,对工作的领导者来说有效利用时间尤为重要。而如何安排时间也有一定的技巧和方法。

19世纪意大利经济学家帕累托曾经说过,在特定的人群中,重要的因子通常只占少数(大约20%),而不重要的因子则占多数(大约80%),只要控制好具有重要性的少数因子即能控制全局,即20/80原则。根据这一原则,提出著名的时间管理工具,被称之为"第二象限工作法",后来人们把它称为优先顺序法。其步骤如下:

(1)将自己的工作合理地分为重要和紧急两个维度,把企业的事情进行如下的排序:重要且紧急、重要不紧急、紧急不重要、不重要不紧急,然后划分到四个象限中去。如图5.9所示。

(2)根据第二象限的工作制订工作计划。

(3)20%的时间做其他象限的工作。许多第一象限的工作,实际上也是由于没有按照第二象限工作法去做而产生的,工作中应注意纠正。

(4)对于第四象限中的一些工作要学会授权。作为组织的高层管理者,要做到的是第二象限的工作。很多领导者工作的时间效率之所以上不去,往往是由不良的工作习惯造成的,在很多事情重要但不紧急的时候,往往拖沓,拖到最后,就变成了重要而紧急的工作,于是连夜加班,结果漏洞百出。

（5）对于第三象限的工作，可以暂时不予处理。

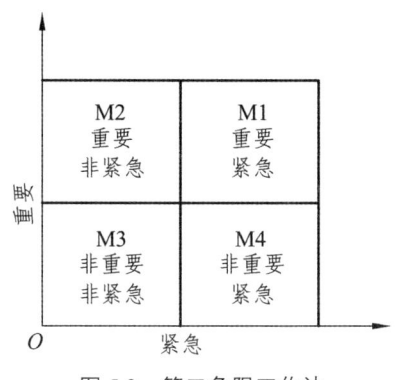

图 5.9　第二象限工作法

3.2.2　领导的授权艺术

一个成功的领导者，并不需要事事亲为，而是通过适当的授权，让下级充分发挥积极性和创造力，从而实现自己的目标。

1）授权的含义

授权是指领导者将自己一定的职权授予下属去行使，使下属在其所承担的职责范围内有权处理问题，做出决定，为领导者承担相应的责任。通过授权进行领导称之为"委托式领导"。授权是员工参与管理的最高形式，是员工实现自我领导的有效途径。

2）领导者授权的原因

（1）有利于提高管理效率。

适当的授权让管理者从日常事务中解脱出来，腾出时间和精力处理重大问题，以提高管理效率。每个领导者的时间、精力、阅历、知识水平和工作能力都是有限的，不必也不能对所有工作不分巨细地亲自过问。授权可以减少他们的工作负担，使他们集中精力考虑公司的战略性重大问题。

（2）有利于领导者发现和培养人才。

适当的授权使下属在独立处理问题时，从实践中提高自身的认识能力、分析能力、判断能力和单独处理问题的能力，即给下级提供充分发挥才能的机会，同时也给领导者发现人才提供了机会。例如，诸葛亮死后，蜀国人才明显缺乏，特别是没人能主持大局，这与诸葛亮不善于授权有关。

（3）有利于调动下属的工作积极性，增强其责任心。

通过授权，下属不仅拥有一定的权力和自由，而且也分担了相应的责任，使他们可以参与到组织管理中来，从而可调动其工作积极性和主动性。

（4）有利于团队建设。

通过授权，下级由层层听指令行事的消极状态变为各自有责的积极主动行为，上下级关系变得融洽。

（5）有利于提高决策的质量。

正确授权有利于避免领导专断，降低错误决策风险，减少错误决策的发生，甚至减少错误决策所造成的损失。

3）授权的原则

（1）因事设人，视能授权。

将权力授予靠得住的人，这是授权的一条最根本的准则。授权不是权力分配，不是利益分配，不是荣誉照顾，而是为了把事情办好，因此必须把思想品质靠得住、有事业心、有责任心、有相应才能、有充沛精力的人作为授权对象。其中，有必要的才能来完成任务很重要，如果没有这方面的才能，完不成授权的目标，那授权就是失败的。

（2）责权对应原则。

授权解决了下属有责无权的状态，有利于调动下属的积极性。但在实践中要防止另一种倾向，即避免发生有权无责或权责失当的现象。有权无责，用权时就容易出现随心所欲、缺乏责任心的情况；权大责小，用权时就会疏忽大意，责任心也不会很强；权小责大，下属将无法承担权力运用的责任。

因此，授予多大的权力，就要负有多大的责任；要求负多大的责任，就应该授予多大的权力。注意保持权力和责任的对应、对等关系。

（3）逐级授予原则。

授权应在直接上司与在他领导的直接下属之间进行，不能越级授权。例如，局长直接领导处长，就应向处长授权，而不能越过处长直接向科长或科员授权。越级授权，势必造成权力紊乱，破坏上下级之间的正常工作关系，将不利于工作的正常运行。

（4）信任原则。

授权过程中，领导者应本着"用人不疑，疑人不用"的精神，信任下属，让他们在自己的职权内自主地处理工作，不要过多地干预他们的工作。但是，不多干预不等于不能干预，不等于不闻不问。领导者应当超越指挥层次去听取群众的意见，了解实际情况，需要时对被授权者给以必要的指导和帮助，以便使授予的权力能够得到顺畅、充分、有效的行使。

（5）有效控制原则。

授权不是撒手不管。撒手不管的结果必然是失控，而失控将会降低授权的所有积极作用。权力一旦失控，后果不堪设想。因此，既要授权，又不能失控。这是授权工作中必须遵守的一条原则，同时也是领导者应努力学习掌握的艺术。

要防止失控，确保控制的有效性，可以通过制定明确的工作准则和考核方法，实行严格的报告制度，完善行之有效的监督措施，一旦发现下属严重偏离目标，就应当及时加以纠正。

4）授权的过程

领导者授权的过程分为4个步骤，具体如下：

第一步，确定任务。

授权的第一步就是确定什么样的工作任务需要授权。需要注意的是，并不是所有的事情都可以授权，有些事情是不能授权给下属的。对于不同层级的领导者，可以授权出去的任务范围不同，领导者级别越高，可授权的范围就越大。下面具体说明可以授权的任务范围以及不可授权的事务。

例如，很久以前，有个慈悲的老人每天傍晚都到海边散步，每次出来的时候，都会带些面包之类的食物分给海边的野雁吃。大雁随季节性不断迁移，每年冬天快要来临的时候，它们会从北方飞到气候温暖的南方去越冬。等到第二年春暖花开的时候，野雁又从南方的栖息地飞回到北方的故乡。由于老人施舍食物，结果到冬天快要来临的时候，这些野雁留了下来，有吃有喝。这位老人天天如约而至，大雁们也天天围绕着老人转。就这样一天一天地过去。等到第二年春暖花开的时候，野雁由于吃得太肥，再也飞不远了。

很多领导者就像野雁故事中慈悲的老人那样，对所有的事情大包大揽，造成了下属对领导者的依赖性，下属已经失去了创造性，已经失去了面对挑战性工作去奋斗的机会。结果，下属什么事情也不干，能力越来越糟。

第二步，选择授权人。

选择授权人，也就是选择领导授权的对象。领导者需要寻找具有工作能力又能够负责的人员作为授权人。选择授权人的原则是人事相宜，授权人的能力必须与工作任务相吻合，量其能，授其权。为了确保授权人的正确选择，领导者必须了解授权人。

选择授权人的考虑指标：考虑下属的能力（知识、技能、经验）、态度、兴趣、信心、发展目标等；考虑下属目前的工作量；考虑下属目前正在从事的工作类型；获得直接的工作绩效。

了解授权人的方法：与以前的上司讨论；回顾个人档案；工作风格测试。

第三步，明确沟通。

（1）明确沟通的内容。领导者与下属沟通时，应该明确告诉下属：要做什么，为什么，工作对象以及成本。

（2）沟通时传授工作诀窍。沟通时应告知下属：这项任务过去的情形，这项任务深层动机，常用工作程序，微妙细节提示。

（3）宣布授权的技巧。领导重视这项工作，这项工作对于公司整体的使命负有责任；领导信任他们有能力把这件事做得十分出色；这件工作是不可能轻易做好的，承担者需要付出足够的奋斗与智慧；这件工作只有他们做才是最合适的，领导在充分思考之后决定交给他们来完成；领导是他们坚强的后盾，遇到确实不能解决的困难，领导会出面为他们扫清障碍。

第四步，授权后跟踪。

跟踪过程中，领导者应该根据员工的发展阶段确定对这名员工跟踪的频率。发现员工存在问题是正常的。遇到问题，可以与下属一起讨论，共同解决主要的问题。领导者应该注意加强对授权工作的控制。真正的授权就是让下属放手工作，但绝不能放弃控制和监督。

【知识延伸】

陈明的授权艺术

38岁的陈明是惠普软件事业处资深协理，曾在IBM软件业务部门工作了12年。只是，当超级业务员变成初级业务主管，角色易位，一连串问题也跟着来了。

当年，陈明的上司有个习惯：周六晚餐后开始发E-mail提出要求，周一就要收到进度报告。陈明只好花整个周日，逐一打电话询问下属。然而，部门里明明有10个主管，老板却只盯陈明和另一个主管，因为他们分别负责五分之三与五分之二的业绩，其他人都只是支持性质。

向来都是老板跟我要业绩，现在怎么变成我去求下属帮忙？因为贡献60%的业务，而变成被"盯"的20%主管，陈明向同期的新手主管吐苦水，得到了一个解答：挤牙膏理论。"怎么挤牙膏最省力？"陈明自问自答，"当然是从前面啊！"他解释，主管要做长期计划，但也要交短期成果。想迅速又省力地得到结果，主管可以挑一两个观念契合的同事一起做一件事，剩下的人看到就会想:"原本只有主管这样做,现在有3个人都这样做!"很快地,就会有愈来愈多的人加入。

陈明会先花三四个月观察,找出那一两个关键员工。他们通常资深、绩效好,也乐意分享工作技巧,帮忙其他同事,甚至能担任安抚同事情绪的导师,陈明称他们为"小 Leader"。惠普的软件事业处包含业务、营销和研发。研发和营销团队都有自己的"小 Leader",业务部门的"小 Leader"则由陈明自己兼任。他只要把80%的时间,都放在这2个"小 Leader"身上,就能掌握整个团队。

陈明认为,把细节交给"小 Leader"负责,主管不但多了做计划的时间,还可以培养接班人,一举两得。"我又不是小学老师,不需要每天问学生功课写完了没?写得好不好?细节让下面的 Leader 来看就好!"他笑着说。

讨论:陈明的授权为企业带来了哪些成效?

3.2.3 领导的用人艺术

在分工越来越细的现代社会,隔行如隔山的现象越来越突出。一个人,不可能具备各种才能,胜任一切岗位。从经济学的角度来看,"通才"往往是不经济的,某一特定人才总有最适合于他的岗位。这就需要管理者在"知人"的基础上,对人才的使用给予恰当安排,形成人员配置的最佳组合机构,达成人尽其才、物尽其用的最佳组合,此即领导者的人才管理艺术。也就是说,领导者的用人艺术,可以分为择人艺术和管人艺术两个方面。

1)领导的择人艺术

用才必先识才,识才是为了更好地用才,在现今的改革大潮中,有很多技术过硬、能力强、具有管理和开拓精神的人才聚集在我们身边,期待着领导者的赏识、重用。当然,人才也不尽相同。领导者用人,如果只看其实际经验,只看其政绩,不是什么高超的识才艺术,识别没有实践经验的人才才是高超的识才艺术。因此,领导应该"铁肩担道义,慧眼识英才",放开眼界发现人才,坚持以马列主义的认识论和方法论为指导,全面、发展地考察人才,建立科学的人才考察测评机制,从德、能、勤、绩等方面严格考察,正确地识别人、发现人,得到贤能志士。

管理大师韦尔奇对择人艺术也有其独特的见解。他认为,挑选最好的人才是领导者最重要的职责,领导者的工作就是每天把全世界各地最优秀的人才招揽过来。他说:"一个组织中,必有 20%的人是最好的,70%的人是中间状态的,10%的人是最差的。"这是一个动态的"活力曲线",即每个部分所包含的具体人一定是不断变化的。一个合格的领导者,必须随时掌握那 20%的动向,并制定相应的机制在 70%的"中间者"中发掘出有特长的人才,从而使 20%的优秀者不断地得以补充与更新。可见,韦尔奇在择人艺术方面更为注重在制度的保证下,从公司内部发现优秀的员工。

2)领导者的管人艺术

经过"知人"与"择人",领导者已掌握了一定的人力资源,但并不是说领导者就可以高枕无忧了。人才管理艺术是领导者择人艺术的自然过渡,也是人才真正发挥作用的重要保证。那么,领导者如何才能做到"善任"人才,即如何实行有效的人才管理呢?

对于人才管理，首先，领导者必须做到"人尽其才，物尽其用"，要对人才有合理分配和调度艺术。其次，俗语说"用人不疑，疑人不用"，当你对一个人的德与才有了相当的了解，认为他适合从事这项工作时，你就应该用而不疑，信任他、支持他，让他大胆地开展工作、充分施展自身才华。再次，保持与下属的友好。在现实的企业领导实践中，领导者的各项工作目标、决策和意图都是在与人交往的过程中实现的。所以领导者与个人交往，特别是与下属交往的水平将不可避免地影响领导者管理效能的发挥。最后，善于容才"之长、之过、之仇"。包容心是一个领导者应具备的基本素质。

【知识延伸】

华为如何用人？

时光倒流至1999年，华为总裁任正非与新员工的一段调侃式对话，至今仍耐人寻味。

新员工："我是刚毕业的，我感觉很多优秀的人才都出国了，你怎么看待这件事？"

任正非："华为公司都是三流人才，我是四流人才。一流人才出国，二流人才进政府机关、跨国企业，三流、四流的人才进华为。只要三流人才团结合作，就会胜过一流人才，不是说三个臭皮匠顶一个诸葛亮吗？"

华为作为全球领先的信息与通信解决方案供应商，所服务的领域属于高科技领域，专业性强，这样的行业最大的特点是人才对企业发展的推动作用非常显著，人才是这样的企业的最大资本。华为强调人力资本不断增值的目标优先于财务资本增值的目标，但人力资本的增值靠的不是炒作，而是有组织的学习。企业的人力资源战略应该植根于企业的文化特色和公司层战略规划，服务于企业的整体战略规划。任何企业都不可能依靠简单的模仿与复制其他企业的管理模式取得成功，企业的人力资源战略也只能在学习的基础上逐渐形成一套自己的战略模式。华为为了组建一支高素质、高效能的人才队伍，在长年累月的竞争中逐渐形成了自己的一套人才观，培养了一群"植根于华为狼文化的华为狼"。很多企业都模仿过华为的管理模式，没有哪个企业能够真正成长为"华为"，我们只能揣摩成功的经验，得出自己的方法。

讨论：你如何看待华为的用人理念？

3.2.4 领导的决策艺术

1）领导决策艺术的含义

领导决策艺术是领导决策者基于丰富的知识与领导决策工作经验之上的、非规范化、富有创造性的、给人以美感的各种领导决策技能技巧之总和。

2）领导决策艺术的特征

（1）经验性。

领导决策者的决策艺术来源于领导决策者的知识阅历和经验，而不是按照逻辑规则从理论中推导出来的；领导决策者对在大量的实践活动中逐步积累起来的经验加以提炼、升华而形成了后续决策的思路。所以，经过孕育而成熟的领导决策具有鲜明的经验性。此外，领导决策艺术往往表现出不同程度的领导者本人的感情色彩、气质形态和个人的魅力。

（2）灵活性。

灵活性指领导决策时要随机应变，针对实际情况和问题的症结灵活地对症下药。因为领导决策艺术在运用过程中，既要遵循一定的规律和原则，也无固定的模式和规范，而要依时间、地点、条件而变化。如订规划、做安排都要留有余地，以随时根据情况的变化采取积极有效的应变措施，随时掌握决策的主动权。

（3）多样性。

领导决策艺术运用于决策过程的始终，由此，领导决策艺术具有明显的多样性的特点，它具体表现在以下方面：一是领导决策艺术是多层次的，有宏观决策和微观决策艺术，有战略决策和战术决策艺术，有一般决策和特殊决策艺术；二是在决策过程中有多环节的决策艺术，有决策前的调查研究和可行性分析艺术，有执行决策中遇到新问题的解决、信息反馈等艺术；三是各种决策艺术的运用和派生。领导决策者在向决策目标迈进的过程中还要运用多种决策艺术，如为达到工作计划决策的目标，领导决策者还要灵活运用增强领导班子团结的艺术、处事果断适时艺术、授权指示艺术、监督检查艺术、批评表扬艺术等。所以，决策艺术是多姿多彩的。

（4）创造性。

领导决策艺术的创造性，体现在领导决策者生机勃勃的创造力方面。它与因循守旧、墨守成规的惰性行为是不相容的。领导决策者的创造性是现代决策科学的客观要求。现代社会的决策活动所面临的问题日益呈现出多元化的状态，客观要求领导决策者要充分发挥主观能动作用，运用自己的聪明才智进行综合性的创造，使自己的智能、经验不断升华，从多方面积累材料，构思新的思想体系，创造出风格迥异的决策。

3）领导决策艺术的内容

（1）把握时机、随机决断的艺术。

所谓时机，是指时间、机会、转机、契机等。把握时机，随机决断就是抓紧时间，瞅准机会果断决策。古语云：机不可失，时不再来。时间就是条件，时间一过，条件就失去了。本来可以成功的事情，错过时机事情就可能失败。

（2）战略上藐视、战术上重视的艺术。

战略上藐视敌人、战术上重视敌人，是毛泽东同志对中国革命斗争的经验总结。这一原则同样适用于非军事的领导决策。战略上藐视指在总体上、全局上、宏观上要有勇有谋，有胆有识，要有必胜的信心和压倒一切的气概。战术上重视指在一个一个的具体问题上，要认真对待，一丝不苟，做好一切准备，创造成功的条件。

这一决策艺术是以"勇"和"谋"为核心的，"勇"来自对客观事物本质及其发展规律的深刻认识，来自对所从事的事业的信念和自觉的追求，来自对人民群众无限创造力和无穷力量的信任和依赖；"谋"是为了把事情办好，进行多方面的周密详尽的考虑和研究。把"勇"与"谋"、"胆"与"识"结合起来就能作出好的决策，取得满意的效果。

（3）抓中心环节的艺术。

抓中心环节也就是马克思主义哲学所讲的抓主要矛盾。马克思主义认为，任何事物如果存在两个或两个以上的矛盾，其中必然有一个矛盾是主要矛盾，它规定影响着其他矛盾，起主导决定的作用。抓住了主要矛盾，就抓住了事物的关键。主要矛盾解决了，其他矛盾就会迎刃而解。"牵牛鼻子""纲举目张"等，都是对这个问题的通俗说明和陈述。

（4）统筹兼顾、全面安排的艺术。

统筹兼顾、全面安排是指领导者在决策时既要树立全局一盘棋思想，又要学会"弹钢琴"，分出轻重缓急，使每个局部都能与全局一起协调发展。

统筹兼顾、全面安排，是唯物辩证法的两点论在决策工作中的运用。在事物整体中，整体的主要矛盾不能脱离其他矛盾而独立存在，否则，就没有什么主要可言，也没有什么主导作用可发挥。在事物的发展中，整体的主要矛盾虽然对其他矛盾起着主导作用，但是其他矛盾对整体的主要矛盾也有一定的反作用。因此决策时不仅要考虑整体的主要矛盾，也要考虑其他矛盾。这就是为什么要掌握统筹兼顾、全面安排艺术的道理。

（5）适度的艺术。

适度是指做任何决策都要注意质和量的界限，善于根据质和量的关系，把握住度。我们常说的"乐极生悲""物极必反""欲速则不达"等，就是事情超过了一定限度，就会改变原来的状态，走向自己的反面，发生根本性的质变。所以，在领导决策中，既不能脱离现实条件，一味追求先进，也不能处处谨小慎微，落后于形势的发展。

（6）留有余地的艺术。

留有余地就是说做任何决策，都要留点退路，留有回旋的余地，要有应变措施。留有余地的形式有很多，诸如指标不要定得太高，留点余地让下级去超过，就可以调动下级的积极性；在制订实施计划的时候，要慎之又慎，分析各种可能，要准备好应急方案等。

（7）待人的艺术。

任何好的决策都必须由人去执行，所以待人的艺术是决策者必须掌握的一项艺术。所谓待人的艺术，指如何发挥下级的作用，争得上级的支持和同级的配合的艺术。

（8）激发不同意见的艺术。

有比较才有鉴别。一项好的决策方案往往是在不同意见中产生的。因为只有在不同意见之间展开争辩，才能识别真相，找到真理。也只有在激烈的争辩之中，才能更好地激发人们的想象力，发挥人们智慧的潜力。在紧张激烈和需求强压之下，人们最容易出思想、出智慧。通过正、反两方面意见的争论，才能使"持之有故，言之有理"者转换成"正确思想"，决策者再把正确思想转化成"良策"。因此，高明的决策者都很注意如何去激发或组织不同见解者发表意见。

（9）对策运筹的艺术。

领导决策本身是一种运筹，即领导者及其智囊人员，是为了寻找达到特定领导目的的最佳方案，在调查研究基础上进行的一系列筹谋划策的智能活动。对策运筹是运筹的一种情况，是人们在对抗性局势中或竞争型问题上，为获得成功，怎样针对另一方，提出相应的对策的一种斗智活动。

（10）思维综合创造的艺术。

决策本质上是一种思维活动，创造性的决策是创造性思维的体现。创造性的思维有时是通过突破常规性思维得到的，有时则是通过对各种思维成果的综合得到的。决策的艺术就在于能够根据决策对象的不同特点，运用新的思维方式或对已有思维成果进行有机综合以便创造出新的决策。

【任务小结】

恭喜你顺利完成本任务的学习，现就任务完成过程中所运用到的具体知识点进行以下回顾：

1. 领导艺术的定义：领导艺术是指领导者在一定的知识、经验、才能和气质等因素的基础上逐步形成的、创造性地运用各种领导策略、资源、方法和原则以有效实现组织目标的技能技巧。

2. 领导艺术包括：时间、授权、用人、决策四种艺术。

3. 第二象限工作法：根据重要和紧急两个维度将要完成的工作分为重要且紧急、重要不紧急、紧急不重要、不重要不紧急四个象限。

4. 授权：领导者将自己一定的职权授予下属去行使，使下属在其所承担的职责范围内有权处理问题，做出决定，为领导者承担相应的责任。

5. 授权应注意的问题：因事设人，视能授权；责权对应；逐级授予；信任；有效控制五种原则。

6. 领导者的用人艺术：择人艺术和管人艺术两个方面。

7. 决策艺术：领导决策者基于丰富的知识与领导决策工作经验之上的、非规范化、富有创造性的、给人以美感的各种领导决策技能技巧之总和。

【课外拓展】

拓展一：海上救援

一、学习目标

1. 培养初步的领导决策能力。
2. 培养分析、归纳与讲演的能力。

二、内容与要求

现在发生海难，一游艇上有八名游客等待救援，但是直升机每次只能够救一个人。游艇已坏，不停漏水。寒冷的冬天，刺骨的海水。游客情况：

1. 将军，男，69岁，身经百战。
2. 外科医生，女，41岁，医术高明，医德高尚。
3. 大学生，女，19岁，家境贫寒，参加国际奥数获奖。
4. 大学教授，男，50岁，正主持一个科学领域的项目研究。
5. 运动员，女，23岁，奥运会金牌获得者。
6. 经理人，男，35岁，擅长管理，曾将一大型企业扭亏为盈。
7. 小学校长，男，53岁，劳动模范，"五一劳动奖章"获得者。
8. 中学教师，女，47岁，桃李满天下，教学经验丰富。

请将这八名游客按照营救的先后顺序排序。

任务要求：

1. 分小组进行讨论，每组4～6人。

2. 3分钟阅题时间，1分钟自我观点陈述，15分钟小组讨论，1分钟总结陈词。

拓展二：成功的领导者是怎么样的？

一、学习目标

1. 培养学生认识领导者应具备的条件。
2. 培养学生认识领导者应具备的核心能力。
3. 培养学生具备基本的领导思维。
4. 培养学生分析、归纳与讲演的能力。

二、内容与要求

做一个成功的领导者，可能取决于很多的因素，比如：

领导者应具备的能力和素质

1	善于鼓舞人
2	能充分发挥下属优势
3	处事公正
4	能坚持原则又不失灵活性
5	办事能力强
6	幽默
7	独立有主见
8	言谈举止有风度
9	有亲和力
10	有威严感
11	善于沟通
12	熟悉业务知识
13	善于化解人际冲突
14	有明确的目标
15	能通观全局
16	有决断力
	……

请你分别从上面所列的因素中选出一个你认为最重要和最不重要的因素。

任务要求：

首先，给你5分钟时间考虑，然后将答案写在纸上，亮出来。

接下来，你们几位用30分钟时间就这一问题进行讨论，并在结束时拿出一致性的意见，即得出一个你们共同认为最重要和最不重要的因素。

然后，派出一个代表来汇报你们的意见，并阐述你们做出这种选择的原因。

如果到了规定的时间你们没有得出一个统一的意见，那么你们每一个人的分数都要相应地减去一部分。

拓展三：店长激励员工的7个案例

一、学习目标
1. 培养初步的激励他人的能力。
2. 培养运用双因素理论、公平理论、强化理论的能力。
3. 培养分析、归纳与讲演的能力。

二、内容与要求

店长如何激励员工，下面为您介绍店长激励员工的5种方式。

1. 小礼品奖励法

案例一：

在门店中，小张今天卫生打扫得特别好，店长看在眼里。于是，店长就跑到门店外的便利店买了一瓶2元钱的矿泉水，并递给了小张，说道："小张，今天的工作特别是打扫卫生这个环节做得很好，您也辛苦了，作为奖励，我特意跑出去买了一瓶矿泉水给你，解解渴。"请问，小张接过这瓶水的感受是什么？肯定感觉暖暖的，为什么？因为他的工作得到了领导（店长）的肯定与认同。"士为知己者死"，我相信明天小张会更加用心地打扫卫生。

案例二：

一次门店月度表彰会上，小李获得了月度优秀员工的称号，并接受了500元的门店现金奖励，同时，在领奖的那一刻，店长王月从背后拿出了一包麦当劳的薯条，并把薯条作为奖励与现金一起递给了小李。此时此刻，小李感动万分，原来小李平时最喜欢吃的零食就是麦当劳的薯条了。这次，店长将薯条作为奖品送给小李，小李自然非常感动，因为她已经感受到了店长的"用心"了，而这也让小李体会到了"家"的感觉。

2. 流动小红旗

案例三：

我在管理门店的时候，非常喜欢用一招，就是"PK"。PK获胜的那一家门店，会获得一定的奖金，例如500元。但是，钱拿多了之后，弊端就显现了，那就是对钱的刺激感在下降。于是，为了深化PK的效果，我就设置了一幅流动小红旗。PK获胜的门店可以拥有流动小红旗，如果下个月输了，那么小红旗必须交出来。效果马上显现，很多门店会为了这面小红旗不断地给自己"打鸡血"，因为谁也不想让得到小红旗再失去。

3. 授权

案例四：

门店遇到讨价还价是很正常的事情，但是很多时候店长需要请示老板或经理才能做出价格的让步。在管理门店的过程中，我常常用授权的方式来激励我的店长。例如，我会授权给一部分优秀的店长，他们可以根据门店实际情况对商品进行让价，而不需要请示我。一般让价的幅度是9折，换句话说，在9折之内，授权的店长可以根据实际情况对顾客进行让价。当店长拥有了此种权力之后，我们发现店长的主人翁感增强了，他们有了一种被信任的感觉。信任是可怕的东西，当你的员工发现被领导充分地信任之后，他们的工作积极性会大幅度增强。

4. 公示优秀员工

案例五：

我在河北保定市一家门店里看到一组拍摄的照片，照片里的画面是公司优秀员工的代表，他已经为这家企业工作了 16 年,而每位路过的顾客都会看看墙上这位优秀员工的照片,我想这是对员工莫大的精神激励。

5. 星级表彰

案例六:

在北京著名餐饮企业大鸭梨里,会有评选星级员工的活动。他们会根据员工在一周之内的表现给予评星。他们会设服务之星、销售之星等,星级是滚动的,可上可下,而且星级会直接做成胸章贴在员工的胸前,时刻激励员工。

案例七:

某管理者给一家物业公司做过员工星级的设计。物业公司多为普通工作岗位,以保安与清洁工居多。在给清洁工分级的时候,管理者设置了一星、二星与三星清洁工。一次,无意间听到两个清洁工的对话,A 说:你是新来的吧?B 说:是的,我是实习的。你呢?A 说:我啊,三星。A 在话语间透露了无限的自豪感。

任务要求:

1. 分小组进行讨论,每组 4~6 人。

2. 每个小组针对一种激励方式进行讨论,讨论其合理性和可取之处。讨论时间 15 分钟。

3. 每个小组向大家展示小组讨论的结果。

模块六　控制工作

【教学总目标】

＊知识目标：

理解并掌握控制的含义；了解控制的原理；了解有效控制的影响因素；理解预算的性质、种类；理解控制标准的分类与有效控制标准的特征；掌握控制标准制定的办法；掌握衡量绩效的办法；理解偏差产生的主要原因；掌握对症纠偏的具体措施及注意事项；掌握零基预算的程序和注意事项；理解非预算控制的方法。

＊能力目标：

分析各种控制类型的优缺点；利用有效控制的原则，分析管理中存在的关于控制的基础性问题；分析控制过程各环节的重点、关键问题；掌握控制原则下控制方法的运用技巧。

＊素质目标：

逐步形成管理素养和理念；灵活运用控制方法，做到具体问题具体分析；养成成本、质量控制意识。

【知识导图】

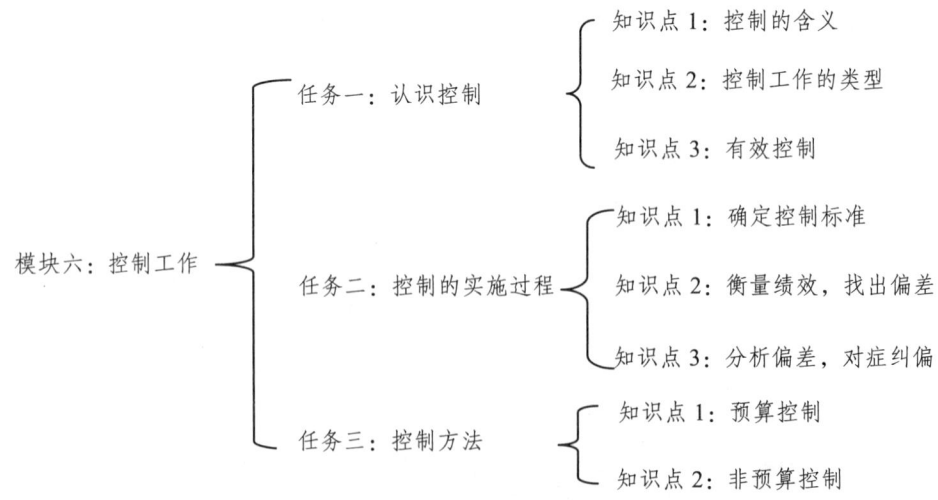

【案例导入】

魏文王问名医扁鹊说："你们家兄弟三人，都精于医术，到底哪一位最好呢？"

扁鹊答："长兄最好，中兄次之，我最差。"

文王再问:"那么为什么你最出名呢?"

扁鹊答:"长兄治病,是治病于病情发作之前。由于一般人不知道他事先能铲除病因,所以他的名气无法传出去;中兄治病,是治病于病情初起时。一般人以为他只能治轻微的小病,所以他的名气只及本乡里。而我是治病于病情严重之时。一般人都看到我在经脉上穿针管放血、在皮肤上敷药等大手术,所以以为我的医术高明,名气因此响遍全国。"文王说:"你说得好极了。"

案例思考:

1. 你认为控制的含义是什么?
2. 扁鹊为什么说自己的医术最差?

任务一　认识控制

【学习目标】

1. 知识目标:理解并掌握控制的含义;了解控制的原理;了解有效控制的影响因素。
2. 能力目标:分析各种控制类型的优缺点;利用有效控制的原则,分析管理中存在的关于控制的基础性问题。
3. 素质目标:企业经营管理过程中控制意识的养成。

【下达任务】

任务书	
任务名称	A公司削减成本计划
任务内容	背景描述: 　　A公司主要生产运动器材,最近发现其主要竞争对手在和他大打价格战。为了防止销量的进一步下降,A公司决定将价格战进行到底。该公司总经理制订了详细的《A公司削减成本计划》,计划主要内容有:减少原材料成本的10%、生产成本的15%以及销售成本的5%。 　　任务:请分析公司各部门应如何运用不同的控制手段来努力达到《A公司削减成本计划》中提出的以上目标
任务要求	1. 围绕任务,以小组形式开展以上问题的讨论,每组4~6人。 2. 讨论过程中及时与老师进行沟通,确保任务能够在规定时间内完成。 3. 讨论结束后,教师随机抽取小组成员汇报讨论结果
完成任务所需知识点	知识点1:控制的含义 知识点2:控制工作的类型 知识点3:有效控制

任务评价标准	考核项目	考核标准	分值	得分	备注
	语言表达	语言表达流畅，字清晰，声音洪亮	10分		
	整体形象	精神饱满，举止自然得体	10分		
	应变能力	面对压力具有一定的心理承受力	20分		
	分析和处理问题	思路清晰，分析准确；有创新	40分		
	团队协作	成员分工负责、协作配合	20分		

参考资料	书　　名：《要事第一》 作　　者：斯蒂芬·柯维、罗杰·梅里尔、丽贝卡·梅里尔 出　版　社：中国青年出版社 出版时间：2016年7月
团队构成 （学生填写）	团队组长	
	团队成员	
时间要求 （学生填写）	任务领取时间	
	要求完成时间	
任务讨论结果 及启示 （团队成员 共同填写）	
任课教师反馈	
任务最终得分	＿＿＿＿分

【核心知识讲解】

1.1 控制的含义

纵观中外管理学界，为控制下定义的学者比较多。罗宾斯（Stephen P. Robbins）认为控制是对各项活动监视，从而保证各项行动按计划进行并纠正各种显著偏差的过程。里基·W. 格里芬（Ricky W. Griffin）在其著作《管理学》（第九版）中提出，控制是组织行为的规则，它可以使某些影响绩效的因素被维持在可以接收的范围内。没有这一规则，组织就缺少绩效的衡量指标。安吉罗·克尼基（Angelo Kinicki）则认为控制是使事情按照计划的方式发生。控制是监控业绩表现、比较目标完成情况并采取必要的纠偏措施的过程。

国内学者对控制的阐述更具学术色彩。芮明杰在其编著的《管理学》一书中提出，控制是管理的基本职能之一，是监督、检查工作是否按既定计划、标准和方法进行，发现偏差，分析原因，进行纠正，以保证组织目标实现的过程。周三多则认为控制是为了保证企业计划与实际作业动态适应的管理职能。控制工作的主要内容包括确立标准、衡量绩效和纠正偏差。

张明玉的定义则更为具体详细，他认为控制是指为了确保组织的目标以及为此而拟订的计划能够得以实现，各级主管人员根据事先确定的标准或因发展的需要而重新拟订的标准，对下级的工作进行衡量、测量和评价，并在出现偏差时进行纠正，以防止偏差继续发展或今后再度发生的过程；或者，根据组织环境的变化和发展需要，在计划的执行过程中，对原计划进行修订或制订新的计划，调整管理工作的活动过程。

可以看出，国内外学者对控制的定义虽然在阐述方式或遣词造句方面有所差异，但是其核心思想却是大同小异，都认为控制是一种纠偏过程，而这一过程的目的在于保证计划目标的顺利实现。因此，本书对控制的定义是：由一系列以保证组织或计划目标按照一定路径得以实现为目的的连续性活动构成的过程。

1.2 控制工作的作用

在管理实践中，人们深切地体会到，没有控制就很难保证每个计划的顺利执行，而如果每个计划都不能顺利进行，那么组织的目标就无法实现，因此控制工作在管理活动中有着非常明确的目的，起着非常重要的作用。

在现代管理活动中，无论采用哪种方法来进行控制，要达到的第一个目的就是要"维持现状"，即在变化着的内外部环境中，通过控制，随时将计划的执行结果与标准进行比较，若发现有超过计划容许范围的偏差，则及时采取必要的纠正措施，以使系统的活动趋于相对稳定，实现组织的既定目标。控制工作要达到的第二个目的是要"打破现状"。在某些情况下，变化的内外部环境会对组织提出新的要求，主管人员对现状不满，要改革，要创新，要开拓新局面。这时就势必要打破现状，即修改已定的计划，确定新的现实目标和管理控制标准，使之更先进、更合理。基于上述目的，控制工作在管理活动中的地位和作用是显而易见的，它主要体现在以下三个方面。

1）控制工作是完成计划的重要保障

计划是对未来的设想，是组织要执行的行动规划。由于受各种因素的制约，制订一项行动计划，无论花费多大的代价，也难以达到十全十美的境界。一些意想不到的因素往往会出现在计划的执行过程中，影响计划目标的实现。此外，计划能否得以实现，除了计划本身要科学、可行，还要赖以计划执行人员的努力。计划执行者在执行过程中偏离既定的路线或目标是常见的现象。这些缺陷和偏差，都要靠控制工作来弥补和纠正。

2）控制工作是提高组织效率的有效手段

控制工作可能提高组织的效率。其主要表现是：其一，控制过程是一个纠正偏差的过程。这一过程不仅能够使计划执行者回到计划确定的路线和目标上来，而且还有助于提高人们的工作责任心，防止再出现类似的偏差，这就有助于提高人们执行计划的效率。其二，控制对计划的调整和修正，既可使执行中的计划更加符合实际情况，又可发现和分析制订的计划所存在的缺陷以及产生缺陷的原因，发现计划制订工作中的不足，从而使计划工作得以不断改进。其三，控制过程中，施控者通过反馈所了解的不仅仅是受控者执行决策的水平和效率，同时还有自己的决策能力和水平、管理控制能力和水平，这真正有助于决策者不断提高决策、控制等管理活动的水平。

3）控制工作是管理创新的催化剂

控制不等于管、卡、压。控制不仅要保证计划完成，还要促进管理创新。施控过程要通过控制活动调动受控者的积极性。这是现代控制发展性思维的体现。如在预算控制中实行弹性预算就是这种控制思想的体现。特别是在具有良好反馈机制的控制系统中，施控者通过接受受控者的反馈，不仅可及时了解计划执行的状况，纠正计划执行中出现的偏差，而且还可以从反馈中受到启发、激发创新。

【知识延伸】

美国著名管理学教授，组织行为学的权威——罗宾斯（Stephen P. Robbins）在其《管理学》（第 7 版）一书中曾这样阐述控制的重要性："尽管计划可以制订出来，组织结构可以调整得使达到目标非常有效，员工的积极性也可以通过有效的领导调动起来，但是这仍然不能保证所有的行动都按计划执行，不能保证管理者追求的目标一定能达到。因此控制是重要的，因为它是管理职能环节中最后的一环。这是管理者知晓组织目标是否实现的唯一办法，以及没有实现的原因。……有效的管理者应该始终督促他人应该采取的行动事实上已经在进行，保证他人应该达到的目标事实上已经达到。事实上，管理是一个持续的过程，控制活动提供了回到计划的关键联系。如果管理者不采取控制，他们就根本不知道他们是否正对着目标和计划前进，也不知道未来该采取什么行动。"

1.3 控制工作的类型

控制职能按照不同的标准可以分为多种控制类型。

1.3.1 按控制时点进行划分

根据纠正措施作用的环节不同，或者说根据控制时点的不同，管理中的控制手段可以分为三种。第一种是行动开始之前的前馈控制（Feedforward Control），也称事前控制或预先控制；第二种是行动进行之中的同期控制（Concurrent Control），也称现场控制、事中控制、同步控制或并行控制；第三种是行动结束之后的反馈控制（Feedback Control），也称事后控制。

1）前馈控制

反馈控制属于"亡羊补牢"式的减损措施。相比反馈控制，在企业管理中，企业管理者更需要这样的控制系统——能够在还来得及采取纠正措施时就告诉主管人员信息，使他们知道如再不采取措施就会出问题了。"防患于未然"不仅是对计划的要求，也是对控制的要求。这就是前馈控制。

所谓前馈控制，就是观察那些作用于系统的各种可以测量的输入量和主要扰动量，分析它们对系统输出的影响关系，在这些可测量的输入量和主要扰动量的不利影响产生以前，通过及时采取纠正措施，来消除它们的不利影响。工程中广泛地利用前馈控制的优点，将其与反馈控制结合在一起，构成复合控制系统，以改善控制的效果。

在管理初期，前馈控制是主管人员运用所能得到的最新信息，包括上一个控制循环中所产生的经验教训，反复认真地对可能出现的结果进行预测，然后将其同计划要求进行比较，从而在必要时调整计划或控制影响因素，以确保目标实现。

前馈控制可以大大改善控制系统的性能，但是要切实实施前馈控制，一般应满足以下几个必要条件：

（1）必须对计划和控制系统做出透彻的、仔细的分析，确定关键的输入变量。

（2）建立前馈控制系统的结构模式。

（3）要注意保持该模式的动态特性，也就是说，应当经常检查模式以了解所确定的输入变量及其相互关系是否仍然反映实际情况。

（4）必须定期地收集输入变量的数据，并把它们输入控制系统。

（5）必须定期地估计实际输入的数据与计划输入的数据之间的偏差，并评价其对预期的最终成果的影响。

（6）必须有措施保证。前馈控制的作用同任何其他的计划和控制方法一样，其所能完成的工作就是向人们指出问题，显然还要采取措施来解决这些问题。

实行前馈控制的优越性在于可以使主管人员及时得到信息以便采取措施，防患于未然，也能使他们知道如再不采取措施就会出现问题。它克服了反馈控制中由于时滞所带来的缺陷。如当麦当劳在莫斯科开第一家餐馆时，它将公司的质量控制专家送去帮助俄罗斯农民学习种植高质量的土豆，让面包师讲授如何烘烤高质量的面包。为什么这样做呢？因为麦当劳极力强调产品质量，他们希望全球各地的消费者无论在哪里都能品尝到同一口味的麦当劳食品。另外，银行在向企业发放贷款之前，会对贷款对象进行严格的资格审查和评估，这就是典型的前馈控制。

【知识延伸】

前馈控制的高手——诸葛亮

许多文学作品中都有对前馈控制的描写，《三国演义》中诸葛亮就是一个前馈控制的高手。

刘备借得荆州后，压根不想还给东吴。孙权派鲁肃讨了几次都没讨到，非常恼火，就采纳周瑜的计策，用妹妹做诱饵，打算把刘备骗到东吴，扣为人质，逼他归还荆州。定下计策后，孙权就派人到荆州，说得知甘夫人去世后，刘备一直单身，十分同情，愿将妹妹嫁给刘备，请他到东吴迎娶。刘备可不傻，一听就知道孙权不怀好意："我已年过半百，孙权的妹妹却是妙龄女子，他怎肯将妹妹嫁给我这个老头子？恐怕是想把我骗到东吴去做人质，逼我还荆州吧？我才不上他的当。"诸葛亮却摇着鹅毛扇说："主公但去无防，我自有妙计，包你既娶到孙权的妹妹，又不用归还荆州。"刘备临行前诸葛亮交给保驾的赵子龙三个锦囊，嘱咐他："我这里有三个锦囊，内藏三条妙计。到南徐时打开第一个，到年底时打开第二个，危急无路时打开第三个。"

到了南徐，赵云打开第一个锦囊，心中有数，沿路宣传孙权是请主公来娶他妹妹的，将这事闹得很大，后刘备成功娶到孙权的妹妹。婚后，刘备迷恋新婚的甜蜜生活，暂时不想回荆州。赵云劝告也无用，非常焦急，想想到了年底，便打开第二个锦囊，立即心领神会，向刘备报告："曹操兴兵50万报赤壁之仇，荆州危急，主公要赶快回去。"孙权大怒，先后派两起人马追赶。刘备一行人快到柴桑地界，又有周瑜派出的一支军队拦住去路。赵云见形势危急，忙打开第三个锦囊给刘备看。刘备依计向夫人哭诉孙权、周瑜用美人计诱杀自己的阴谋，夫人大怒，命推出坐车，对东吴追赶的几个将军严词斥骂。将军们如何敢得罪孙权的妹妹，便让开大路让刘备他们通行。

管理启示：这固然是文学描写，但是很好地体现了前馈控制的思想。现实生活中也有许多前馈控制的事例，如司机上坡前加速，学生上课前预习，工厂管理首先控制原材料的质量，新产品上市前做广告宣传等。

2）同期控制

同期控制的纠正措施是作用于计划正在执行的过程。它是一种主要由基层主管人员所采用的控制方法。主管人员通过深入现场亲自监督检查、指导和控制下属人员的活动。它包括的内容有：①向下级指示恰当的工作方法和工作过程。②监督下级的工作以保证计划目标的实现。③发现不符合标准的偏差时，立即采取纠正措施。

在计划的实施过程中，大量的管理控制，尤其是基层的管理控制都属于这种类型。同期控制是控制的基础。一个主管人员的管理水平和领导能力，常常会通过这种工作表现出来。

在同期控制中，主管人员借助组织机构所授予的职权，来使用经济的和非经济的手段来影响其下属。控制活动的标准来自计划所确定的活动目标以及政策、规范和制度。控制的重点是正在进行的计划实施过程。控制的有效性取决于主管人员的个人素质、个人作风、指导的表达方式以及下属对这些指导的理解程度，其中主管人员的"言传身教"具有很大的作用。例如你可能有这样的经历，当你使用文字处理软件如 Word 时，如果出现拼写或语法错误就会出现一个提示警告。再如沃尔玛和宝洁公司的战略联盟，全球的沃尔玛超市卖出的任何宝洁产品以及产品库存信息都能马上反映到宝洁公司，宝洁公司则可以根据信息安排生产和补充货源。这些都是典型的同期控制案例。

同期控制被较多地用于对生产经营活动现场的控制，由基层管理者执行。在进行同期控制时，要注意避免单凭主观意志进行工作。主管人员必须加强自身的学习和提高，亲临第一线进行认真仔细的观察和监督，以标准为依据，服从组织原则，遵从正式的指挥关系，统一指挥，逐级实施控制。

3）反馈控制

反馈控制主要是分析工作过程的输出结果，将它与控制标准相比较，发现已经发生或即将出现的偏差，分析其原因和对未来的可能影响，及时拟订纠正措施并予以实施，以防止偏差继续发展或防止其今后再度发生。由此可见，反馈控制是一个不断提高的过程。它的工作重点是把注意力集中在历史结果上，并将它作为未来行为的基础。

这类控制方法的特点是：主管人员根据输出的结果与标准比较的信息进行控制。例如进行产品质量控制，往往是预先制定出产品的质量标准，再统计所生产出的产品检验结果，与标准进行比较，然后采取相应的行动。统计结果是计划执行过程的反馈信息，它属于延时信息，因为获得的统计结果是通过计划执行一段时间后经过收集、分析和整理，耗费一定时间后才能得到的信息，通过统计结果与预先制定的标准比较，才能发现产品生产过程中有无偏差产生，如出现偏差才能进一步采取纠正和控制措施。所以，反馈控制是根据计划执行的结果来进行控制的，而结果通常包含两种可能：一是达到或超过预期目标；二是未达到目标。如上述的产品质量控制，如果依据对产品检验的结果发现很多产品质量不合格，那么在采取新的纠正或控制措施之前，已生产出的不合格产品已经给企业造成了损失。所以，反馈控制实际上是一种"亡羊补牢"式的控制方法，其作用仅在于避免已发生的偏差继续发展或今后再度发生。

显然，反馈控制并不是一种最好的控制方法，但目前仍被广泛地使用，因为在管理工作中主管人员所能得到的信息，大部分是需要经过一段时间后才能得到的延时信息。在控制过程中为减少反馈控制带来的损失，应该尽量缩短获得反馈信息的时间，以弥补反馈控制方法的这种缺点，使造成的损失减少到最低。

我们看到，随着科学技术的发展，尤其是自动控制技术的发展和电子计算机的广泛运用，一些传统控制方法如反馈控制，得到了很大的改进，使得到的反馈信息在时滞上几乎可以忽略不计。例如医院对一些重症患者使用自动监护系统，一旦监护对象病情出现变化，监护系统立即显示出变化的情况，并能自动调节给药量或启动氧气机及时采取治疗措施。至于目前许多企业所运用的计算机集成制造系统（CIMS）、物料需求计划（MRP）系统、企业资源计划（ERP）系统等，不仅使得控制达到一个新的水平，而且还能够极大提高整个组织的管理水平。

当然，科学技术的进步、控制方法和手段的改进，可以使某些控制达到一个新的水平。但是，管理控制并非都可以依靠科学仪器、设备来进行，如对改造人员的工作态度、一些用定性标准来考核的项目、随机因素影响较多的控制对象等，就不能完全依赖新技术去解决，大量的控制还需要利用传统的反馈控制方法，而且尽管在很多情况下都可以迅速地收集到计量绩效的数据，但把这些数据同标准进行比较，分析产生偏差的原因，制订和执行纠正偏差的计划，却仍然需要较长的时间。

【知识延伸】

制度的力量

18世纪末，英国人来到澳洲，随即宣布澳洲为它的领地。这样辽阔的大陆，怎么开发呢？当时英国没有人愿意到荒凉的澳洲去。英国政府想了一个绝妙的办法：把罪犯统统发配到澳洲去。一些私人船主承包了大规模运送犯人的工作。

起初，政府以上船的人数支付船主费用。当时运犯人的船大多是由很破旧的货船改装的，船上设施极其简陋,没有药品,更没有医生,生活条件十分恶劣。而船主为了牟取暴利,尽可能多装人。一旦船离了岸,船主按人数拿到了钱,对这些人能否活着到达澳洲就不管了。3年间从英国运到澳洲的犯人在船上的死亡率达12%。英国政府遭受了巨大的经济和人力资源损失,英国民众对此也极为不满。

于是英国政府在每艘船上都派一名官员监督,再派一名医生负责船上的医疗卫生,同时对犯人的生活标准做了硬性规定。但死亡率不仅没降下来,有的监督官和医生竟也不明不白地死了。政府后来查清了原因:一些船主为了贪利而行贿官员,如果官员不听从,干脆扔到大洋里喂鱼。问题没解决,还出了新问题,政府多花了钱,却照常死人。

一些绅士提议,把船主召集起来进行培训,还教育他们要珍惜生命,告诉他们送犯人去澳洲开发是为了英国的长久大计,不能把金钱看得比生命都重要,但情况依然没有好转。

思考:你会制订什么制度来确保上岸犯人的存活率?

故事后续:

一位英国议员想到那些私人船主钻了制度的空子,制度的缺陷在于政府付给船主的报酬是以上船人数来计算,建议将制度更改为将上岸的人数作为计算标准。政府采纳了他的建议,问题迎刃而解。船主主动请医生跟船,在船上准备药品,改善生活,尽可能让每一个人都健康抵达澳洲。因为在船上死掉一个人就意味着减少一份收入。一段时间以后,英国政府又做了一个调查。发现自从实行上岸计数的办法后,船上的死亡率降到了1%以下,有些运载几百人的船只经过几个月的航行竟然没有一人死亡。

启示:犯人还是同样的犯人,船主还是那些船主,一个制度的改变把所有问题都解决了,因此应该重视在控制工作中发挥制度的力量。

1.3.2 按控制的原因或结果标准进行划分

根据控制的原因或结果标准进行划分,控制可以分为直接控制和间接控制。

1)直接控制

直接控制是通过提高主管人员的素质来进行控制工作的一种方法,其控制主体是直接责任者。它通过对主管人员的筛选与培训、完善管理工作成效的考核方法等,使他们能熟练地应用管理技术和方法,以胜任管理工作的职责要求。其优点是:

(1)个人委派任务时能有较大的准确性。

(2)能充分发挥管理者的主观能动性。

(3)使管理者主动确定职责,加强自我管理能力和主人翁精神。

(4)可以减少控制成本。

2)间接控制

间接控制是指通过建立控制系统对被控制对象进行控制的一种方法。这种控制方法是控制计划执行的结果,即根据计划的标准对比和考核实际结果,追查出现偏差的原因和责任,然后才予以纠正。其优点在于:

(1)对主管人员造成的失误和偏差,运用间接控制可有助于偏差的纠正。

（2）有助于主管人员总结吸取经验教训，提高管理水平。

1.3.3　按控制方式进行划分

根据管理者所采用的控制方式，控制可以分为集中控制、分散控制和分层控制。

1）集中控制

集中控制是在组织中建立一个控制中心，由它对所有的信息进行统一的加工处理，并由这一控制中心发出指令，操纵所有的管理活动。比如出租车调度中心、航空公司调度中心、计算机芯片等。

2）分散控制

分散控制是与集中控制相对的一种控制形式，即采用分散的方式，由组织各部门分别实施控制。比如事业部制下的各分公司。

3）分层控制

分层控制是一种把集中控制和分散控制结合起来的控制方式。

1.3.4　按领导控制的角度进行划分

从领导控制的角度出发，可将控制的内容分为制度控制和文化控制。

1）制度控制

通过制度进行控制，主要是要把握好在组织框架内授权的运用。管理者通过授权给下属，领导成千上万的员工个体和员工团队，做出直接影响到他们工作的关键性的业务决策。他们进行财务预算，安排工作负荷，管理库存，解决质量问题以及各种类似活动。直到最近，这些工作才被认为是管理工作不可分割的一部分。

有关授权的原理、原则以及授权艺术等已在上一篇中阐述。事实上，授权与控制的关系具有科学性和艺术性，组织必须在合理授权的过程中建立控制机制。

2）文化控制

从 20 世纪 90 年代开始，职业经理们面对的一个主要问题是，如何在一个要求灵活性和创新性的企业中施加足够的控制。由于现代企业在发展过程中，越来越强调组织的扁平化、柔性化，如果一味迷信追求理性的科学管理，"以物为本"，就会显得刚性有余而灵活不足，企业必然表现出反应迟钝而沦落，于是企业文化在这种趋势下得到了更多的重视，"以人为本"的思想成为企业管理的主流，因此，在现代企业管理中，有效利用企业文化激发员工的积极性、引导员工的预期行为、提高员工的归属感，成为企业控制职能的重要内容。

1.4　有效控制

在管理实践中，要使控制工作发挥作用，取得预期的成效，管理者在设计控制系统或实行控制过程中，必须考虑控制的有效性。要使控制有效，必须遵循相应的原则和要求。

1.4.1 有效控制的原则

1）及时性原则

企业经营活动中产生的偏差只有及时采取措施加以纠正，才能避免偏差的扩大，或防止偏差对企业不利影响的扩散。一方面，控制活动从发现问题到采取措施、纠正偏差有几个时差，因此控制过程要及时传递信息，及时对信息做出反应，并采取措施。换句话说，就是在需要时能用到。信息的传递不一定非要快速，但是应该在恰当或特定的时间传递，并且要频繁到一定程度以使得员工和管理者为任何变化采取正确行动；另一方面，情况是千变万化的，控制过程要估计可能发生的变化，提前预警，对适应变化的措施做出安排。也就是说，在偏差未产生以前，就注意到偏差产生的可能性，从而预先采取必要的防范措施，防止偏差的产生。

2）灵活性原则

控制系统必须为个人判断留有余地，以保证它们在必要的时候可以改变以达到新的要求。这是因为任何控制系统和控制过程都受到众多未来因素的影响，对未来因素变化的预测总会存在一定的偏差。如果环境突变或者事先制订的计划因为预测不到的情况而无法执行，认为事先设计的控制系统仍能按部就班地如期运转，那就会一错再错。特别是处在当今这样一个"唯一的确定就是不确定性"的世界，组织内外部环境都处在不断变化中，控制工作依据的标准、衡量工作所用的方法等也应相应地变化着，否则只能是僵硬的控制。

【知识延伸】

拉上那道窗帘

杰克逊纪念大厦是美国的标志性建筑之一，其外墙由于经常性冲洗受到腐蚀，政府采取了很多措施，花了不少钱，但情况仍无明显改善。政府非常担心，派出专家组对其腐蚀原因进行了详细调查。调查结果为，墙壁每日被冲洗，导致受酸蚀损害严重。为什么要每日冲洗呢？因为大厦每天被大量的鸟粪弄脏。为什么有那么多的鸟粪呢？因为大厦周围聚集了许多的燕子。为什么燕子喜欢聚在这里？因为大厦上有燕子最喜欢吃的蜘蛛。为什么这里的蜘蛛多呢？因为墙上有蜘蛛最喜欢吃的飞虫。为什么这里的飞虫多呢？因为飞虫在这里繁殖得很快。为什么？因为这里的尘埃最适于飞虫繁殖。为什么？其实这里的尘埃也无特别之处，只是配合了从窗子照射进来的充足阳光，特别刺激飞虫的繁殖欲。大量飞虫聚集在此超常繁殖，于是给蜘蛛提供了超常的美餐；蜘蛛超常聚集又引来燕子聚集流连；燕子吃饱了就近在大厦上方便。解决问题的结论就是——拉上窗帘。

3）战略导向和关键点控制原则

控制过程应该支持战略规划，并致力于真正可以改变组织绩效的重要活动。对组织的全部活动统统纳入控制范围，既不可能，也无必要，组织控制需要特别注意对计划目标和工作绩效有关键意义的那些因素。另外，在以专业化分工为基础的组织结构中，各个部门及其成员都在为实现其个别的或局部的目标而努力。许多主管人员在进行控制时，往往仅从本部门的利益出发，只追求本部门目标的实现而忽视了组织目标的实现。因此，合格的主管人员在实施控制时，要有战略思维，具有全局观，从组织整体利益出发来实施控制，将各个局部的目标协调一致。

4）客观性原则

客观性是指控制系统没有偏见并且是公平的。首先，有效的控制需要客观、准确和适用的标准。客观的控制源于对企业经营活动状况及其变化的客观了解和评价。为此，控制过程中采用的检查、测量技术和手段必须能正确地反映企业经营时空上的变化程度和分布状况，准确地判断和评价企业各部门、各环节的工作与计划要求的相符或背离程度，这种判断和评价的正确程度还取决于衡量工作成效的标准是否客观和恰当。为此，企业还必须定期检查过去规定的标准和计算规范，使之符合现时的要求。其次，管理者难免受到许多主观因素的影响，比如对于下属工作的评价，不应仅凭主观来决定。

【知识延伸】

关不住袋鼠的围栏

某动物园为新来的袋鼠修建了一个一米高的围栏，可第二天管理人员发现这个小家伙跑出来了。于是他们又把围栏加高到两米，可小袋鼠同样又跑了出来。小袋鼠的邻居长颈鹿对此大感不解："如果他们把围栏加高到三米，你还能跑出来吗？"小袋鼠说："是的，哪怕他们加高到 8 米、10 米。"长颈鹿不相信，说："别吹牛了，吹牛不上税是吗？"小袋鼠说："不是我吹牛，是因为他们只知道加高围栏，却忘了锁门。"

5）经济原则

管理者在开展控制活动时，通常希望控制得滴水不漏，非常完善，却往往忽视了任何控制都需要一定的费用。衡量工作成绩，分析偏差产生的原因，以及为了纠正偏差而采取措施，都需支付一定的费用；同时，任何控制，由于纠正了组织活动中存在的偏差，都会带来一定的收益。一项控制，只有当其带来的收益超出其所需成本时，才是值得的。控制费用与收益的比较分析，实际上是从经济角度去分析上面考察过的控制程度与控制范围的问题。例如精心设计的复杂的计算机控制系统可能对大公司是经济的，但对小公司来说就未必经济。再如对企业采购人员的控制中，为防止采购人员因收受供应商的回扣而降低采购标准，购买质量低、价格高的原材料，企业管理人员通常会设计一整套控制制度，如果不考虑控制运行成本，原则上可以设计出完全杜绝采购人员收受回扣现象的控制制度，如加大对收受回扣的惩罚力度、频繁检查采购人员个人财务账户等，但是不难看出，这样做将会带来极高的运行成本，得不偿失。现实生活中，企业往往在保证一定采购质量的前提下，会为采购人员留有获得"灰色收入"的机会（比如对与供应商共餐和娱乐并不完全禁止）。

6）适度原则

有效的控制应该既能满足对组织活动监督和检查的需要，又要防止与组织成员发生强烈的冲突。因此，控制的范围、程度和频度都要恰到好处，既要防止过多，过犹不及，又要避免控制不足。一方面，过多的控制会对组织成员造成伤害，扼杀他们的积极性、主动性和创造性，甚至造成员工强烈的逆反心理，严重影响个人能力的发挥和工作热情的提高，最终适得其反，影响组织的绩效。另一方面，也要认识到，过少的控制将不能使组织活动有序地进行，不能保证各部门活动进度和比例的协调，将会造成资源的浪费。此外，过少的控制还可能使组织中的个人无视组织的要求，我行我素，不提供组织所需的贡献，甚至利用在组织中的便利地位谋求个人利益，最终导致组织的涣散和崩溃。

1.4.2 影响有效控制的因素

组织中控制的有效性受许多因素的影响，这些因素包括组织的规模、个人在组织中的位置和级别、组织文化以及一项活动的重要性等。控制的权变因素如表6.1所示。

表6.1 控制的权变因素

权变因素	程　度	控制建议
组织规模	小	依靠行走的非正式、个人管理
	大	正式、非个人及广泛的规章制度
职位和层次	高	许多标准
	低	较少且易于衡量的标准
分权程度	高	增加控制的数量和宽度
	低	减少控制的数量
组织文化	公开、信任	非正式、自我控制
	威胁	正式及广泛的控制
活动重要性	高	复杂而广泛的控制
	低	松散的、非正式控制

控制系统应该依据组织规模的变化而变化。当一个组织规模比较小时，更多地依靠非正式和个人的控制方式。通过直接监督的同期控制可能是成本最低的方法。然而，随着组织规模的扩大，直接监督要靠扩大正式的控制系统，如通过报告、条例、规章等作为补充。当组织规模非常大时，一般需要极为正规的和非个人的前馈控制和反馈控制。

一个人在组织层次结构中所处的地位越高，对多种控制标准的需要就越高，这些标准适应组织中不同部门的目标。这反映出随着管理者在组织层次结构中的地位升高，对绩效评估的多样性要求也相应增加。反过来，低层次工作具有明确的绩效定义，这使得对工作绩效进行评估的范围相对狭窄。

组织中分权的程度越高，管理者就越需要反馈员工的决策和绩效。因为管理者将决策权下放后，被授权者的行为及工作绩效最终都要由管理者来负责，他们希望确保员工决策和行为是高效率且有效的。

一个组织的文化可能是信任、自由或开放，也可能是害怕、报复或不信任。如果是前者，反映组织中员工的自我控制能力强；但若是后者，就需要外部强加的和正式的控制系统来保证工作行为达到标准。控制的类型和程度应该与组织的文化相协调。

组织中一项活动的重要性也会影响到控制的程度和控制方式。如果控制的代价很高，而且偏差造成的影响很小，控制系统就不需要很精确。然而，如果偏差对组织造成的损害非常大，则需要实施广泛而精确的控制。

【任务小结】

恭喜你顺利完成本任务的学习，现就任务完成过程中所运用到的具体知识点进行以下回顾：

1. 控制的定义：由一系列以保证组织或计划目标按照一定路径得以实现为目的的连续性活动构成的过程。

2. 控制的作用：第一，控制工作是完成计划的重要保障；第二，控制工作是提高组织效率的有效手段；第三，控制工作是管理创新的催化剂。

3. 控制工作的类型

划分标准	名称
按控制点的位置进行划分	前馈控制、同期控制、反馈控制
按控制的原因或结果标准进行划分	直接控制、间接控制
按控制方式进行划分	集中控制、分散控制、分层控制
按领导控制的角度进行划分	制度控制、文化控制

4. 有效控制的原则：及时性原则、灵活性原则、战略导向和关键点控制原则、客观性原则、经济原则、适度原则。

5. 影响有效控制的因素

权变因素	程度	控制建议
组织规模	小	依靠行走的非正式、个人管理
	大	正式、非个人及广泛的规章制度
职位和层次	高	许多标准
	低	较少且易于衡量的标准
分权程度	高	增加控制的数量和宽度
	低	减少控制的数量
组织文化	公开、信任	非正式、自我控制
	威胁	正式及广泛的控制
活动重要性	高	复杂而广泛的控制
	低	松散的、非正式控制

任务二 控制的实施过程

【学习目标】

1. 知识目标：理解控制标准的分类与有效控制标准的特征；掌握控制标准制定的办法；掌握衡量绩效的办法；理解偏差产生的主要原因；掌握对症纠偏的具体措施及注意事项。

2. 能力目标：分析控制过程各环节重点、关键问题。

3. 素质目标：养成成本、质量控制的意识。

【下达任务】

任务书					
任务名称	解读麦当劳在质量控制中的 QSCV 理念				
任务内容	收集与麦当劳 QSCV 标准化相关的文字、音像资料，在此基础上，对麦当劳 QSCV 理念在企业控制工作中的运用加以评析，形成字数在 3000 字左右的文字性材料，并制作 PPT 进行汇报				
任务要求	1. 围绕任务，以小组形式开展讨论并解决问题，每组人数 4~6 人。 2. 讨论过程中及时与老师进行沟通，确保任务能够在规定时间内完成。 3. 讨论结束后，每个小组形成字数 3000 字左右的文字材料，以小组为单位派代表上台进行本小组讨论成果展示				
完成任务所需知识点	知识点 1：确定控制标准 知识点 2：衡量绩效，找出偏差 知识点 3：分析偏差，对症纠偏				
任务评价标准	考核项目	考核标准	分值	得分	备注
	语言表达	语言表达流畅，字清晰，声音洪亮	10 分		
	应变能力	面对压力具有一定的心理承受力	10 分		
	分析和处理问题	案例剖析中思路清晰，分析完整、准确	60 分		
	团队协作	成员分工负责、协作配合	20 分		
参考资料	书　　名：《企业内部控制基本规范操作指南》 作　　者：侯其峰 出 版 社：人民邮电出版社 出版时间：2016 年 4 月				
团队构成（学生填写）	团队组长				
	团队成员				

时间要求 （学生填写）	任务领取时间	
	要求完成时间	
任务讨论结果 及启示 （团队成员 共同填写）		
任课教师反馈		
任务最终得分	_____分	

【核心知识讲解】

无论在什么类型的组织中，无论控制对象是人、财或物，控制的基本过程（见图6.1）都包括以下三个步骤。

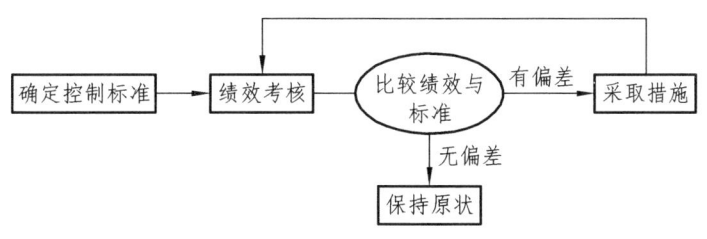

图 6.1 控制工作的流程

2.1 确定控制标准

2.1.1 控制标准分类

在一个组织中，标准的类型有多种，最理想的标准是把可考核的定量目标直接作为标准。但更多的情况往往是需要将某个计划目标分解为一系列的标准。在实际工作中，按照不同的依据，可以将标准分为不同的类型。

1）实物标准

这是一类非货币标准，普遍适用于使用原材料、雇佣劳动力、提供劳务或产品等的操作层。这些标准反映了定量的工作成果，常用的有单位产量工时、单位台时产量、货运量的吨公里、日门诊人数等。实物标准也可以反映产品的质量，如轴承面的硬度、公差的精密度、飞机上升的速率、纺织品的耐久性和颜色牢度等。在某种程度上，实物标准是计划的基石，也是控制的基本标准。

2）成本标准

成本标准是一类货币标准，普遍适用于操作层，这些标准是用货币值来衡量经营活动的代价。常用的成本标准有单位产品的直接成本和间接成本、单位产品或每小时的人工成本、单位产品的原材料成本、工时成本、单位销售成本、单位销售费用等。

3）资本标准

资本标准与投入企业的资本有关，而与企业的营运资本无关，最常用的就是投资报酬率，还有流动比率、资产负债率、应收账款周转率、存货周转率等。这类标准主要与资产负债表有关。

4）收益标准

收益标准是用货币值衡量销售量的标准，如公共汽车每位乘客每公里的收入、既定市场范围内的人均销售额等。

5）无形标准

无形标准是一类既不能用实物又不能用货币来衡量的标准。主管人员能够以什么样的标准来确定下属的才干？用什么标准来确定一项广告策划是否符合组织的短期目标或长期目标？怎样才能判断出下属人员是否忠诚于组织目标？要为这类目标确定控制标准是非常困难的，因为既无法用明确的定量标准也无法用明确的定性标准来描述它们。

2.1.2 有效控制标准的特征

为保证有效控制，控制标准应满足如下特征。

1）控制标准应尽可能数量化，具有可操作性

在制定控制标准时，应尽可能把标准量化。这样在控制过程中，施控者和受控者心中都有明确的行动界线和标准，有助于发现行动中出现的偏差。受控者由此可自觉地、主动地纠偏。模棱两可，解释起来主观随意性大的控制标准是不利于控制的。

2）控制标准应尽量简洁明了

控制标准不必有冗长的文字阐述，应该简明扼要，不仅能为控制者所了解、所掌握，更要能为全体执行人员所掌握、所了解。

3）控制标准体系应协调一致

一个组织内的活动是多种多样的，各职能管理部门都会制订出各自的控制标准，这些标

准应该协调一致。使执行标准形成一个有机整体，不能互相矛盾，否则会使计划执行者陷入两难困境或管理真空地带中。

【知识延伸】

捉火鸡的故事

有个人布置了一个捉火鸡的陷阱，他在一个大箱子里面和外面撒了玉米，大箱子有一道门，门上系了一根绳子，他抓着绳子的另一端躲在一处，只要等到火鸡进入箱子，他就拉扯绳子，把门关上。

一天，有 12 只火鸡进入箱子，不巧一只溜了出来，他想等箱子里有 12 只火鸡后，就关上门，然而就在他等第 12 只火鸡的时候，又有 2 只火鸡跑出来了，他想等箱子里再有 11 只火鸡，就拉绳子，可是在他等待的时候，又有 3 只火鸡溜出来了，最后，箱子里 1 只火鸡也没剩。

思考：请分析捉火鸡失败的原因是什么，这个故事带给我们关于控制的哪些启示？

2.1.3 制定有效控制标准的方法

标准的设立应当具有权威性，常用拟订标准的方法有以下三种：

1）统计法

统计法相应的标准称为统计标准。它是根据企业的历史数据记录或对比同类企业的水平，运用统计学方法确定的标准。

2）经验估计法

经验估计法是由有经验的管理人员凭经验确定的，倾向于定性标准，一般是作为统计法和下面将要提到的工程方法的补充。

3）工程方法

工程方法相应的标准称为工程标准。它是以准确的技术参数和实测的数据为基础的，一般是以行业标准为准，比如 ISO9000 质量标准、ISO14000 质量标准等。

2.2 衡量绩效，找出偏差

衡量绩效是对计划执行的实际结果进行度量、统计、汇总，按照与控制标准相应的指标，准确地反映计划执行情况。为了确定实际工作绩效究竟如何，组织管理者需要考虑两个问题：如何衡量和衡量什么。

2.2.1 如何衡量

关于如何衡量是一个方法问题，在实际工作中经常采用的方法有如下三种：

1）个人观察

为了获得关于实际工作的最直接的资料，避免可能出现的遗漏和信息失真，管理者可以采用个人观察。特别是在对基层工作人员工作绩效的控制时，个人观察是一种非常有效的方法，现在提倡的走动管理（Management by Walking around，MBWA）就是注重个人观察。个人观察包含非常丰富的内容，通过观察得到的信息不同于阅读报告得到的信息，尤其是走动管理、现场办公等，可以获得面部表情、语调以及懈怠这些常被忽略的信息。

但是这种方法也有不足的地方：

（1）费时费力，管理人员必须走出办公室深入基层，才能掌握第一手资料。

（2）由于观察的时间有限，观察往往以点带面，缺乏一般性，不能全面了解各个方面的工作情况。

（3）工作在被观察时和未被观察时可能不一样，管理者看到的可能只是假象，从而被表面现象蒙蔽。

（4）仅凭简单的观察往往只能得到感性认识，缺乏具体的数量分析，难以考察更深层次的工作内容。同时，观察范围也具有一定的局限性，且易受个人偏见的影响。

2）口头报告

口头报告主要通过下级对上级的汇报，使上级能够掌握实际情况，了解工作的成果、现状以及存在的问题和困难等。口头报告形式多种多样，比较灵活，如各种会议、一对一的谈话或远程电视、电话、网络会议等。这种方法信息传递直接、全面、迅速，并且能及时反馈，听取报告者可以随时提出自己需要了解的问题。但这种形式的缺点也比较明显，那就是不便于存档和以后重新使用。现在随着信息技术的发展，口头汇报很容易被录制下来，可以像书面文字一样永久保存。

3）书面报告

控制所需要的信息大多数是由书面报告提供的。书面报告的具体形式很多，但大体上可以分为报表资料和专题报告两类。报表资料一般由各种指标和必要的文字说明构成，它能提供大量的数据、图表，这些数据一般由统计方法（比如普遍调查或抽样调查）获得。因此报表资料的不足之处主要在于：一是真实性，即统计方法所采集的原始数据是否正确，使用的统计方法是否恰当，管理者往往难以判断；二是全面性，即统计过程中是否全部包括了涉及工作衡量的重要方面，是否遗漏或掩盖了其中的一些关键点，管理者也难以肯定。专题报告则主要是针对某一个问题进行深入比较的分析。

2.2.2 衡量什么

罗宾斯认为，在控制过程中"衡量什么"是比"如何衡量"更重要的问题，因为"错误地选择了标准，将会导致严重的不良后果"，而且"我们衡量什么，将会在很大程度上决定组织中的员工追求什么"。因此，实际衡量应该围绕构成好绩效的重要特征来进行，管理者应避免仅仅侧重于那些易衡量的项目，而忽视那些实际上相当重要的项目。需要注意的是，当一种衡量绩效的指标不能用定量的方式表达时，管理者应该寻求一种主观衡量方法。当然，主观衡量方法有很大的局限性，但是这总比什么标准都没有要好，比没有控制机制要好，所谓"恶法胜于无法"，即是此意。

在现代企业控制管理中，比较注重绩效考核，实际上就是对控制职能的一种发展。绩效考核的目的就是要找出计划与执行的偏差。实际计划执行中的偏差有两种：一种可称之为正偏差，通俗地讲就是超额完成计划的情况。大多数人一直存在着这样一种意识，即超额完成计划是好的，应该鼓励。其实，超额完成计划并非都是有利的。有些正偏差会加剧结构失衡。所以，在绩效考核中发现存在着正偏差，也必须全面分析，然后再做出结论。另一种是负偏差，即没有完成计划和偏离计划的情况。显然，负偏差是不利的，施控者必须深入分析产生负偏差的原因，并及时采取对策加以纠正。

【知识延伸】

签了字的订单不能说明一切

有一办公设备制造商主要依据销售额的成果数字来对其 10 位地区销售员实施控制，他经常喜欢说的一句话就是："签了字的订单将告诉我们谁最能干。"公司有位负责南部地区销售工作的销售员是一位上了年纪、即将退休的人，他的销售业绩一直不错。可在他退休由别人接替以后，才发现他那片的新客户发展得极差。这位即将退休的销售员一直只是拜访老客户，而且就是在这些老客户中，他对服务方面出现的抱怨也是敷衍了事。接替者在经过了几年艰苦的努力之后，才使该地区恢复到应该达到的状态。出现这种令人不满意状态的原因，就是该公司只依靠简单的销售额衡量销售员的业绩，而忽视了较不明显但对长期销售影响重大的其他因素。

2.2.3 分析偏差，对症纠偏

对实际工作进行衡量之后，就应该将衡量结果与所建立的标准进行比较，这样就可以确定实际工作绩效与标准之间的偏差。比较的结果只可能有两种：一种是没有偏差，任务顺利完成，这是最为理想的状态；另一种是有偏差。但是现实中几乎所有的活动都会产生偏差，然而偏差的程度有所不同，一是偏差在可以接受的范围内；二是偏差超出可以接受的范围，这时就应该引起管理者的注意，需要组织系统深入衡量偏差以及相关信息，并分析导致偏差产生的主要原因。

1）分析衡量的结果，找出偏差产生的主要原因

由于工作的结果是由多方面因素决定的，所以偏差产生的原因也是多种多样的。一般来说，偏差产生的原因有三种：一是计划或标准本身就存在偏差；二是组织内部因素的变化，如营销工作组织不利、生产人员工作的懈怠等；三是组织外部环境的影响，如宏观经济的调整等。事实上虽然各种原因可以归结为这三点，但要做出具体的分析，不仅要求有一个完善的控制系统，还要求管理者具备细致的分析能力和丰富的控制经验。

2）确定矫正措施实施的对象

在管理控制过程中，造成偏差的原因无非有三个方面：一是原先的计划或标准制定得不科学，本身就存在偏差；二是外在环境发生了预料不到的变化，原有的计划不再适应新形势的需要；三是组织内部因素的变化，如工作人员的懈怠等。因此，矫正措施的实施对象可能是组织所进行的活动，也可能是衡量的标准，甚至是指导活动的计划。针对矫正措施的实施对象和产生偏差的主要原因，就可能制订改进工作的方式，调整计划或标准的纠正方案。

3）选择恰当的矫正措施

选择恰当的矫正措施时应该注意以下方面：

（1）使矫正方案双重优化。

第一重优化是要考虑采取矫正措施带来的效果是否大于不纠偏的损失。有时即使产生了偏差，但最好的方案也许是不采取任何行动。这种情况多发生在矫正措施的实施条件尚不成熟阶段。第二重优化是在此基础上，通过对各种经济可行方案的比较，找出其中追加投入最少、解决偏差效果最好的方案来组织实施。

（2）充分考虑历史的因素。

（3）治标与治本并重。

（4）消除人们对矫正措施的疑虑。

总之，对计划执行过程中出现的偏差进行纠正，说明管理是一个连续的过程。控制职能与其他管理职能的交错重叠，则说明了主管人员的职能是一个统一的完整的系统。

【任务小结】

恭喜你顺利完成本任务的学习，现就任务完成过程中所运用到的具体知识点进行以下回顾：

1. 控制工作的流程。

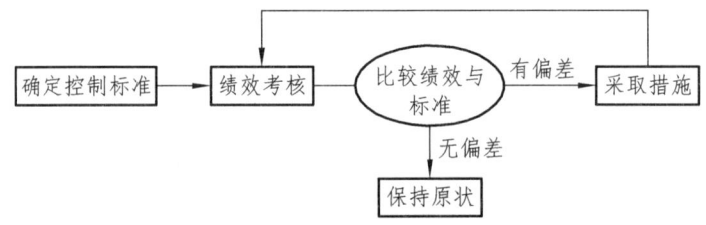

2. 控制标准的分类：实物标准、成本标准、资本标准、收益标准、无形标准。

3. 有效控制标准的特征：控制标准应尽可能数量化，具有可操作性；控制标准应尽量简洁明了；控制标准体系应协调一致。

4. 制定有效控制标准的方法：统计法、经验估计法、工程方法。

5. 衡量绩效的方法：个人观察、口头报告、书面报告。

6. 偏差产生的主要原因：一是计划或标准本身就存在偏差；二是组织内部因素的变化，如营销工作组织不利、生产人员工作的懈怠等；三是组织外部环境的影响，如宏观经济的调整等。

任务三　控制方法

【学习目标】

1. 知识目标：理解预算的性质、种类；掌握零基预算的程序和注意事项；理解非预算控制的方法。

2. 能力目标：在控制原则下，掌握控制方法的运用技巧。

3. 素质目标：灵活运用控制方法，做到具体问题具体分析。

【下达任务】

任务书	
任务名称	剖析：丰田汽车召回门事件
任务内容	1、收集与丰田汽车召回门事件相关的文字、音像资料，在此基础上全面剖析造成丰田召回门事件的原因，召回门事件给丰田汽车带来的影响。 2、你认为丰田要杜绝此类事件的再次发生，应该采取哪些控制措施，实施哪些控制办法
任务要求	1. 围绕任务，以小组形式开展讨论并解决问题，每组人数4~6人。 2. 讨论过程中及时与老师进行沟通，确保任务能够在规定时间内完成。 3. 讨论结束后，每个小组形成2000字左右的文字性材料，以小组为单位，派代表上台利用PPT进行本小组讨论成果展示
完成任务所需知识点	知识点1：预算控制 知识点2：非预算控制
任务评价标准	<table><tr><td>考核项目</td><td>考核标准</td><td>分值</td><td>得分</td><td>备注</td></tr><tr><td>团队协作</td><td>成员分工负责、协作配合</td><td>20分</td><td></td><td></td></tr><tr><td>整体形象</td><td>精神饱满，举止自然得体。语言流畅，思路清晰</td><td>30分</td><td></td><td></td></tr><tr><td>搜集资料能力</td><td>及时查找资料并互相学习</td><td>20分</td><td></td><td></td></tr><tr><td>分析和处理问题</td><td>思路清晰，分析准确；有创意</td><td>30分</td><td></td><td></td></tr></table>
参考资料	书　　名：《企业内部控制精要》 作　　者：娄权 出　版　社：暨南大学出版社 出版时间：2014年12月

团队构成 （学生填写）	团队组长	
	团队成员	
时间要求 （学生填写）	任务领取时间	
	要求完成时间	
任务讨论结果 及启示 （团队成员 共同填写）		
任课教师反馈		
任务最终得分	_____分	

【核心知识讲解】

3.1 预算控制

预算是以数量形式表示的计划。预算的编制是作为计划过程的一部分开始的，而预算本身又是计划过程的终点，是一种转化为控制标准的数量化的计划，更具体地，即预算是用财务数字来表明组织的预期成本或收入。

3.1.1 预算的性质

预算就是用数字编制未来某一个时期的计划，也就是用财务数字（如在财务预算和投资预算中）或非财务数字（如在生产预算中）来表明预期的结果。

1）预算是一种计划

编制预算的工作是一种计划工作。预算的内容可以概括为：

（1）"多少"（how much）——为实现计划目标，各种管理工作的收入（或产出）与支出（或投入）各是多少；

（2）"为什么"（why）——为什么必须收入（或产出）这么多数量，以及为什么需要支出（或投入）这么多数量；

（3）"何时"（when）——什么时候实现收入（或产出）以及什么时候支出（或投入），必须使得收入与支出取得平衡。

从预算的内容可以看出，预算就是对未来工作开展的安排，属于计划的范畴。

2）预算是一种预测

预算是对未来一段时期内的收支情况的预计。预算作为一种预测，要确定预算数字可以采用统计方法、经验方法或工程方法。

3）预算主要是一种控制手段

编制预算实际上就是控制过程的第一步——拟定标准。由于预算是以数量化的方式来表明管理工作的标准，从而本身就具有可考核性，因而有利于根据标准来评定工作绩效，找出偏差，并采取纠正措施，消除偏差。无疑地，编制预算能使确定目标和拟定标准的计划得到改进。但是，预算的最大价值还在于它对改进协调和控制的贡献。若组织的各个职能部门都编制了预算，就为协调组织的活动提供了基础。同时，由于对预期结果的偏离将更容易被查明和评定，预算也为控制中的纠正措施奠定了基础。所以，预算可以产生更好的计划和协调，并为控制提供基础，这正是编制预算的基本目的。

3.1.2 预算的种类

预算的种类是比较多的，按照不同标准可以划分出多种类型。

1）按预算的内容分

（1）经营预算。

经营预算主要是指企业日常发生的各项基本活动的预算。它主要包括销售预算、生产预算、直接材料采购预算、直接人工预算、制造费用预算、单位生产成本预算、推销及管理费用预算等。

（2）投资预算。

投资预算主要是对企业固定资产的购置、扩建、改造、更新等，在可行性研究的基础上编制的预算。投资预算具体反映为何时进行投资、投资多少、资金从何处取得、何时可获得收益、每年的净现金流量为多少、需要多少时间回收全部投资等。由于投资的资金来源往往是任何企业的限定因素之一，而对厂房和设备等固定资产的投资又往往需要很长时间才能回收,因此,投资预算应当力求和企业的战略以及长期计划紧密联系在一起。

(3)财务预算。

财务预算主要是指企业在计划期内反映有关预计现金收支、经营成果和财务状况的预算。财务预算主要包括现金预算、预计收益表和预计资产负债表。必须指出的是,前述各种经营预算和投资预算中的材料,都可以折算成金额反映在财务预算中。这样,财务预算就成为各项经营业务和投资的整体计划,故亦称"总预算"。

2)按预算控制的力度分

(1)刚性预算。

刚性预算主要是指在执行进程中没有变动余地的预算,执行人在执行中无活动余地。一般来说,刚性预算不利于发挥执行人的积极性,环境适应性较差。刚性预算只能用于重点项目。常见的刚性预算是控制上限或控制下限的预算,如严格要求的财政支出预算和财政收入预算等。

(2)弹性预算。

弹性预算主要是指指标有一定的调整余地,执行人可灵活性地执行的预算。这种预算的控制力度稍弱,但有较强的环境适应性,能较好地适应控制的要求。在预算控制中弹性预算比较常见。

3.1.3 零基预算法

美国得克萨斯仪器公司的彼德·A.菲尔于1970年提出了零基预算法(Zero-base budgeting,ZBB)。该法提出之后,由于它的优越性,很快为许多组织所采纳。

1)零基预算法的基本思想

零基预算法的基本思想是:在每个预算年度开始时,把所有还在继续开展的活动都看作是从零开始的,预算也就以零为基础,由预算人员在从头开始的思想指导下,重新安排各项活动及各个部门的资源分配和收支。实行零基预算法的预算人员需要在如下四个方面重新考虑预算:

(1)组织的目标是什么,预算要达到的目标又是什么?
(2)这项活动的开展有没有必要,开展这项活动应取得什么样的成果?
(3)开展这项活动的可选方案有哪些,目前执行的方案是不是最好的?
(4)这项活动需要多少资金,资金从什么地方获取,按目前的方案使用是否合理?

与传统预算管理相比较,零基预算的优点是预算比较科学,有利于资金分配和控制支出;其缺点是预算编制的工作量大,费用高。另外需要指出的是,零基预算与其说是一种预算编制方法,倒不如说是一种预算控制思想更为准确。因为零基预算的核心是预算工作人员不要盲目接受过去的预算支出的结构和规模,一切都应重新考虑。

2)零基预算法的程序

(1)建立预算目标体系。

在审查预算前,主持这一工作的主管人员首先应明确组织的目标,并将长期目标、中期目标、近期目标划分清楚,将可量化的目标量化,建立起一套完整且明确的目标体系。

（2）逐项审查预算。

以一切活动都是重新开始的思想来审查每一个预算项目，凡是在下一年度继续进行的活动或续建的项目，负责人都要提交详细的计划执行情况报告；凡是新增加的项目都要提交可行性分析报告，所有要继续进行的活动都必须向专门的审验机构证明其活动确有继续开展的必要；所有申请预算的项目和部门都必须提交下一年度的计划，说明各项开支要达到的目标和效益。

（3）排定各项目和各部门的优先顺序。

在确定了需要开展的项目的范围之后，由计划部门对所有的项目进行排序，列出重点优先项目、非重点一般项目。如果资金有限，先保证重点优先项目的预算。

（4）编制预算。

由预算编制人员根据审查的最终结果对预算资金进行分配，形成具体的预算。

3）零基预算法的注意问题

采用零基预算法应注意以下问题：

（1）零基预算法的思想应贯彻到每一个预算编制工作人员和部门。项目负责人的意识中，只有每一个相关的人了解了零基预算法，掌握了零基预算法，支持零基预算法，零基预算法才能发挥其优势。

（2）零基预算的主持者必须对组织目标有足够的了解。这样才能把握哪些活动是必需的，哪些是可进行的或可不进行的，哪些是要保证的重点项目，哪些是必须兼顾的一般项目，以便正确地分配资源。

（3）发扬创新精神，从零开始本身就是隐含着创新要求的。实行零基预算法，无论是负责人还是一般工作人员，都应具备创新思想，那种既能够提高效益又能够降低成本的方案并不存在于现行的方案中，只有依靠创新才能产生。

零基预算法在实行过程中，另一个需要注意的问题是应防止搞形式主义。对此，主要领导人必须有较高的警惕，特别是最后审批预算的主要领导人要亲自主持参加项目的评价过程。真正使那些过去一直在进行却不能提供效益或效益极低的活动能够停下来，将资金用于最高效益的项目和活动上。这需要权威，又需要艺术，也要求能力，它往往会使一些领导者望而却步。但若想有所成就，就必须面对困难，努力去克服困难。

3.2 非预算控制

在管理控制中，除了采用量化的预算控制以外，还可以采用非预算控制。非预算控制的方法比较多，归纳起来大约有以下几种。

3.2.1 监督检查

监督检查可以说是一种最古老、最常见、最直接的控制方法。其具体形式是上级对下级执行计划、命令的过程和状况进行实地检查，进行评价，发现问题并立即采取措施予以纠正。这是一种直接的、面对面的控制。它是管理控制中不可缺少的控制方式。

监督检查的控制方法有许多优点：

（1）直接，由于是面对面地实施控制，有助于监控人员获得第一手信息。如在生产控制中，通过现场监督检查，主管人员可以直接了解诸如产品质量、生产条件、生产者的责任心、原材料供应状况、均衡生产状况等方面的信息。由于这些信息是第一手掌握的，具有相当高的真实性和及时性，有助于控制者针对问题采取措施，有的放矢。

（2）容易做到迅速解决问题。因为是面对面地直接控制，监控人员一旦发现问题，就可以立即做出判断，制定解决问题的方案，并尽快地付诸实施。由于监督检查解决问题及时，可以防患于未然，将一些问题消灭在萌芽状态，以免造成更大的损失。

（3）有助于施控者与受控者之间的沟通，鼓励下属士气，及时排除困难，为下属完成任务创造条件，从而激励下属积极工作。当然，如果监督检查未能为下属所理解，也可能被下属看作是上级对自己的不信任，自尊心受到伤害而产生消极情绪。

使用监督检查进行有效控制时，应注意以下问题：

一是要抓住重点进行监督检查，特别是高层主管人员的现场检查，一定要抓住重点环节和重点部门。

二是要深入细致，上级的检查不能走马观花，不能浮于表面，更不能主观臆断，搞长官意志。

三是要有反馈，对下级反映的情况、在检查中所发现的问题，要采取措施，给予答复，对存在的问题应尽快予以解决。

四是要形成制度，切忌心血来潮，一会热一会冷。监督检查制度化有助于控制充分发挥作用。

3.2.2 控制报告制度

控制报告是用来向负责实施计划的主管人员全面地、系统地阐述计划的进展情况、存在的问题及原因、已经采取的措施、收到的效果、预计可能出现的问题等情况的一种重要方式。控制报告的主要目的在于提供一种如果有必要，即可用作纠正措施依据的信息。

对控制报告的基本要求是必须做到适时、突出重点、指出例外情况、尽量简明扼要。通常，运用报告进行控制的效果，取决于主管人员对报告的要求。管理实践表明，大多数主管人员对于下属应当向他报告什么缺乏明确的要求。随着组织规模及其经营活动规模的日益扩大，管理也日益复杂，而主管人员的精力和时间是有限的，从而定期的情况报告也就越发重要。

负责计划实施的上层主管人员，为了实施控制，通常需要报告以下四个方面的情况：

（1）投入程度——主管人员需要确定他本人参与的程度，需要逐项确定他应在每项计划上花费多少时间，应介入多深。

（2）进展情况——主管人员需要获得哪些应由他向上级或向其他有关单位（部门）汇报的有关计划进展的情况，诸如我们的进度如何、怎样向我们的客户介绍计划进展情况、在费用方面我们做得如何、如何向客户解释费用问题等。

（3）重点情况——主管人员需要在向他汇报的材料中挑选哪些应由他本人注意和决策的问题。

（4）全面情况——主管人员需要掌握全盘情况，而不能只是了解一些特殊情况。

为了满足上级主管人员的上述四项要求，一个有效的报告制度通常要规定需要报告的内容。以通用电气公司为例，报告主要包括计划执行情况、上层主管人员决策和采取行动需要的关键信息，具体有八个方面的内容：

① 客户的意见以及上次会议以来外部的新情况。这方面报告的作用在于使上级主管人员判断情况的复杂程度和严重程度，以便决定他是否要介入以及介入的程度。

② 进度情况。报告的内容是将工作的实际进度与计划进度进行比较，说明工作的进展情况。通常，拟订工作的进度计划可以采用"计划评审技术"。对于上层主管人员来说，他所关心的是处于关键线路上的关键工作的完成情况，因为关键工作若不能按时完成，那么整个工作就有可能误期。

③ 费用情况。报告的内容是说明费用开支的情况。同样，要说明费用情况，必须将其与费用开支计划进行比较，并回答实际的费用开支为什么超出了原定计划，以及按此趋势估算的总费用开支（或超支）情况，以便上级主管人员采取措施。

④ 技术工作情况。技术工作情况是表明工作的质量和技术性能的完成情况和目前达到的水平。其中很重要的问题是说明设计更改情况，要说明设计更改的理由和方案，以及这是客户提出的要求还是我们自己做出的决定等。

⑤ 当前的关键问题。报告者需要检查各方面的工作情况，并从存在的所有问题中挑出三个最为关键的问题。他不仅要提出问题所在，还必须说明对整个计划的影响，列出准备采取的行动，指定解决问题的负责人，以及规定解决问题的期限，并说明最需要上级领导帮助解决的问题。

⑥ 预计的关键问题。报告的内容包括指出预计的关键问题。同样也需要详细地说明问题，指出其影响，准备采取的行动，指定负责人和解决问题的日期。预计的关键问题对上层主管人员来说特别重要，这不仅是为他们制订长期决策提供选择，也是因为他们往往认为下属容易陷入日常问题而对未来漠不关心。

⑦ 其他情况。报告的内容包括提供与计划有关的其他情况。例如，对组织及客户有特别重要意义的成就，上月份（或季、年）的工作绩效与下月份的主要任务等。

⑧ 组织方面的情况。报告的内容是向上层领导提交名单，名单上的人员可能会去找这位上层领导，这位领导也需要知道他们的姓名。同时还要审查整个计划的组织工作，包括内部的研制开发队伍以及其他的相关机构。

美国通用电气公司的报告制度是针对该企业的经营体制制定的，并不一定适用于我国的企业和其他的经济组织。但它给了我们一个启示，报告要全面和重点相兼顾。其实，我国企业和非企业组织已经根据各自的组织目标和实际情况形成了一套报告制度，有的运行了十几年、几十年，不少规定十分科学、有效。在新的形势下，只要我们结合新的客观实际认真总结经验，建立起完善的报告制度是不困难的。

3.2.3 程序控制

1）实行程序控制的必要性

程序是一个组织中对某种活动处理流程的一种描述、计划和规定。凡是比较常见、具有重复性、由多个环节构成的管理活动都可以制定程序，以便管理者可按既定的程序来处理这些重复发生的活动。组织中常见的程序有很多，如决策程序、报告程序、施工管理程序、会计核算程序、费用报销程序等。

制定程序,有助于管理活动规范化。在一个组织中,发生最为频繁的是例行的事情。处理这些事情,在规定了程序之后,管理人员就可以照章办事,不必事事请示,主管人员也就不用事必躬亲,只要检查下级人员是否按程序办事就可以了。

制定程序,有助于节约管理活动的开支,提高管理活动的效率。程序中一般都明确了处理某项工作要涉及哪些部门和人员,按什么路线办理,各自有什么权责。这些明确之后,各个管理人员的责任也就清楚了,谁不履行职责,延误了事情就由谁负责。按既定的原则办理事情,自然有助于提高管理活动的效率。

制定程序,有利于提高下属的积极性。在管理过程中,规定了程序也就规定了所涉及的办事人员的权责。在既定的权责范围内,管理人员可以自主地处理各项事情。事情办得好,圆满完成了任务,是管理人员的功劳,可以得到褒奖;反之,则会受到批评惩罚。程序所规定的管理人员的自主权,有助于管理人员发挥自己的主观能动性。

2)管理程序的制定

管理程序是在管理过程中处理例行事情的规范或计划。制定管理程序,应遵守如下几条原则:

(1)尽量精简的原则。从管理过程来看,程序越多、越复杂,信息传递所要经过的环节也就越多。它会增加组织的管理费用,包括各个环节上设置管理机构和人员的费用;信息传递整理的费用以及延时费用;协调费用,等等。因此,在不失去控制或不影响控制效率的前提下,程序应尽可能精简。

(2)稳定性原则。程序代表着一种规范,要求人员适应,这在某种意义上与灵活性是相对的。程序一旦确定下来,就应保持一定的稳定性。但程序稳定的前提是程序要制定得科学。只有科学的程序才能保证一定的稳定性。

制定程序,要认真分析管理工作的性质,管理工作的环节及各个环节的重要性,然后确定管理的具体程序。其步骤可分为以下四个:① 分析工作过程。明确制订与控制的要求,确定重点与关键环节。② 确定每一个关键环节的管理范围。明确权利责任及其对各环节管理人员的奖惩标准。③ 进行讨论、修改、完善程序。在这一环节中,要注意充分调动群众参与讨论,鼓励民主评论,使程序尽可能科学、完善。④ 颁布程序,试执行。做好记录、评价,特别是程序在控制和处理活动中的效率评价。

【任务小结】

恭喜你顺利完成本任务的学习,现就任务完成过程中所运用到的具体知识点进行以下回顾:

1. 预算的性质:预算是一种计划,是一种预测,是一种控制手段。
2. 预算的种类

划分标准	预算种类
按照预算内容	经营预算、投资预算、财务预算
按照预算控制的力度	刚性预算、弹性预算

3. 零基预算法的程序：建立预算目标体系、逐项审查预算、排定各项目和各部门的优先顺序、编制预算。

4. 非预算控制方法：监督检查、控制报告制度、程序控制。

【课外拓展】

拓展一：企业走访

一、学习目标

通过对周边企业的走访，了解企业在成本管理、现金流量管理、存货管理以及全面质量管理中的做法，理解控制技能在实际管理中的运用，熟悉企业控制系统，从而提高对控制技能的认识。

二、内容与要求

1. 学生自发组织活动，可以小组形式或独立进行，就近确定走访一个管理规范的企业或公司。

2. 调研内容主要是走访学校周边企业运营控制工作流程。

3. 写作走访心得体会，并进行相互交流。

三、成果与检测

1. 每组派一位代表发言，分享访谈后的收获和启发。

2. 各小组把调查、访谈所得信息，如照片、文字材料、影音资料等制作成资料包，班级共享。

拓展二：案例分析

一、学习目标

综合运用本任务所学知识，对企业实施控制工作中遇到的实际问题进行正确的分析。

二、内容与要求

案例描述：

邯郸钢铁公司（以下简称邯钢）的前身是河北邯郸钢铁总厂。该厂始建于1958年。1990年，邯钢与其他钢铁企业一样，面临内部成本上升、外部市场疲软的双重压力，经济效益大面积滑坡。当时生产的28个品种有26个亏损。虽然总厂亏损已经到了难以为继的状况，可是各个分厂报表中的所有产品却都是盈利，因此工人和干部的工资奖金照发，一点也感受不到市场的压力和总厂亏损的困难。造成这种现象的主要原因是当时该厂采用的是"计划价格"来进行厂内核算的，这个价格严重背离了市场。依据这个价格进行的核算反映不出产品的实际成本和真实效率，自然也就失去了它的价值。从1991年开始，该厂开始推行以"模拟市场核算，实行成本否决"为核心的内部改革。在企业内部，原材料、辅助材料、燃料、耐火材料、产成品、半成品等的计划价格一律按市场价格核算，改变过去从前向后逐道工序核定成本的传统做法。从产品在市场上被消费者接受的价格开始，从后向前测算出逐道工序的目标成本，然后层层分解落实到每一个员工，全厂最终形成一个目标成本网络体系。这加大了企业技术改造力度，强化了企业内部管理，使企业的经济效益大幅度提高，市场竞争力大大增强。

邯钢的目标成本管理的具体做法是：

1. 以市场可以接受的产品价格为基础，考虑国内先进水平、本单位历史最好水平和可以挖掘的潜力，提出目标利润；然后据此倒算出企业必须控制的成本，也即目标成本。

目标成本=该产品的市场价格-目标利润-总厂应摊的管理费

2. 将相应的目标成本和目标利润在全公司的范围内层层分解到分厂、车间、工段、班组，直到个人，以此作为各级的工作目标和公司对各级进行考核、奖惩的依据。

3. 实行"成本否决"的奖惩制度，即完不成成本指标，别的工作干得再好，也要否决全部奖金，以成本和效益作为分配和对干部业绩进行考评的标准。在这一过程中，他们首先肯定了一点：企业目标成本的控制管理要靠全体员工的努力，降低成本是企业上至厂长、下至每一个员工的共同目标，每个人都要分担成本指标或成本费用指标，实行全员、全过程的成本管理；在确定成本标准时，他们反复进行测算，确定合理、先进的单位目标成本，本着"亏损产品不亏损，盈利产品多盈利"的原则，核定出全厂53个主要产品品种、规格的内部成本和内部利润；为了把成本指标落到实处，公司将1万多个综合指标分解到二级厂和处室，然后他们再细化成10万个小指标，层层分解落实到有关科室、工段、班组和员工个人，层层签订承包协议，使每个员工的工作都与市场挂钩，真正形成了"市场重担众人挑，人人肩上有指标"的责任体系。

为了保证目标成本管理的实施，邯钢还对公司的管理体制进行了改革。一是精简机构。1990年到1995年，总厂和分厂的管理科室从503个减少到389个，管理人员占职工人数的比重从14%下降到12%。二是充实和加强财务、销售、计划、外经、预决算、审计等管理部门，进一步强化和理顺了管理职能。三是实现"卡两头、抓中间"的管理方法。"两头"中，一头是严格控制进厂原料、燃料的价格、质量，另一头是把住产品的销售关，建立集体定价制度，确定最低销售价格；"抓中间"就是抓工序环节的管理，狠抓生产过程中的"跑、冒、漏、滴"。通过推行和不断完善市场核算机制，邯钢取得了显著的经济效益和社会效益。从1990年到1998年，邯钢产量由110万吨增加到344万吨，实现销售收入由10.2亿元提高到80.1亿元（含税），利税由2.1亿元增加到10亿元，其中利润由100万元增加到7亿元，走出了一条主要靠内涵挖潜、内部积累，实现国有资产迅速增值的良性发展道路。邯钢还为国有企业树立了光辉的榜样。邯钢的目标成本管理，救活了几个严重亏损的大型国有钢铁企业，一大批钢铁企业学习邯钢的经验，使企业走出了困境，迎来了生机。

案例思考：

1. 邯郸钢铁公司的成功源于采取了（   ）。
  A. 成本管理　　　　　　　　　　B. 目标管理
  C. 利润管理　　　　　　　　　　D. 机构变革管理

2. 从上面介绍情况来看，按照SWOT分析方法，1990年邯钢应该采取何种生存和发展战略？（   ）
  A. 增长型　　　　　　　　　　　B. 扭转型
  C. 防御型　　　　　　　　　　　D. 多种经营型

3. 该公司执行"成本否决"的奖惩制度，是何种控制类型？（   ）
  A. 前馈控制　　　　　　　　　　B. 现场控制
  C. 反馈控制　　　　　　　　　　D. 成本控制

4. 邯钢推行的目标成本管理是建立在哪种人性假设基础上的？（　　）
   A. 经济人假设　　　　　　　　　B. 社会人假设
   C. 自我实现人假设　　　　　　　D. 复杂人假设
5. 邯钢的目标成本管理，救活了几个严重亏损的大型国有钢铁企业，一大批钢铁企业通过学邯钢走出了困境，迎来了生机。这说明了（　　）。
   A. 成功经验可以在同一行业内广泛移植，会收到同样的成效
   B. 邯钢的成功经验确实有效，应该让所有亏损企业来学习
   C. 古人言：一言兴邦。钢铁企业是一法兴厂，看来好的方法是企业的制胜法宝
   D. 相当一批钢铁企业内部管理漏洞较多，生产过程中的"跑、冒、漏、滴"现象严重

拓展三：案例讨论：如何进行控制管理工作

一、学习目标

掌握控制的类型、性质以及常见的控制方法，能正确运用适合的控制方法，在企业经营活动中对实际工作与计划工作可能出现的偏差加以预防，或者对已经出现的偏差加以纠正，从而确保整个计划及组织目标的实现。

二、内容与要求

案例描述：

格雷格厂长的目标与控制

格雷格担任这家工厂的厂长已一年多时间了，他刚看了工厂有关今年实现目标情况的统计资料。厂里各方面工作的进展是出乎意料的，他为此而气得说不出一句话来。记得他任厂长后第一件事是亲自制定工厂一系列工作的计划目标。具体地说，他要解决工厂的浪费问题，要解决职工超时工作的问题，要减少废料的运输费用问题。具体规定如下：在一年内要把购买材料的费用降低10%～15%；把用于支付工人超时的费用从原来的11万美元减少到6万美元，要把废料运输费用降低3%。他把这些具体目标告诉了下属有关方面的负责人。

然而，他刚看过的年终统计资料却大大超出他的意料。原材料的浪费比去年更严重，原材料的浪费率竟占总额的16%，职工超时费用亦只降到9万美元，远没达到原定的目标，运输费用也根本没有降低。

他把这些情况告诉负责生产的副厂长，并严肃批评了这位副厂长。而副厂长则争辩说："我曾对工人强调过要注意减少浪费的问题，我原以为工人也会按我的要求去做的。"人事部门的负责人也附和着说："我已经为削减超时的费用作了最大的努力。只对那些必须支付的款项才支付。"而负责运输方面的负责人则说："我对未能把运输费用减下来并不感到意外，但我已经想尽了办法。我预测，明年的运输费用可能要上升3%～4%。"

在分别与有关方面的负责人交谈之后，格雷格又把他们召集起来布置新的要求，他说："生产部门一定要把原材料的费用降低10%，人事部门一定要把职工超时费用降到7万元；即使运输费用要提高，也绝不能超过今年的标准。这就是我们明年的目标。我到明年再看你们的结果！"

案例思考：

格雷格厂长应当如何进行控制管理工作？

参考文献

[1] 斯蒂芬·P. 罗宾斯. 管理学[M]. 13版. 北京：中国人民大学出版社，2017.
[2] 唐华山，霍春辉. 管理大师如是说[M]. 北京：人民邮电出版社，2009.
[3] 肯·史密斯. 管理学中的伟大思想：经典理论的开发历程[M]. 北京：北京大学出版社，2016.
[4] 龚俊恒. 德鲁克管理思想大全集[M]. 北京：中国华侨出版社，2011.
[5] 方振邦，徐东华. 管理思想百年脉络：影响世界管理进程的百名大师[M]. 北京：中国人民大学出版社，2012.
[6] 郭咸纲. 西方管理思想史[M]. 北京：北京联合出版公司，2014.
[7] 黄彦杰. 管理者责任素质[M]. 北京：中国致公出版社，2011.
[8] 李新春、胡晓红. 科学管理原理：理论反思与现实批判[J]. 管理学报，2012（5）.
[9] 韩巍. 洞见以下皆为修辞——《管理学中的伟大思想》对本土管理研究及理论建构的启示[J]. 西安交通大学学报（社会科学版），2017（1）.
[10] 保罗·R. 尼文，本·拉莫尔特. 源于英特尔和谷歌的目标管理利器[M]. 北京：机械工业出版社，2017.
[11] 水藏玺，吴平新. 年度经营计划制订与管理[M]. 北京：中国经济出版社 2016.
[12] 约翰 S. 哈蒙德，拉尔夫 L. 基尼，霍华德·雷法. 决策的艺术[M]. 北京：中国人民大学出版社，2017.
[13] 迈克尔·波特. 重塑战略[M]. 北京：中信出版社，2016.
[14] 斯蒂芬·P. 罗宾斯. 管理学[M]. 北京：中国人民大学出版社，2012.
[15] 卢向南. 项目计划与控制[M]. 北京：机械工业出版社，2009.
[16] 崔洋. 管理就是定计划抓结果[M]. 北京：人民邮电出版社，2017.
[17] 白建，何纪斌. 管理的本质[M]. 北京：机械工业出版社，2016.
[18] 高德. 不会做计划怎么做管理[M]. 北京：现代出版社，2016.
[19] 盛亚. 创新管理[M]. 杭州：浙江大学出版社，2016.
[20] 本·拉莫尔特，戴维帕门特. OKR[M]. 北京：机械工业出版社，2017.
[21] 赵保民. 浅谈新形式下企业的计划管理工作[J]. 科技情报开发与经济，2010（3）.
[22] 郭璐. 现代企业计划管理体系的构建[J]. 企业改革与管理，2014（7）.
[23] 苏娜. 企业环境战略决策机器绩效评价研究[J]. 中国海洋大学，2012（5）.
[24] 王虎成. 万化管理与战略管理互补研究[J]. 华中师范大学，2013（10）.
[25] 马克思·巴泽曼. 管理决策中的判断[M]. 北京：人民邮电出版社，2017.
[26] 詹姆斯·G. 马奇. 决策时如何产生的[M]. 北京：机械工业出版社，2013.

[27] 王延章，郭崇慧．管理决策方法[M]．北京：清华大学出版社，2010．

[28] 曼弗雷德·凯茨·德·弗里斯．组织的反思[M]．北京：中国人民大学出版社，2017．

[29] 杰弗里·A·迈尔斯．管理与组织研究必读的40个理论[M]．北京：北京大学出版社，2017．

[30] 杨国安．组织能力的杨三角：企业持续成功的秘诀[M]．北京：机械工业出版社，2015．

[31] 拉里·格雷纳，维吉尼亚·沙因．沃顿商学院权力与组织管理课[M]．北京：中国青年出版社，2014．

[32] 彼得·圣吉．第五项修炼：学习型组织的艺术与务实[M]．北京：中信出版社，2009．

[33] 弗雷德里克·莱卢．重塑组织[M]．上海：东方出版社，2017．

[34] [美]克里斯·阿吉里斯．组织困境[M]．北京：财富出版社，2013．

[35] 罗伯特·卡普兰，戴维·诺顿．战略中心型组织[M]．北京：北京联合出版公司，2017．

[36] 大卫·汉纳．组织设计：如何构建高效能团队[M]．北京：中国青年出版社，2014．

[37] 詹姆斯 G．马奇，赫伯特 A．西蒙．组织[M]．北京：机械工业出版社，2013．

[38] W·理查德·斯科特，杰拉尔德·F．戴维斯．组织理论：理性、自然与开放系统的视角[M]．北京：中国人民大学出版社，2011．

[39] 伊恩·帕尔默，理查德·邓福德，吉布·埃金．组织变革管理[M]．北京：中国人民大学出版社，2009．

[40] 彼得·德鲁克．卓有成效的组织管理[M]．北京：机械工业出版社，2014．

[41] 许倬云．从历史看组织[M]．上海：上海人民出版社，2017．

[42] 斯蒂芬·P．罗宾斯．组织行为学[M]．北京：中国人民大学出版社，1997．

[43] 中国就业培训技术指导中心．企业人力资源管理师（四级）[M]．北京：中国劳动社会保障出版社，2014．

[44] 中国就业培训技术指导中心．企业人力资源管理师（三级）[M]．北京：中国劳动社会保障出版社，2014．

[45] 陈雪林，徐伟，康宇．人力资源管理与实务[M]．北京：北京交通大学出版社，2016．

[46] 王建民．战略人力资源管理学 [M]．2版．北京：北京大学出版社，2013．

[47] 王贵军，丁雯，李明昱．招聘与录用[M]．大连：东北财经大学出版社，2015．

[48] 付亚和，许玉林．绩效管理[M]．上海：复旦大学出版社，2011．

[49] 周永亮，李鹏．现代企业培训全案[M]．北京：机械工业出版社，2014．

[50] 赵耀．员工培训与开发[M]．北京：首都经济贸易大学出版社，2016．

[51] 谢伟宁，龙敏，姚月娟．员工培训：知识与技能训练[M]．大连：东北财经大学出版社，2014．

[52] 彭剑锋．互联网时代的人力资源管理新思维[J]．中国人力资源开发，2014（12）．

[53] 冯迎新．国企人事管理向人力资源管理的转变探索[J]．知识经济，2017（4）．

[54] 陈志霞，周佳彬．信息化人力资源管理研究进展探析[J]．外国经济与管理，2017（1）．

[55] 李宏伟．基于大数据时代企业人力资源管理变革的分析[J]．人力资源管理，2017（1）．

[56] 拉姆·查兰．卓有成效的领导者：8项核心技能帮你从优秀到卓越[M]．北京：机械工业出版社，2016．

[57] 李学芝．领导艺术[M]．北京：化学工业出版社，2017．

[58] 童良煊. 领导者必须掌握的激励艺术[M]. 北京：中国致公出版社，2012.

[59] 来丽梅. 领导风格[M]. 北京：研究出版社，2017.

[60] 稻盛和夫. 领导者的资质[M]. 北京：机械工业出版社，2014.

[61] 约翰·C. 麦克斯维尔. 领导力 21 法则：如何培养领袖气质[M]. 上海：文汇出版社，2017.

[62] 拉姆·查兰. 卓有成效的领导者：8 项核心技能帮你从优秀到卓越[M]. 北京：机械工业出版社，2016.

[63] 曲如杰，康海琴. 领导行为对员工创新的权变影响研究[J]. 管理评论，2014（1）.

[64] 刘平青，王雪刘，冉魏霞. 领导风格对工作满意度的影响机理研究——以员工关系为中介变量[J]. 中国管理科学，2013（S1）.

[65] 韦贝尔. 管理控制学引论[M]. 上海：格致出版社，2011.

[66] 姚小风. 工厂质量控制精细化管理手册[M]. 北京：人民邮电出版社，2014.

[67] 陈建武. 质量控制与现场管理[M]. 北京：人民邮电出版社，2013.

[68] 斯蒂芬·柯维，罗杰·梅里尔，丽贝卡·梅里尔. 要事第一[M]. 北京：中国青年出版社，2016.

[69] 董燕. 企业内部控制实施的必要性探究[J]. 企业导报，2015（15）.

[70] 张桂丽. 浅谈我国内部控制实施存在的问题及对策[J]. 现代营销，2016（6）.

[71] 隋敏. 基于企业文化视角的企业预算控制研究[J]. 山东社会科学，2013（8）.